THE WISDOM OF TRUTH

Kabbalah Publishing is a registered DBA of
The Kabbalah Centre International, Inc.

For further information:

The Kabbalah Centre
155 E. 48th St., New York, NY 10017
1062 S. Robertson Blvd., Los Angeles, CA 90035

1.800.Kabbalah
www.kabbalah.com

First Edition
July 2008
Printed in USA
ISBN10: 1-57189-605-8
ISBN13: 978-1-57189-605-6

Design: HL Design (Hyun Min Lee) www.hldesignco.com

THE WISDOM OF TRUTH

12 Essays by the Holy Kabbalist
Rav Yehuda Ashlag

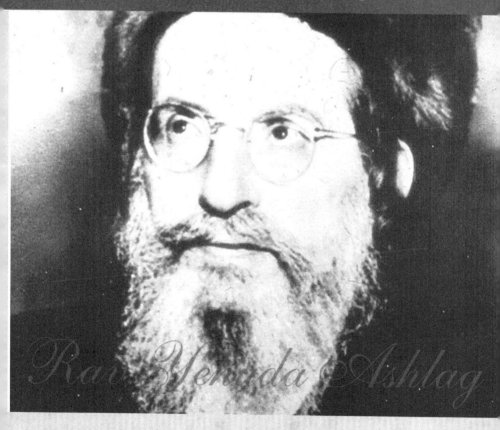

EDITED BY MICHAEL BERG

Table of Contents

Foreword   i

Chapter One - Article on A Time for Action   1

Chapter Two - Article on Revealing One Handbreath – Concealing Two   7

Chapter Three - Article on the Giving of the Torah   19

Chapter Four - Article on Responsibility   45

Chapter Five - The Essence and Purpose of Religion   71

Chapter Six - Article on the Essence of the Wisdom of Kabbalah   93

Chapter Seven - Article on Substance and Form in the Wisdom of Kabbalah   117

Chapter Eight - Article on Peace   121

Chapter Nine - Article on Freedom   163

Chapter Ten - Article for the Completion of the Zohar   241

Chapter Eleven - And As for Yehuda   279

Chapter Twelve - Article on Unification   289

Foreword

It is with the deepest sense of inadequacy that I write a few words as a way of introduction to the teachings of our great teacher, kabbalist and holy man, Rav Yehuda Ashlag.

There is not very much that I can or should say, for no matter what words I use, they will pale to the truth of this great man and his supernal teachings.

The kabbalists teach that rather than simply reading from a book, whenever we study from the words of the great spiritual teachers, we should imagine them standing in front of us and teaching us. I would therefore, like to awaken you, the reader, to some appreciation of this great man and this most important of books.

It is widely accepted now that Rav Ashlag was the greatest scholar and revealer of the ancient secrets of Kabbalah in our time. I believe the truth is that no one in history has had the ability and Supernal permission to reveal and explain these ancient secrets as Rav Ashlag did.

Often people find it difficult to study from the words of Rav Ashlag. They find them confusing and too deep. The truth is that it is almost impossible to be a student of Kabbalah without a true internalization of his teachings, and specifically his teachings in this collection of writings. It says in the Bible: "Those who yearn for Me will find Me." The same needs to be said about the book that you are holding in your hand.

Do not expect to understand it in the first reading, and in truth as I can attest, you won't necessarily even truly grasp it in the 100th reading. But if you truly yearn for a connection to the Light of the Creator you must invest your energies and desires in deciphering and internalizing this book.

It can be compared to walking out of a dark room on an exceedingly sunny day. At first you see almost nothing, over time though—assuming you don't run back into the dark room—your eyes will be trained again to be able to see in the light of the sun. Rav Ashlag's teachings are similar, the first time you read them you might understand very little, but as you persevere and keep reading and coming back you will find that these words are a "well full of life."

For me this book is the basis for my spiritual work and life, and I am sure that I haven't even begun to taste the sweetness of its Light. If you have a true desire to cleave to the Creator there is no more important understanding and source than this book.

May we all merit revealing the Light of these amazing teachings so that we come closer and closer to the day when "... the land will be filled with the knowledge of God."

Michael Berg

Article on A Time for Action

For a long time now, I have been haunted by a strong urge. My conscience torments me daily to go out of my way and write a basic composition about the soul of the biblical wisdom and the basics of the knowledge of the wisdom of Kabbalah, and to disseminate it among the people in such a way that they can attain a proper familiarity and understanding of these lofty matters of high importance and their true nature and characteristics.

In earlier times, among the scholars of biblical study, before the craft of printing was discovered, we had no false books concerning the soul of the Bible. We had nearly no authors among us who did not take responsibility for their words, for the simple reason that irresponsible people generally are not well-known. Therefore, if by chance someone dared to write such a composition, it would not be worth the copyist's effort to copy the book because he would not be paid the wages for his work, which was generally a significant amount. He would, instead, be doomed to disappear from the public eye.

And at that time, even knowledgeable scholars of Kabbalah had no interest in writing books of this kind, since this information was not needed by the masses. On the contrary, it was in their interest to hide it away behind closed doors, for the reason that: "The glory of God is in hidden things." (*Proverbs 25:2*). Our respect for the Creator was such that we were instructed to hide the soul of the Torah and the secrets of the spiritual work of the Creator from those who have no need for them, or are not worthy of them, and not to degrade them and display them like items in a shop window for the greedy eyes of glory-seekers.

However, since the craft of printing has spread throughout the world, authors no longer need copyists to copy their works. The high cost of publication has decreased and paved the way for irresponsible authors

1

מאמר עת לעשות

זה זמן רב אשר מוסר כליותי ירדפני יום יום, לצאת מגדרי ולחבר איזה חיבור יסודי בדבר נשמת היהדות והדת ובידיעת מקוריות חכמת הקבלה ולהפיצו בקרב העם, באופן שישיגו מתוכו היכרות והבנה בכלל הדברים העומדים ברומו של עולם כראוי, באופים וצביונם האמיתי.

ולפנים בישראל, בטרם שנתגלתה בעולם מלאכת הדפוס, לא היו בקרבנו ספרים מזויפים בעניינים הנוגעים לנשמת היהדות וכו', משום שכמעט לא היה בקרבנו איזה מחבר בלתי אחראי על דבריו, וזאת מטעם פשוט, כי הנה אדם בלתי אחראי על פי רוב איננו מהמפורסמים, לפיכך אם במקרה יצא אחד והעיז פניו לחבר חיבור כזה, הרי לא היה כדאי לשום מעתיק להעתיק את ספרו, כי לא ישלמו לו שכר טרחתו, אשר עלה כרגיל סכום חשוב, ונמצא, שהיה משפטו חרוץ מאליו להאבד מתוך הקהל.

ובעת ההיא גם יודעי דבר לא היה להם שום ענין ותביעה לחבר ספרים מהסוג הנ"ל משום שהידיעות הללו אינן נחוצות להמון העם, אלא להיפך, היה להם ענין להסתיר הדבר בחדרי חדרים, מטעם "כבוד אלקים הסתר דבר", כי נצטוינו להסתיר את נשמת התורה והעבודה מאותם שאינם צריכים לה או אינם כדאים לה, ולא לזלזל בה ולהציגה בחלונות ראוה לעומת תאותם של המסתכלים בארובות או בעלי התפארות, כי כן כבוד אלקים מחייב אותנו.

אולם מעת שמלאכת הדפוס נתפשטה בעולם ואין המחברים צריכים יותר למעתיקים דבריהם ונתמעט המחיר הגבוה של הספר, הנה עם זה הוכן הדרך גם למחברים בלתי אחראים למעשיהם, לעשות

to write any books they please, for money or honor or similar reasons. And these authors do not consider the consequences of their deeds or take responsibility for the damage they cause.

And ever since then, books such as those described above have proliferated without any proper study or personal transmission of "mouth to mouth" instruction from a qualified Kabbalistic Master, even to the point of ignorance of all the ancient books concerning these matters, the authors of those books make up their own opinions and absurdities, and use these lofty matters to make a claim of knowing how to illustrate and explain the soul of the nation and its tremendous treasures. Being fools, they are careless and don't even realize how they pass down false opinions. And in satisfying their petty cravings, they sin and cause others to sin for generations on end.

Recently their stench has reached the highest heights, for they have even dug their claws into the wisdom of Kabbalah without noticing that this wisdom has been hidden and guarded by a thousand protective seals until today, to the point where no one can understand the true meaning of one word, not to mention the connection between one word and the next. All of the genuine books written to this day contain only the most minimal clues which are barely enough to allow the thinking student to receive the true meaning from a qualified Kabbalistic Sage, as is stated: "There the owl will nest and lay, and hatch and brood under her shadow." (*Isaiah 34:15*). These days charlatans have proliferated and they are "cooking" (interpretations) that would disgust anyone who sees it.

And there are those among them who exalt themselves to the top and place themselves in a place that is worthy only to the leaders of the generations. They pretend to understand the differences between the books of the ancient sages of blessed memory, teaching the public which books deserve to be studied and which books are not worth dealing with, saying that the books are so deluded, heaven forbid, that

ספרים ככל אות נפשם לפרנסה ולכבוד וכדומה, ואת עצם מעשה ידיהם אינם מביאים בחשבון ולפועל ידיהם לא יביטו כלל.

ומהעת ההיא התחילו להתרבות הספרים גם מן הסוג האמור לעיל, אשר בלי שום לימוד וקבלה פה אל פה מרב מוסמך לכך, ואפילו בחסרון ידיעה בכל אותם הספרים הקדמונים שיש להם שייכות לסוג הזה, הולכים מחבריהם ומוציאים סברות מדמם ובשרם עצמם, ומכל בוקי סריקי, ותולין הדברים ברומו של עולם לצייר בזה נשמת האומה וכל אוצרה הכביר. וככסילים לא ידעו להזהר גם אין להם דרך לידע זאת, אשר מביאים לדורות דעות משובשות, ובתמורת תאוותיהם הקטנטנות חוטאים ומחטיאים את הרבים לדורות.

ולאחרונה העלו צחנם מעלה מעלה, כי גם תקעו את צפרניהם בחכמת הקבלה, מבלי לשים לב אשר החכמה הזאת נמצאת סגורה ומסוגרת באלף עזקאות עד היום הזה, עד אשר אין יוצא ובא בתוכה להבין אף מלה אחת במשמעותה הראויה ואין צריך לומר איזה קשר בין מלה אחת לחברתה, כי בכל הספרים האמיתיים שנתחברו עד היום, אין בהם זולת רמזים דקים, אשר בדוחק גדול המה מספיקים רק בשביל תלמיד מבין מדעתו לקבל פירושם מפי חכם מקובל ומוסמך לכך. והנה גם "שמה קננה קפוז ותמלט, ובקעה ודגרה בצלה", ונתרבו בימינו אלה חוברי חבר אשר עושים שם מטעמים כאלה שהמה לגועל נפש לכל המסתכלים בהם.

ויש מהם שיפליגו עוד לעלות על ראש הפסגה ולוקחים להם מקום הראוי לראשי הדורות, שעושים עצמם כיודעים לברר בין ספרי הקדמונים והראשונים ז"ל: להורות לצבור איזה ספר ראוי להגות בו ואיזה ספר שאינו כדאי לטפל בו משום שמלא דברי הזיה ח"ו,

it is infuriating. Until now, this job of selection was reserved for one out of ten of the leaders of the generations, and "now the fools violate her."

Therefore the public has been terribly misled in terms of the understanding of these concepts, and moreover, an atmosphere of frivolousness has arisen in which everyone thinks that a quick glance in one's spare time is sufficient to understand these lofty matters. They skim over the entire world of this high wisdom and the origin of the soul of the Bible, like the well known angel. And each one draws conclusions according to his mood at the moment.

These are the reasons that have pushed me out of character, to rescue that which still can be rescued, and for which I have decided that this is the "time for action" for the sake of the Creator. I have taken it upon myself to reveal a certain degree of the above mentioned authentic writings and to disseminate them among the people.

וכדי בזיון וקצף. כי עד עתה היתה מלאכת הבירור הזאת מיוחסת
ומוגבלת רק לאחד מעשרה ראשי דורות, ועתה נבערים יתעללו בה.

ולפיכך נשתבשה מאד דעת הצבור בתפיסת הענינים האלה, ועוד
נוסף, כי נוצרה אוירה של קלות הדעת, וכל אחד חושב לעצמו אשר
די לו בסקירה אחת בשעת הפנאי להתבונן ולבקר בדברים הנשגבים
האלו, ועוברים ביעף על כל עולם החכמה הגבוה ומקוריות נשמת
היהדות, בטיסה אחת, כמו המלאך הנודע, ומוציאים מסקנות כל
אחד לפי הלך רוחו.

ואלה הן הסיבות שהוציאו אותי מחוץ לגדרי, והחלטתי כי עת לעשות
לה׳ ולהציל מה שאפשר עוד להציל. וקבלתי על עצמי לגלות שיעור
מסויים מהמקוריות הנוגעת לסוג האמור ולהפיצו בקרב העם.

Article on Revealing One Handbreadth - Concealing Two

There is a saying which the great sages use when revealing something profound. They begin their discourse with the words: "I now reveal one handbreadth and conceal two." Our ancient sages were very careful not to use unnecessary words, as they taught us that "A word for a *sela* (an ancient coin), and silence for two." (*Megilla 18a;* and *Prologue to the Zohar, verse 18*). This means that if you have a word which is worth one *sela*, know that not speaking the word is worth two *selas*, and refers to people who blurt out unnecessary words which have no content or use in the given context, and are only used to make the language more attractive to the reader. Our ancient sages considered this a serious transgression, as is clear to those who read their writings and as I will prove in the following article. Thus, we need to pay attention to understand their high words which were used by them so often.

Three Types of Concealment of Wisdom

There are three hidden parts of the secrets of the Torah, and each has its own reason for being hidden. They are called by the following names: 1) The Unnecessary; 2) The Impossible; and 3) "God's secrets are for those who are in awe of Him." (*Psalms 25:14*) There is not even a tiny detail of this wisdom which cannot be explained by these spoken three, and I will explain them one by one.

1. The Unnecessary

This means that nothing useful will come from revealing them. Obviously there is no considerable damage caused in doing so, it is only a matter of being meticulous. That is to say, one should avoid unnecessary acts where one says, "So what!" which means, "Who cares whether I do this or not, if

מאמר גילוי טפח וכיסוי טפחיים

מרגלא בפי הגדולים אנשי השם, במקומות שבאים שם לגלות איזה דבר עמוק, מתחילים המאמר, "הנני מגלה טפח ומכסה טפחיים", והנה הקדמונים שלנו נשמרים מאד ממלה יתרה, כמו שהורונו ז"ל (מגילה יח. הקדמת הזהר ע"פ הסולם אות י"ח) "מלה בסלע שתיקא בתרין" פירוש, אם יש לך מלה יקרה בפיך ששויה סלע תדע שהשתיקה ממנה שויה שני סלעים. והכונה לאותם המפליטים מילות מיותרות שאין בהם תוכן ושימוש לענין, רק כדי לשפר את הלשון להנאותה לעיני המעיין. והיה זה בעיני קדמונינו לאיסור חמור כמפורסם למסתכל בדבריהם, וכמו שאוכיח בקונטרסים הבאים, וא"כ צריכים אנו לתשומת לב להבין מליצתם זאת, שהיתה שגורה בפיהם כל כך.

ג' מינים בהסתר החכמה

והענין הוא, כי יש ג' חלקים בסודות התורה, אשר בכל חלק וחלק יש טעם מיוחד להסתר שבו, ונקראים בשמותם אלו: א' האינו נחוץ, ב' האי אפשר, ג' משום סוד ה' ליראיו. ואין לך פרט קטן בחכמה זו שאין נוהגים בה ביאורים מג' חלקים אלו האמורים, ואבארם אחת לאחת.

א. האינו נחוץ

פירוש, שלא יצמח למי שהוא שום תועלת על ידי התגלותם. וכמובן, אשר אין בזה משום הפסד כ"כ, כי רק ענין של נקיות הדעת יש כאן, דהיינו כדי להזהר מן אותם מיני מעשים המוגדרים בשם "מה בכך" דהיינו מה בכך שעשיתי זה כיון שאין הפסד בדבר. ותדע ש"המה בכך" נחשב בעיני החכמים למשחית היותר נורא בין המשחיתים, שהרי כל מבלי עולם שנבראו ושעתידים להבראות אינם אלא מסוג האנשים של

no loss ensues?" You should know that the: "So what!" is considered by the sages to be the most destructive of all things, since all destructive people who exist and will ever exist fall into this category. They occupy themselves and others with unnecessary things. For this reason, sages in the past would not accept any student before they were certain that he would be scrupulous in not revealing anything unnecessary.

2) The Impossible

This means, that the language cannot master and express the essence of these matters, because of their finer ethereal and non-physical nature. In these cases, any attempt to put them into words will only mislead the reader and set him on a false path, which is considered the most grievous of sins. Therefore, revealing anything in this category requires special "Heavenly Permission," which is the second part of the concealment of wisdom. But even this permission needs this explanation.

"Heavenly Permission"

The concept of "Heavenly Permission" is explained in the book *Sha'ar Ma'amarei Rashbi (The Gate of Rav Shimon bar Yochai's Teachings)* by Rav Isaac Luria (the Ari), in the portion *Mishpatim, page 100* of the *Zohar*, where he says, "Bar Yochai knew how to guard his ways," and these are the Ari's words: Know that some souls of the righteous are of the aspect of Surrounding Light, and some souls of the righteous are from the aspect of Internal Light (explanations of these are to be found in the book *Panim Meirot, Gate of The Surrounding Light, Branch 58*), and those who are from the aspect of the Surrounding Light have the power to speak of hidden things and the secrets of the Torah, cloaking them in great concealment, so that only those who are worthy to understand them will understand. Rav Shimon Bar Yochai's soul was of the Surrounding Light, and therefore he had the power to clothe words and expound on them in a way that when he taught them in public, only those who were worthy to understand them would understand.

"מה בכך", דהיינו שעוסקים ומעסיקים את זולתם בדברים שאין בהם צורך. ולפיכך לא היו החכמים מקבלים שום תלמיד בטרם ישיגו ממנו בטחון שיהיה זהיר בעסקיו שלא לגלות מה שאינו נחוץ.

ב. האי אפשר

פירושו, כי אין השפה שולטת בהם לדבר מאומה מתכונתם, לרוב דקותם ורוחניותם. ולפיכך, כל נסיון להלבישם במלים אינו עשוי אלא להטעות בהם את המעיינים ולהטותם לדרך שוא, שזה נחשב לעון היותר גדול מנשוא, וע"כ כדי לגלות משהו מענינים כגון אלו, צריכים רשות מן השמים שזהו חלק הב' מהסתרת החכמה, אולם גם דבר הרשיון הזה צריך ביאור.

רשות מן השמים

הנה דבר זה מבואר בספר שער מאמרי רשב"י להאר"י ז"ל, בפרשת משפטים זוהר דף ק', בד"ה בריה דיוחאי ידע לאסתמרא, וזה לשונו: דע, כי נשמות הצדיקים יש מהם מבחי' אור המקיף ויש מהם שהם מבחי' אור פנימי (פירושם תמצא בספרי פנים מאירות בשער המקיפין ענף מ"ח, דף רל"ג), וכל אותם שהם מצד אור מקיף, יש בהם כח לדבר בנסתרות וסודות התורה דרך כיסוי והעלם גדול, כדי שלא יובנו אלא למי שראוי להבינם. והנה רבי שמעון בר יוחאי ע"ה, היתה נשמתו מצד אור המקיף, ולכן היה בו כח להלביש הדברים ולדורשן, באופן שאף אם ידרשם לרבים לא יבינם אלא מי שראוי להבינם.

And thus he was granted the "permission" to write the book of the *Zohar*, whereas permission was not granted to his teachers or their predecessors to write a book about this wisdom, although they certainly knew this wisdom better than he. However, they did not have the power to cloak these things as he did. This is the meaning of "Bar Yochai knew how to guard his ways..." and by this you can see the greatness of the concealment of the *Zohar* which Bar Yochai wrote, that not just any mind can grasp his words.

To put it concisely, the explanation of matters of true wisdom is not dependent at all on the greatness or smallness of the Kabbalistic Sage, but rather on the type of illumination imbued in that soul, who was assigned for that purpose. This soul-light determines whether "permission" will be granted by Heaven to reveal higher wisdom or not. We learn that whoever does not have this permission is forbidden to expound on matters of this wisdom, since he cannot clothe the finer issues in the appropriate words so that his readers will not be misled. This is the reason why there was no book written about the wisdom of truth before the *Zohar* by Rav Shimon Bar Yochai. As the initiated know, all of the books of this wisdom which preceded his are not explanations of the wisdom, but rather mere hints and without any particular order of Cause and Effect, as it is known to those who have found knowledge. This is the explanation of his words.

And I would add, based on what I have received from writers and books, that from the time of Rashbi (Rav Shimon Bar Yochai) and his students, the authors of the *Zohar*, until the time of the Ari, not one of the authors understood the words of the *Zohar* as well as the Ari, and all of the writings that preceded him only hinted at this wisdom, including the works of the Ramak z"l (Rav Moshe Cordovero).

The same things should be said of the Ari z"l, things that he said about the Rashbi. Meaning that the Ari's predecessors were not granted

ולכן ניתן לו "רשות" לכתוב ספר הזוהר, ולא ניתן "רשות" לרבותיו או
לראשונים אשר קדמו לו לכתוב ספר בחכמה הזאת, עם היות שודאי
היו יודעים בחכמה הזאת יותר ממנו, אבל הטעם הוא שלא היה בהם כח
להלביש הדברים כמוהו. וזהו מה שכתוב בריה דיוחאי ידע לאסתמרא
ארחוי וכו', ובזה תבין גודל העלם ספר הזוהר אשר כתב רשב"י שאין
כל מוח ומוח יכול להבין דבריו, עכ"ל.

תמצית דבריו, אשר ענין ביאורי דברים בחכמת האמת אינו תלוי כלל
בגדלותו וקטנותו של החכם המקובל, אלא הוא ענין הארת הנשמה
המיוחדת לדבר זה, אשר הארת נשמה זאת היא בחי' נתינת "רשות"
מהשמים, לגלות חכמה העליונה. ונמצינו למדים אשר מי שלא זכה
לרשות הזאת אסור לו לבאר ביאורים בחכמה זו, משום שאינו יכול
להלביש הדברים הדקים ההם במלות המתאימות לדבר, באופן שלא
יכשלו המעיינים בה. שמשום זה לא מצינו שום ספר מסודר בחכמת
האמת מלפני ספר הזוהר של רשב"י, כי כל הספרים שקדמוהו
באותה החכמה אינם מוגדרים בשם ביאורים בחכמה, אלא רק
רמזים בעלמא, וגם בלי סדר של קודם ונמשך, כנודע למוצאי דעת,
ע"כ הבנת דבריו ז"ל.

ויש להוסיף כפי מה שקבלתי מפי סופרים ומפי ספרים, אשר מזמן
רשב"י ותלמידיו בעלי הזוהר עד זמנו של האר"י ז"ל, לא היה אף
אחד מהמחברים שיבאר דברי הזוהר והתיקונים כמו האר"י ז"ל, וכל
החיבורים האלו שקדמוהו אינם אלא בבחינת בעלי רמז בחכמה זו, וגם
ספרי החכם הרמ"ק ז"ל בכללם.

וגם על האר"י ז"ל עצמו ראוי לומר אותם הדברים שאמר על רשב"י,
דהיינו אשר לקודמיו של האר"י ז"ל לא ניתן רשות מהשמים לגלות
ביאורי החכמה, ולהאר"י ז"ל ניתנה הרשות הזאת, באופן שאין כאן

Heavenly Permission to reveal the explanation of this wisdom but the Ari was granted this permission. And this is not an issue of greatness or smallness at all. It is possible that they were infinitely greater than the Ari, yet they were not given permission to do this. So his predecessors abstained from writing explanations of the wisdom itself and made do with concise hints, one was not connected to the other.

This is the reason why as is known to those who deal with this wisdom, that since the time the Ari's writings were revealed to the world, anyone dealing with the wisdom of Kabbalah has abandoned the writings of the Ramak and all of the sages who preceded the Ari. They attached their spiritual lives only to the writings of the Ari, so that the only explanations of this wisdom which are considered significant are the *Zohar*, its addenda (*Tikkunim*) and the *Writings of the Ari* (*Kitvei Ha'Ari*).

3) "God's Secrets are For Those Who are in Awe of Him"

This means that the secrets of the Torah can only be explained to those who live in awe of the Creator and protect His honor with all their soul and strength, so that they never desecrate God's name. This part is the most stringent out of the three parts of the Concealment, for many have become fallen "casualties" due to revelations of "God's Secrets" by this type of people who deal with oaths and charms and "Magic" Kabbalah, who hunt for innocent souls. And also from all kinds of mystery-hawkers who use the wisdom of unworthy students for their own personal gain or for others', and from whom the world has suffered much and continues to suffer.

Know that the whole point and reason for concealment was because of this part, and this is why the sages adopted the most stringent tests for their students, based on the words of the sages: "Beginning of real secrets should be shared only with the head of a spiritual court, and on condition that he has a 'caring heart.'" And "Two may not study

להבחין משום גדלות וקטנות כלל, כי יכול להיות שמעלת הקודמים לו היתה לאין ערך, גדולה ממעלת האר"י ז"ל, אמנם להם לא ניתנה הרשות לדבר זה. ולפיכך נשמרו מלכתוב הביאורים השייכים לעצם החכמה רק הסתפקו ברמזים קצרים, בלתי נקשרים זה בזה כלל.

ומטעם זה, מעת שנתגלו ספרי האר"י ז"ל בעולם, כל העוסקים בחכמת הקבלה הניחו ידיהם מכל ספרי הרמ"ק ז"ל ומכל הראשונים והגאונים שקדמו להאר"י ז"ל, כמפורסם בין העוסקים בחכמה זו, וכל חיי רוחם הדביקו רק בכתבי האר"י ז"ל בלבד, באופן אשר עיקרי החיבורים הנחשבים בבחינת ביאורים בחכמה זו כראוי להיות, אינם אלא ספרי הזוהר והתיקונים ואחריהם ספרי האר"י ז"ל.

ג. סוד ה' ליראיו

פירושו, שסודות התורה מתבארים רק ליראי שמו ית' השומרים על כבודו ית' בכל נפשם ומאודם, שלעולם לא יצא מתחת ידיהם ח"ו שום חילול השם של משהו, והוא חלק הג' מהסתרת החכמה. והחלק הזה, הוא היותר חמור בענין ההסתרה, כי רבים חללים הפילו הגילויים ממין זה, כי מבטנם יצאו כל בעלי ההשבעות והקמיעות ובעלי קבלה מעשית הצודים נפשות בערמתם, וכל מיני בעלי המסתורין המשתמשים בנובלות חכמה שיצאו מתחת ידיהם של תלמידים דלא מעלי, להפיק מהם תועלת גופנית לעצמם או לאחרים, אשר העולם סבלו הרבה ועדיין סובלים מכך.

ודע, שכל עיקר ושורש ההסתר מתחלתו היה רק משום החלק הזה, ומכאן לקחו להם החכמים חומרות יתירות בבדיקת התלמידים, ע"ד שאמרו ז"ל (חגיגה יג.) "אין מוסרים ראשי פרקים אלא לאב בית דין, והוא שלבו דואג בקרבו", וכן "אין דורשין במעשה בראשית בשנים

the secrets of Creation, and one may not study the *merkava* (chariot)." (*Chagiga 13a*) There are many other examples. All of this is out of fear of what was explained above, and this is why there are so few who were merited this wisdom. Those who passed the most stringent tests were still sworn by the most terrible and binding oaths not to reveal any of the secrets of the three kinds mentioned above. (See the *Introduction to the Sefer Yetzirah by Rav Moshe Boutril*, of blessed memory.)

Do not misinterpret my words, where I have divided the three parts of the Concealment of Wisdom, and think that I mean that the Wisdom of Truth itself divides into three parts. Understand that I am referring to each individual part of the entire field of wisdom, in which there is not one word which does not branch into these three parts, for these are the three ways to interpret this wisdom which are always used.

However, one must ask: If it is true that the concealment of wisdom has reached to such a level, where did all of the thousands of writings about this wisdom come from?

The answer is that there is a difference between the first two parts and the last part. Since the third is the weightiest, for the reason given above, the first two aspects are not under a constant ban, since from the "unnecessary" part, a certain issue can sometimes become "necessary" for whatever reason, and things that are considered "impossible" can sometimes become "possible." There are two reasons for that: either because of the development of the generation, or by permission granted from Heaven, as in the case of the Rashbi and the Ari, and to a lesser extent, also their predecessors. These two reasons are the cause of the revelation of all of the true books that were written about this wisdom.

ולא במרכבה ביחיד", וכמותם תמצא רבות. אשר כל הפחד הזה הוא מהמבואר לעיל, ומטעם זה מועטים המה יחידי הסגולה שזכו בחכמה זו, ואפילו אותם שיצאו כל חובתם בשבע בדיקות וחקירות נמצאים מושבעים בשבועות חמורות ונוראות מבלי לגלות בכל אותם ג' החלקים הנ"ל ולא כלום. (ועי' מזה בהקדמת הר"ר משה בוטריל ז"ל לספר יצירה).

ואל תטעה בדברי, במה שחילקתי כאן ג' חלקים בענין הסתרת החכמה, אשר כונתי שחכמת האמת מתחלקת בעצמה לג' חלקים כגון אלו, אלא כונתי על כל פרט ופרט שבכל מרחבי החכמה, אשר אין לך מלה קטנה בכל מרחבי החכמה הזאת, שלא יסתעפו ממנה ג' חלקים ההם, כי המה רק ג' אופני הביאור הנוהגים תמיד בחכמה זו, והבן.

אולם יש לשאול כאן, אם אמת היא אשר תוקפה של הסתרת החכמה הגיעה לידי מדה כזאת, א"כ מהיכן נלקחו כל אלו אלפי החיבורים שנתחברו בחכמה זאת?

והתשובה היא, כי יש הפרש בין ב' החלקים הראשונים ובין החלק האחרון, כי עיקר כובד המשא מוטל רק על חלק הג' הנ"ל, מטעם המבואר לעיל, אולם ב' החלקים הראשונים אינם תחת איסור קבוע, כי מחלק "האינו נחוץ" מתהפך לפעמים ענין אחד ויוצא מגדר "האינו נחוץ", משום איזו סיבה, ובא לבחי' נחוץ. וכן מהחלק "האי אפשר" נעשה לפעמים בחי' אפשר, שהוא מב' סיבות: או מבחינת התפתחות הדור, או על ידי נתינת רשות מהשמים כמו שקרה לרשב"י ולהאר"י ז"ל, ובשיעורים קטנים גם לקודמים אליהם. ומבחינות הללו יוצאים ומתגלים כל הספרים האמיתיים שנתחברו בחכמה.

This is the meaning of the sages' saying: "I reveal one handbreadth and conceal two." They happened to discover something new which their predecessors could not imagine. Therefore they reveal only one "handbreadth," that is, they reveal only one part of the three parts of concealment, and the other two are left hidden, indicating that something happened which was the reason for revealing this; either the "unnecessary" became "necessary," or they were granted "Heavenly Permission," as I explained above. This is expressed by the saying "I have revealed one handbreadth..."

My readers should know that I intend to publish these works this year, and they are all new. None of my predecessors have explained these matters so purely and precisely. I received them directly "mouth to mouth" from my teacher, of blessed memory, who was authorized to do so in that he received this from his teacher "mouth to mouth," and so on.

I have also accepted upon myself these conditions of concealment and protection, but because of the necessity which I mentioned in my article "A Time For Action," part of the "unnecessary" has become "necessary," and therefore I have revealed this "handbreadth" completely by permission as I explained above, whereas I will conceal the other two as I am obligated.

ולדבר זה נתכוונו במליצתם "גליתי טפח ואכסה טפחיים", שכונתם, כי קרה להם ענין לגלות דבר חדש שלא שערוהו הקודמים לו, וע"כ מרמז כי רק טפח אחד, כלומר החלק הא' מג' חלקי ההסתרה הנ"ל הוא מגלה שם, וב' חלקים הוא משאיר בהסתר, והוא להורות, כי קרה לו איזה ענין שהוא סיבה לדבר הגילוי ההוא. או שהאינו נחוץ קיבל צורת נחוץ או שניתנה לו רשות מהשמים ע"ד שביארתי לעיל. וזהו שמתבטא במליצה של גליתי "טפח".

וידעו המעיינים בקונטרסים האלו שדעתי להדפיסם במשך השנה, אשר כולם המה חדשות, שאינן מובאות בטהרה ובתוכנם המדויק לאמיתו בשום ספר מהקודמים אותי, ואני קבלתי אותם פה אל פה ממורי ז"ל המוסמך לדבר, דהיינו שגם הוא קבל מרבותיו פה אל פה וכו'.

והגם שקבלתי אותם בכל אותם התנאים של כיסוי ושמירה כנ"ל, אולם מתוך ההכרח שהבאתי במאמרי "עת לעשות" הנ"ל, נתהפך לי חלק "האינו נחוץ", ויצא והיה לבחי' "נחוץ", וע"כ גליתי טפח זה בהיתר גמור, כמו שביארתי לעיל, אמנם ב' הטפחים, אותם אשמור כמצווה עלי.

Article on the Giving of the Torah

"And you shall love your friend as yourself." (Vayikra 19:18)
Rav Akiva says: "This is a great inclusive principle of the Torah." (Beresheet
Rabba, Chapter 24)

1) This saying of the sages demands an explanation, because the word
"principle" [*klal* in Hebrew], implies that all of the details, when adjoined,
create a principle. We find that when Rav Akiva says, "Love your friend
as yourself," which is a great inclusive principle of the Torah, we should
understand that the remaining 612 precepts of the Torah, with all of their
implications, are no more nor less than the sum of the details which are
comprised by and conditional to this one precept of "Love your friend as
yourself." This makes you wonder, since although it makes sense in terms
of the precepts concerning man and his fellow man, how can it include all
of the precepts which apply to man and the Creator, which comprise the
fundamental principles and the majority of the Torah?

2) If we wish to make the effort to settle the conflict behind these words,
we have another, more obvious example concerning the convert who
approached Hillel saying: "Teach me the entire Torah while I'm standing
on one leg." (*Shabbat, 31a*) and he answered: "Do not unto others what
you would not have them do unto you, (implying "Love your friend as
yourself") and all the rest is commentary, go and study it."

This is a clear indication that none of the other 612 precepts of the Torah
is more important than the one precept of "Love your friend as yourself,"
since their entire purpose is to enable us to fulfill the precept of loving
our friend properly. Hillel states clearly that "... all the rest is commentary,
go and study it," meaning that the rest of the Torah is a commentary on
this one precept, and it is impossible to fulfill the precept of loving one's
friend perfectly without it.

מאמר מתן תורה

ואהבת לרעך כמוך (ויקרא י"ט י"ח)
רבי עקיבא אומר זה כלל גדול בתורה. (ב"ר פכ"ד)

א) מאמר חז"ל זה אומר לנו בארוני. כי מלת "כלל" יורה על סכום של פרטים שמבין השתתפותם יחד הועמד אותו הכלל. נמצא כשהוא אומר על המצוה של "ואהבת לרעך כמוך" שהוא כלל גדול בתורה, הנה עלינו להבין ששאר תרי"ב המצוות שבתורה עם כל המקראות שבתוכה אינן לא פחות ולא יותר מאשר סכום הפרטים המוכנסים ומותנים במצוה האחת הזאת של "ואהבת לרעך כמוך", שאין אלו אלא דברים מתמיהים, כי זה יצדק במצוות שבין אדם לחבירו, אולם איך יכולה אותה המצוה האחת להכיל ולכלכל בתוכה את כל המצוות שבין אדם למקום, הן עקרי התורה ורוב מנין ובנין שלה.

ב) ואם עוד אפשר לנו להתיגע ולמצוא איזה דרך ליישב דבריהם שבכאן, הנה ערוך לעינינו מאמר שני עוד יותר בולט, באותו הגר שבא לפני הלל (שבת לא.) ואמר לו "למדני כל התורה כולה כשאני עומד על רגל אחת, ואמר לו כל מה דעלך סני לחברך לא תעביד, (התרגום של ואהבת לרעך כמוך) ואידך, פירושא הוא זיל גמור".

הרי לפנינו הלכה ברורה, אשר אין לנו שום העדפה בכל התרי"ב מצוות ובכל המקראות שבתורה על המצוה האחת של ואהבת לרעך כמוך. כיון שבאים רק כדי לפרש ולאפשר לנו לקיים מצות אהבת זולתו על היכנה, שהרי אומר בפירוש "ואידך פירושא היא זיל גמור", דהיינו שכל שאר התורה הם פירוש של המצוה האחת הזאת שאי אפשר לגמור מצות ואהבת לרעך כמוך זולתם.

3) But before we delve into this concept, we must first look at the structure of this precept "Love your friend as yourself" because the words "as yourself" imply that you must love your friend to the same degree you love yourself and not one iota less. Meaning that I must always be ready to fulfill the needs of every single individual of the Israelite nation, no less than I am always ready to fulfill my own needs. This is completely impossible, since there are not many people whose day job is enough to fulfill their own needs, so how can they be expected to fulfill the needs of the entire nation? We must not think that the Torah was exaggerating, for the Torah tells us: "... do not add and do not subtract ...," (*Deuteronomy 13:1*) meaning that the wording of the laws and rules of the Torah are precise and exact.

4) If you find this insufficient, I will add that the simple meaning of the precept of "loving other people" is even more stringent: we must put our fellow man's needs before our own. This is what *Tosefot* said in the name of the *Jerusalem Talmud* on the passage "... and it is good for him with you" (*Kiddushin page 20a*), referring to a Hebrew servant. And these are their words: "If a person has only one mattress, and he sleeps on it and does not give it to his servant, he is not fulfilling: '... and it is good for him with you,' because he sleeps on the mattress and the servant sleeps on the ground. And if he does not sleep on it and he also does not give it to his servant, this is a Sodomite attribute. We see that the master is obligated to give the mattress to his servant and then sleep on the ground," end of their words - read that carefully.

From the explanation above we can learn and expand on the ruling of loving one's friend because here also the book says that one should fulfill the needs of his friend like he fulfills his own as in the example "... for it is good for him with you" concerning the Hebrew servant, the *Halacha* (rules of the Torah) states that if a person has only one chair while his fellow man has no chair at all, and he does not give it to him, he violates the precept of "Love your friend as yourself," because he is not fulfilling his

ג) ובטרם נחדור לעומק הדבר יש לנו להתבונן במצוה הזאת גופה, כי נצטוינו, "ואהבת לרעך כמוך", אשר מלת "כמוך", אומר לנו שתאהב את חברך באותו השיעור שאתה אוהב את עצמך לא פחות בשום פנים שבעולם, זאת אומרת שאני מחויב לעמוד תמיד על המשמר ולמלאות צרכי כל איש ואיש מכל האומה הישראלית, לא פחות כמו שאני עומד תמיד על המשמר למלאות את צרכי עצמי, אשר זה הוא לגמרי מן הנמנעות, כי לא רבים המה שיוכלו ביום העבודה שלהם למלאות די צרכי עצמם ואיך אתה מטיל עליו עוד לעבוד ולספק את משאלות כל האומה. וזאת לא יתכן כלל לחשוב שהתורה מדברת על דרך הגזמה כי ע"כ מזהירה לנו התורה לא תוסף ולא תגרע וכו', לומר לך שהדברים והחוקים נאמרו בדיוק הנמרץ.

ד) ואם מעט לך זה, אומר לך, שפשטה של המצוה הזאת של אהבת זולתו מחמיר עוד עלינו להקדים צרכי חברינו על צרכי עצמינו, ע"ד שכתבו התוס' בשם הירושלמי (קידושין דף כ.) בהפסוק "כי טוב לו עמך" האמור לגבי עבד עברי, וזה לשונם: דפעמים שאין לו אלא כר אחד, ואם שוכב עליו בעצמו ואינו נותנו לעבד הרי אינו מקיים כי טוב לו עמך, שהוא שוכב על כר והעבד על הארץ. ואם אינו שוכב עליו וגם אינו מוסרו לעַבדו הרי זו מדת סדום. נמצא, שעל כרחו צריך למסרו לעבדו והאדון עצמו שוכב על הארץ. עכ"ל עש"ה.

ונמצינו למידים אותו הדין גם בכתוב שלנו בשיעור של אהבת זולתו, שהרי גם כאן השוה הכתוב את מילוי צרכי חבירו כמו מילוי צרכי עצמו, כדוגמת "כי טוב לו עמך" שבעבד עברי, באופן, שגם כאן במקרה אם אין לו אלא כסא אחד ולחבירו אין כסא כלל, יוצא הפסק הלכה, שאם הוא יושב עליו ואינו נותנו לחבירו הריהו עובר על מצות עשה של ואהבת לרעך כמוך, כי אינו ממלא צרכי חבירו כמו שהוא ממלא צרכי עצמו. ואם הוא אינו יושב עליו וגם אינו נותנו לחבירו, הרי זו רשעות

friend's needs as he fulfills his own. And if he does not sit on the chair and does not give it to his friend either, this is considered an attribute as evil as that of the Sodomites, and he is obligated to give the chair to his friend to sit on while he sits on the floor or stands. It is clear that this ruling applies to all of his fellow man's needs and lacks. Now consider, is it possible to fulfill this precept?

5) First of all we must understand why the Torah was given to the Israelite nation and not simultaneously and equally to all people. Is this due to nationalism, Heaven forbid? It is clear that only a madman could think so. And the truth is that the sages have already dealt with this question and this is what they say: "The Creator offered the Torah to every nation and tongue and they did not accept it." (*Avoda Zara, page 2b*)

But how are we to understand this? For if so, why are we called "God's chosen people," as it is said "... it is you God has chosen," (*Deuteronomy 7:6*) if no other nation wanted the Torah? And moreover, these things are contradictory in their essence, for is it possible that the Creator came to these (spiritually) untamed nations of that time with the Torah in His hand and negotiated with them? Nor did his prophets. Such a thing has never before been heard of and is inconceivable and is not accepted.

6) However, when we understand well enough the essence of the Torah and its precepts given to us, as well as what is expected from their performance on the level that the sages have taught us, which is the purpose of the great Creation we behold, then we will understand everything. For it is self evident that there is no performer of action without a purpose, and there are no exceptions to this rule except in the case of fools or infants. Therefore we cannot have any doubt about the Creator—whose exaltation is beyond our understanding—saying that He would perform any action, great or small, which has no purpose.

כמדת סדום, אלא שמחויב ליתנו לחבירו לשבת עליו והוא עצמו ישב על הארץ או יעמוד. ומובן מעצמו שכן הדין אמור בכל הצרכים שמצויים לו וחסרים לחברו, ומעתה צא ולמד, האם המצוה הזאת היא בגדר האפשרות לקיימה.

ה) ויש לנו להבין קודם כל, למה ניתנה התורה ביחוד לאומה הישראלית ולא ניתנה לכל באי העולם בשוה יחד, היש כאן ח"ו משום לאומיות? וכמובן, אשר רק היוצא מדעתו יכול להרהר כזאת. ובאמת, כבר עמדו חז"ל בשאלה זו, שזוהי כוונתם במה שאמרו ז"ל (ע"ז ב:) שהחזירה הקב"ה על כל אומה ולשון ולא קיבלוה, כנודע.

אולם מה שקשה לדבריהם, אם כן למה נקראנו עם הנבחר כמ"ש בך בחר ה' וכו' מאחר שלא היה מי שהוא מאומה אחרת שירצה בה. ועוד, שהדברים מוקשים מעיקרם, היתכן שהקב"ה בא עם תורתו בידו ונשא ונתן עם עמי הארצות הפראיים ההם, או ע"י נביאיו אשר לא נשמע מעולם כזאת ואינו מקובל על הלב כלל.

ו) אולם כשנבין היטב את מהות התורה והמצוות הנתונות לנו ואת הנרצה מקיומם, בשיעור שהורונו חז"ל, שהוא תכלית כל הבריאה הגדולה הערוכה לעינינו, אז נבין הכל. כי מושכל ראשון הוא, שאין לך פועל בלי תכלית, ואין לך יוצא מהכלל הזה זולת הירודים שבמין האנושי, או התינוקות, וא"כ לא יוטל ספק כלל על הבורא ית', שלרוממותו אין חקר, שיפעל ח"ו דבר קטן או גדול בלי תכלית.

And our sages have taught us that the world was only created for the fulfillment of the Torah and its precepts. This means, as the early sages of blessed memory have explained, that from the time of Creation, the intention of the Creator has been to inform Creation of His Godliness. And the knowledge of His Godliness is transmitted to the created ones through the pleasing bounty He provides which increases until it reaches the desired degree. By receiving this beneficence the lowly are elevated through the true recognition of this, which is to become the chariot of His Holiness and cleave to Him until they reach their ultimate perfection: "No eye has seen God besides you." (*Berachot 34b*) Since this perfection is so great and splendid, even the Torah and the Prophets were careful not to mention even one word of it. As the sages hinted: "All of the prophets prophesied only about the days of the Messiah, but concerning the World to Come: 'No eye has seen God besides you.'" This is known to those who find knowledge, and this is not the place to expand on this.

This perfection is expressed in the words of the Torah, the Prophecy, and the words of the sages by the simple word "*devekut*" which means "to cleave." That word is so commonly used by people it has nearly lost its meaning. But if you think about this word for a moment, you will be amazed at its wondrous loftiness, for if you imagine the concept of Godliness in comparison with the lowliness of the Creation, you will be able to estimate the magnitude of the ability to cleave of one to the other, and then you will understand why we consider this concept as the purpose of all of this great Creation.

From what we have said, by applying the precepts of the Torah, it is concluded that the entire purpose of Creation is for all the lowly creations to evolve and elevate ever higher, until they totally cleave to their Creator.

והורונו חז"ל על זה שלא נברא העולם אלא בשביל קיום התורה והמצוות. פירוש הדבר, כפי שבארוה לנו הראשונים ז"ל, כי כונת הבורא ית' על הבריאה מעת שנבראה הוא להודיע את אלקותו לזולתו. כי דבר הודעת אלקותו מגיע לנברא במדת שפעו הנעים ההולך ומתרבה אליו עד השיעור הרצוי. שבזאת מתרוממים השפלים בהכרה אמיתית להיות למרכבה אליו ית' ולדבקה בו, עד שמגיעים לשלמותם הסופי: "עין לא ראתה אלקים זולתך" אשר מרוב גודלה ותפארתה של השלמות ההיא גם התורה   והנבואה נשמרו לדבר אף מלה אחת מהפלגה הזו. כמו שרמזו על זה חז"ל (ברכות ל"ד:) "כל הנביאים לא נתנבאו אלא לימות המשיח אבל לעולם הבא עין לא ראתה אלקים   זולתך". כידוע הדבר למוצאי דעת ואכמ"ל.

ומתבטאת השלמות הזו בדברי התורה והנבואה ודחז"ל, רק   במלה הפשוטה "דביקות". והנה מתוך גלגולה של המלה ההיא בפיות ההמון כמעט שאיבדה כל תוכן, אולם אם תשהה את רעיונך על המלה הזאת רגע קט, תשאר עומד ומשתומם על גובהה המפליא, כי תצייר לך הענין האלקי וחין ערכו של הנברא השפל, אז תוכל לערוך יחס הדביקות מזה לזה, ואז תבין, למה אנו משימים את המלה הזאת לתכלית לכל הבריאה הגדולה הזאת.

היוצא מדברינו, אשר תכלית כל הבריאה היא, אשר הברואים השפלים יוכלו ע"י קיום התורה והמצוות לילך מעלה מעלה הלוך ומתפתח עד שיזכו להדבק בבוראם ית' וית'.

7) However, here the Sages of the *Zohar* stopped and asked: "Why were we not created with all of the loftiness necessary to cleave to the Creator in the first place, and what was His purpose in putting us through all of this struggle and effort of the Creation and of the Torah and its precepts?" And they answered: "He who eats of the food of another is afraid to look at his face..." (*Jerusalem Talmud, Orla, Chapter 1*)

This means that whoever eats and derives pleasure from the deeds of another is afraid to look the other in the face, for he becomes increasingly shamed until he loses his human dignity. And since there can be no shortcomings in that which derives from His perfection, the Creator has given us a space in which we may earn for ourselves the desired loftiness through our actions of applying the Torah and its precepts. And these concepts are deeper than deep, and I have already explained them in my book *Panim Masbirot* on the *First Branch of The Tree of Life*, and in the book of *Talmud Eser Sefirot* (*Ten Luminous Emanations*), *Inner Reflection Part 1*, and here I will explain them briefly so that all may understand.

8) This can be compared by way of analogy to a rich man who called to a man from the marketplace and fed him, gave him to drink, and gave him silver and gold and all things desirable, day after day. And each day he gave him more than the last, and so on until finally the rich man asked him: "Tell me, have all of your desires been fulfilled?" And he answered, "All of my desires have not yet been fulfilled, for how wonderful and how pleasant it would have been if all this wealth and luxury had come to me through my own deeds, as they had come to you, instead of being received through your charity." And the rich man replied, "If so, then there is no man who can fulfill your wishes."

And it is only natural that even if, on one hand, he tastes great pleasure which increases as the gifts increase, and on the other hand it is hard for him to suffer the embarrassment of receiving these benefits which the rich man increases time after time, because it is a Law of Nature that a recipient

ז) אולם כאן עמדו חכמי הזוהר ושאלו, למה לא בראנו מתחילה בכל אותה הרוממות הרצויה להדבק בו ית', ומה היה לו ית' לגלגל עלינו את כל המשא והטורח הזה של הבריאה והתורה והמצוות? והשיבו, דמאן דאכיל דלאו דיליה בהית לאסתכולא באפיה וכו'.

פירוש, כי מי שאוכל ונהנה מיגיע כפיו של חברו מפחד הוא להסתכל בתואר פניו, כי נעשה מושפל והולך עי"ז עד שמאבד צורתו האנושית. ומתוך שמה שבנמשך משלימותו ית' ויתעלה, לא יתכן שימצא בו בחינת חסרון מאיזה צד, לכן הניח לנו מקום להרויח בעצמינו את רוממותינו הנרצית על ידי מעשה ידינו בתורה ומצוות. ודברים אלו המה עמוקים מכל עמוק, וכבר בארתי אותם במתכונתם בספרי פנים מסבירות לעץ החיים בענף הראשון, ובספר תלמוד עשר הספירות, הסתכלות פנימית חלק א', וכאן אפרשם בקצרה, שיהיו מובנים לכל נפש.

ח) כי הדבר הזה דומה, לעשיר אחד שקרא לאדם מן השוק ומאכילו ומשקהו ומעניק לו מכסף וזהב וכל חמדה יום יום, וכל יום מרובים מתנותיו על הקודם לו וכן מוסיף והולך, לבסוף שאלהו העשיר אמור לי האם כבר נתמלאו כל משאלותיך? וענהו, עדיין לא נתמלאו כל מבוקשי, כי מה טוב ומה נעים היה לי אילו כל הרכוש והחמודות הללו הגיעוני על ידי עסקי עצמי כמו שהגיעו אליך, ולא להיות בתור מקבל מתנת ידך בחסד. ויאמר לו העשיר, א"כ לא נברא עוד איש שיוכל למלאות משאלותיך.

ודבר זה טבעי הוא, כי הגם שמצד אחד הוא טועם תענוג גדול, ומוסיף והולך כפי שיעור ריבוי מתנותיו, הנה יחד עם זה מצד השני קשה לו לסבול מבושה את ריבוי ההטבה הזו, שהעשיר הולך ומרבה עליו בכל פעם. כי חוק טבעי הוא בעולם, שהמקבל מרגיש כמין בושה ואי סבלנות בעת קבלת מתנת החנם מאת הנותן מחמת חסדיו ורחמיו עליו. ומכאן

will always feel some kind of shame and impatience when he receives a free gift from one who gives out of charity and pity. And from this we derive a second law, that there is no one in the world who can completely fulfill the desires of his friend, because in the end, one cannot give another the sense and feeling of self-attainment which is necessary in order to achieve the desired completion.

And we see that this is true only of the created, and is not applicable to the exalted perfection of the Creator. This is the reason why He planned things so that we must struggle and toil through Torah and its precepts in order to achieve our own exaltation, so that all of the pleasure and goodness which comes to us from Him, that is, in the concept of cleaving to Him, is earned by us through our deeds, and then we feel true possession without which there is no sense of completion, as we have explained.

9) However, it is appropriate for us to examine the meaning and origin of this natural law: what is the source and why do we feel shame and impatience when we receive charity from anyone? This is learned from the law known to the scholars of nature: that the nature of every branch is close and equal to that of its root, and all things concerning the root also apply to the branch, and the branch loves them and desires them and derives its usefulness from them. And the opposite, there are those things which do not apply to the root that the branch also stays away from and cannot tolerate and is also damaged by them. And this law applies to every root and branch without exception.

This gives us an opening to understand the origin of all of the pleasures and torments of our world. Since the Creator is the root of all of the creations He created, therefore all things that are included in Him and drawn by Him directly, are pleasant to us, since our nature is close to our exalted root. On the other hand, all things that do not apply to Him and are not drawn to us directly, but through the nature of creation itself, go against our nature and are difficult for us to tolerate.

נמשך לנו חוק שני, שלא יצוייר בעולם מי שיוכל למלאות חפצי חברו במילואם כי סוף סוף לא יוכל ליתן לו את האופי והצורה של קנין עצמי, שרק עמה נשלמת כל ההרחבה מכל השלימות הרצויה.

והנה זה אמור רק כלפי הנבראים, מה שלא יתכן ומתאים כלל כלפי שלימותו הנעלה ית׳ וית׳. וזהו שהכין לנו ע״י היגיעה והטרחה להמציא את רוממותינו בעצמינו ע״י העסק בתורה ומצוות, כי אז כל העונג והטוב המגיע לנו ממנו ית׳ דהיינו כל הכלול בדבר דבקותו ית׳, יהיה כל זה בבחי׳ קנין עצמינו, שהגיע לנו ע״י מעשה ידינו, שאז אנו מרגישים עצמינו בבחינת בעלים לדבר, שאין לנו טעם של שלימות זולתה, כמבואר.

ט) אמנם כן ראוי לנו להתבונן בעיקרו ומקורו של חוק טבעי זה, ומבטן מי יצא לנו פגם הבושה ואי הסבלנות הזה, שאנו מרגישים בעת קבלת החסד ממי שהוא? אולם דבר זה מושכל מחוק הידוע לחכמי הטבע אשר כל ענף טבעו קרוב ושוה אל שורשו, וכל הענינים הנהוגים בשורש יתרצה בהם גם הענף שלו ויאהב אותם ויחמדם ויפיק תועלתו מהם. ולעומתם, כל הענינים שאינם נהוגים בשורש, גם הענף שלו מתרחק מהם לא יוכל לסובלם וגם ניזוק מהם. וחוק זה מצוי בין כל שורש וענף שלו ולא יעבור.

ומכאן נפתח לנו פתח להבין מקור כללות התענוגים והיסורים הקבועים בעולמנו, כי מתוך שהשי״ת וית׳ הוא השורש לכל בריותיו אשר ברא, לפיכך כל הענינים הכלולים בו ית׳ ונמשכו לנו הימנו בהמשכה ישרה, יבושמו לנו וינעמו לנו, משום שטבענו קרוב לשורשינו ית׳. וכל הענינים שאינם נוהגים בו ית׳, ולא נמשכו לנו הימנו בהמשכה ישרה זולת על פי קוטבה של הבריאה עצמה, יהיו אלה נגד הטבע שלנו, ויהיה קשה לנו לסובלם.

That is to say, we love rest and hate motion, so much so that we make no motion unless it is in order to achieve rest. This is because our root is not one of motion but one of rest and motion does not apply to Him at all. Therefore it goes against our nature and we dislike it. In the same way we love wisdom and bravery and wealth, etc., because all of these are included in Him who is our root. This is why we hate their opposites, like ignorance, weakness and poverty, because they cannot be found in our root at all, making us reject, disliking and hating them. They also cause us to suffer intolerably.

10) This is the reason for our defective feelings of shame and impatience when we receive charity from others. The Creator has no aspect of receiving benefit from others in his nature. For from whom can He receive? And since this concept does not apply to our root, which is the Creator, we dislike it, as we have explained. On the other hand, we feel pleasure, sweetness and comfort when we are sharing with others, since this applies to our root who shares with all.

11) Now our eyes have been opened to examine the purpose of Creation, which is "To cleave to Him," in its true nature. This whole concept of loftiness and cleaving which is ensured to us through our applying ourselves to the Torah and its precepts is no more and no less than the process of the branches to become in affinity with their exalted root, whereby everything pleasant, euphoric and exalted comes naturally, as we have explained above. That pleasure is nothing more than the achieving of an "affinity of the form" with its Creator, so when we transform ourselves to become equal in every detail to our root, we feel blissful pleasure, and anything that happens to us that is not found in our root becomes intolerable, repulsive or painful, as this concept makes clear. Thus it is natural that all of our hopes depend on how successful we are in achieving affinity of form with our root.

דהיינו, אנו אוהבים את המנוחה, ושונאים מאד את התנועה, עד שאין אנו עושים שום תנועה אם לא להשגת המנוחה, והיה זה, מפני שהשורש שלנו איננו בעל תנועה זולת בעל המנוחה, ואין תנועה ח"ו נוהגת בו כלל, ולפיכך תהיה זו גם כן, נגד טבענו ושנואה לנו. ועד"ז, אנו אוהבים מאד את החכמה ואת הגבורה ואת העושר וכו', שהוא משום שכל אלה כלולים בו ית' שהוא שורשנו, וע"כ שונאים אנו מאד את הפוכם, כמו הסכלות והחולשה והעניות, משום שאינם מצויים כלל ועיקר בשורש שלנו, שזהו עושה את הרגשתנו מאוס ושנוא וגם גורם מכאובים לאין סבול.

י) והיא הנותנת לנו הטעם הפגום הזה של בושה ואי סבלנות בעת שאנו מקבלים דבר מאחרים בתורת חסד, כי הבורא ית' אין בחוקו ח"ו שום ענין של קבלת טובה, כי ממי יקבל? ומתוך שאין הענין הזה נהוג בשורשנו ית' ע"כ הוא מאוס ושנוא לנו, כאמור. ולעומתו, אנו מרגישים תענוג ונועם רך בעת כל השפעה שאנו משפיעים לזולתנו, להיות דבר זה נוהג בשרשנו ית' שהוא המשפיע לכל.

יא) עתה מצאנו פתח עינים להסתכל בדבר תכלית הבריאה של "ולדבקה בו" בפרצופו האמיתי, שכל ענין הרוממות והדביקות הזה המובטח לנו ע"י מעשה ידינו בתורה ובמצוות, אינו לא פחות ולא יותר, אלא דבר השוואת הענפים לשורשם ית', אשר כל הנעימות והעידון וכל נשגב, נעשה כאן דבר נמשך טבעי מאליו, כמו שנתבאר לעיל, שענין התענוג אינו אלא רק השוואת הצורה ליוצרה, ובהיותנו משתוים בעינינו לכל מנהג הנוהג ומצוי בשורשנו הרי אנו מצויים בתענוגים, וכל ענין שיארע לידנו מהעניינים שאינם נמצאים בשורשנו, הרי נעשים לבלתי נסבלים ולגועל נפש או למכאובים ממשיים, כפי אשר יתחייב מהמושג ההוא. ונמצא מאליו, אשר כל תקותנו, תלויה ועומדת בשיעור השוואת צורתנו לשורשנו ית' וית'.

12) This is why the sages asked: "Why does God care whether we slaughter from the neck or from the back of the neck? After all, the precepts of the Torah were only given to refine mankind." (Beresheet Rabba chapter 44) And the meaning of this refining process is the purification of the murky body, which is the purpose of the fulfillment of the Torah and all of its precepts. Because when born, man is similar to a "wild donkey-foal." When he is born he is in the utmost level of filth and lowliness, meaning there is much selfish love inherent in him, whereby all his actions are centered on himself without any trace of thought of sharing with others.

Thus he is as distant as can be from his Root. He is diametrically opposed, because the Root only shares with others without a thought of receiving, Heaven forbid, at all. The newborn is in a total state of receiving for himself without a single thought of sharing with others, and therefore he is found to be at the lowest point of lowliness and filth in our human world.

And the more he grows, the more he receives partial measures of "sharing with others" from his environment, which is dependant on the developmental values of his environment. He is then taught to fulfill the Torah and its precepts for his own benefit – for a reward in this world and the World to Come. This is considered "not for its own sake," since it is impossible to make the child accustomed in any other way. And as he grows up, he is shown how to apply himself to the Torah's precepts for its own sake, meaning that he does them only to give pleasure to his Creator. As the Rambam (Maimonides) said, "Women and children should not be taught to apply themselves to the Torah and its precepts for its own sake, for they are not capable of carrying the burden of the concept. Only when they mature and acquire wisdom and understanding should this be taught to them." (*Hilchot Teshuva, Laws of Repentance, Chapter 10*) And as the sages said, "Out of applying The Torah not for its own sake, one comes to eventually do it for its sake," (*Pesachim page 50b*) meaning studying Torah and applying the precepts in one's life with the sole intent of giving pleasure for one's Creator, and not out of selfish love.

יב) ואלה הם דברי חז"ל (ב"ר פמ"ד) בשאלתם, וכי מה איכפת לי' להקב"ה למי ששוחט מן הצואר או מי ששוחט מן העורף? הוי לא נתנו המצוות אלא לצרף בהם את הבריות עכ"ל. והצירוף הזה, פירושו הזדככות הגוף העכור שזוהי התכלית היוצאת מקיום התורה והמצוות כולן. מפני שעייר פרא אדם יולד, כי כשיוצא ונולד מחיק הבריאה הוא מצוי בתכלית הזוהמא והשפלות, שפירושם הוא ענין רבוי גדלות האהבה העצמית הנטבעת בו, אשר כל תנועותיו סובבים בחזקה על קטבו עצמו, מבלי ניצוצי השפעה לזולתו ולא כלום.

באופן, שאז נמצא במרחק הסופי מן השורש ית' וית', דהיינו מן הקצה אל הקצה, בהיות השורש ית' כולו להשפיע בלי שום ניצוצי קבלה כלל וכלל ח"ו, ואותו הנולד נמצא כולו במצב של קבלה לעצמו בלי שום ניצוצי השפעה ולא כלום, וע"כ נבחן מצבו בנקודה התחתונה של השפלות והזוהמה המצויה בעולמינו האנושי.

וכמו שהוא הולך וגדל, כן יקבל מהסביבה שלו שיעורים חלקיים של "השפעה לזולתו" וזהו ודאי תלוי בערכי התפתחות הנמצאים באותה הסביבה. והנה גם אז מתחילים לחנכו בקיום תורה ומצוות לאהבת עצמו - משום שכר בעוה"ז ועוה"ב, המכונה "שלא לשמה", כי אי אפשר להרגילו באופן אחר. וכשגדל ובא בשנים, אז מגלים לו איך לבא לעסק המצוות לשמה, שהיא בכוונה מיוחדת רק לעשות נ"ר ליוצרו. כמ"ש הרמב"ם (הלכות תשובה פ"י) שלנשים וקטנים אין לגלות את העסק בתורה ומצוות לשמה, כי לא יוכלו שאתו, רק כשגדלים וקונים דעת ושכל אז מלמדים אותם לעשות לשמה. וכמ"ש ז"ל, "מתוך שלא לשמה בא לשמה", שהיא מוגדרת בכוונה לעשות נ"ר ליוצרו ולא לשום אהבה עצמית, יהי' מה שיהי'.

The Creator knew the inherent powers that exist in the Torah and its precepts when applied to one's life and done for its own sake, as the sages tell us: "The Creator said, 'I created the evil impulse and I created the Torah as its remedy.'" (*Kiddushin 30b*) So we find that the person continues to develop and move up through the levels of loftiness until he loses every spark of selfish love, and all of the precepts in his body are uplifted, and every motion he makes is only for the benefit of others. Therefore even the bare necessities which he must receive are channeled to share with others. This is why the sages said: "The precepts of the Torah were only given in order to refine the created beings of our world." (*Midrash Rabba, chapter 44*)

13) In fact, we find that there are two types of Torah precepts: a) Those between man and the Creator; and b) Those between man and his fellow man. Both have one purpose, which is to bring the created being to his ultimate purpose of cleaving to the Creator, as we have explained. Moreover, even the practical application of the two is the same, since when a person acts "for its sake," with no admixture of selfish love, that is, without deriving any personal benefit, then he will feel no different regardless if he is acting out of love for his fellow man or his love for the Creator.

It is a Law of Nature that everything perceived by the created being to be external of himself will seem void and not part of his realm, so every action of love for others that a person does is motivated by feeling the Light returning to him or having hope of getting a reward that is beneficial only to himself. Therefore these actions cannot truly be called "loving other people" because they are defined by their consequences. This can be compared to a salary that is only paid upon completion. And in any case an action performed for a salary cannot be considered loving another. However, performing any act or making any effort purely out of love for others, without an aspect of sparks of Light returning to him and any hope of a reward which will ensue, is completely impossible according to the Law of Nature.

וע"י הסגולה הטבעית שבעסק התורה והמצוות לשמה אשר נותן התורה ידעה, כמ"ש ז"ל (קידושין ל:) שהקב"ה אומר: בראתי יצה"ר ובראתי לו תורה תבלין, הרי נמצא הנברא ההוא הולך ומתפתח ופוסע אל על בדרגות ומעלות הרוממות האמורה, עד שמספיק לאבד מקרבו כל הניצוצים של אהבה עצמית, וכל מצותיו שבגופו מתרוממים, ועושה את כל תנועותיו רק להשפיע, באופן אשר אפילו ההכרחיות שהוא מקבל, זורם ג"כ לכונת ההשפעה, כלומר כדי שיוכל להשפיע. וזהו אמרם ז"ל: לא נתנו מצוות אלא לצרף בהם את הבריות.

יג) ואם אמנם נמצאים ב' חלקים בתורה: א', מצוות הנוהגות בין אדם למקום ית', ב', מצוות הנוהגות בין אדם לחבירו. הנה שניהם לדבר אחד מתכוונים דהיינו כדי להביא הנברא לידי המטרה הסופית של הדביקות בו ית' כמבואר. ולא עוד, אלא אפילו הצד המעשי שבשניהם הוא ג"כ בחינה אחת ממש, כי בשעה שעושה מעשהו "לשמה" ולא לשום תערובות של אהבה עצמית דהיינו בלי שום הפקת תועלת של משהו בעדו עצמו, אז לא ירגיש האדם שום הפרש במעשהו, בין אם הוא עובד לאהבת חבירו בין אם הוא עובד לאהבת המקום ית'.

משום שחוק טבעי הוא לכל בריה שכל הנמצא מחוץ למסגרת גופו עצמו הוא אצלו כמו דבר ריק ובלתי מציאותי לגמרי, וכל תנועה שאדם עושה לאהבת זולתו הוא עושה זאת בעזרת אור חוזר ואיזה גמול שסופו לחזור אליו ולשמשו לתועלתו עצמו, ולפיכך, אין המעשים כגון אלו יוכלו להקרא בשם "אהבת זולתו" משום שנידון על שם סופו, ודומה לשכירות שאינה משתלמת אלא לבסוף ומכל מקום אין מעשה השכירות נחשבת לאהבת זולתו. אולם לעשות איזה תנועה וטרחה משום אהבת זולתו לגמרי, דהיינו בלי ניצוצי אור חוזר ושום תקוה של איזה גמול שישוב אליו, זהו מצד הטבע לגמרי מן הנמנעות.

And regarding such things the *Tikkunei Zohar, Tikkun 30:10* speaks to the nations of the world saying: "Every act of kindness done is done for one's own benefit." Meaning that every act of kindness they perform for their friends or in serving their gods is not out of love of others, but out of selfish love, and this is because it would be against human nature, as we have explained. Therefore, only those who fulfill the Torah and its precepts are capable of this. By accustoming oneself to fulfilling the Torah and its precepts for the sake of giving pleasure to the Creator, one gradually separates oneself from the bosom of human nature and acquires a second nature, which is the aforementioned love of others.

This is why the sages of the *Zohar* excluded the nations of the world completely from the characteristic of loving others and said that every act of kindness they perform is only for their own benefit, since they have nothing to do with applying themselves to the Torah and its precepts for its own sake. The purpose of all worship of their gods is for the sake of reward and redemption in this world and the next, and so we find their worship of gods to be derived from selfish love. In any case, they will never take an action of worth which will be outside the framework of their own body; that will raise one's self even a hair's breadth above the ground of human nature.

14) Thus we can see with our own eyes that there is no difference between the two types of Torah precepts, in terms of applying oneself to the Torah and its precepts for its own sake, even in terms of the practical application of the Torah. It is a necessity that, before one is rewarded, all of one's actions towards others, whether towards the Creator or towards other people, are felt to be empty and unperceivable. However, through great effort one can uplift oneself gradually and attain a second nature, as mentioned above, and then one immediately attains the ultimate goal, which is cleaving to the Creator, as we have explained.

ועל כיוצא בזה אמרו בזהר על אומות העולם, כל חסד דעבדין לגרמייהו הוא דעבדין. פירוש, כל מה שהמה מתחסדים עם חבריהם או בעבדות אלהיהם אין זה משום אהבת זולתם אלא משום אהבה עצמית, והוא משום שדבר זה הוא מחוץ לדרך הטבע כמבואר. וע"כ רק מקיימי התורה ומצוות מוכשרים לדבר זה, שבהרגילו את עצמו לקיים את התורה ומצוות לעשות נ"ר ליוצרו, אז לאט לאט נפרש ויוצא מחיק הבריאה הטבעית וקונה טבע שני, שהוא אהבת זולתו האמורה.

וזהו שהביא לחכמי הזוהר להוציא את אומות העולם מדבר אהבת זולתם מכל וכל. ואמרו כל חסד דעבדין לגרמייהו הוא דעבדין, משום שאין להם ענין העסק בתו"מ לשמה, וכל דבר העבדות לאלהיהם הוא משום שכר והצלה בעוה"ז ובעוה"ב כנודע, ונמצא גם עבדותם לאלהיהם הוא משום אהבה עצמית. וממילא לא תארע להם לעולם שום פעולה שתהיה מחוץ למסגרת גופם עצמם, שיוכלו להתרומם בשבילה אפילו כחוט השערה ממעל לקרקע הטבע.

יד) והננו רואים בשתי עינינו, אשר כלפי העוסק בתורה ומצוות לשמה, הנה אפילו מצד המעשיות שבתורה אינו מרגיש שום הפרש בב' חלקי התורה. כי בטרם שמשתלם בדבר, הכרח הוא, שכל פעולה לזולתו הן להשי"ת והן לבני אדם מורגשת אצלו כמו ריקנית לבלי מושג, אולם ע"י יגיעה גדולה נמצא עולה ומתרומם לאט לאט לטבע שני, כנ"ל. ואז זוכה תיכף למטרה הסופית, שהיא הדביקות בו ית' כמבואר.

Since this is so, logic dictates that the part of the Torah concerning man and his fellow man is more capable of bringing man to his desired goal. And since the fulfillment of precepts between man and the Creator is predetermined and specific, and there is no feedback in it, and one accustoms oneself to them easily, anything which is done out of habit is no longer capable of bringing any benefit, as is well known. This is not true of the precepts concerning man and his fellow man, which are not predetermined or specific. They are very demanding wherever one turns, and therefore their capability is more assured and it is easier and closer to reach the goal through them.

15) Now we can understand clearly the words of Hillel the Elder to the convert, where he states that the essence of the Torah is "Love your friend as yourself and the rest of the precepts are a commentary and preparation for this," (see above in Section 2). Even the precepts concerning man and the Creator are included in this precept, since it is the ultimate goal of all of the Torah and its precepts, as the sages said: "The Torah and its precepts were only given in order to refine the Israelites," (see above in Section 12), which means the purification of the body to the point where one acquires a second nature which is defined as the love of others, that is, the one precept of "Love your neighbor as yourself," which is the ultimate goal of the Torah, after which one soon attains cleaving to the Creator.

There is no need to ask why this is not defined by the precept: "You shall love the Lord your God with all your heart, with all your soul and with all your might," (*Deuteronomy 6:5*) for as per the reason explained above, there is no difference between the love of the Creator and the love of others for one who is still subject to human nature, since everything external to oneself is not real and doesn't exist. And since this convert asked Hillel the Elder to explain the essence of what the Torah requests in a way that his goal would be easy to attain and closer to him finding it, saying, "Teach me the entire Torah while standing on one leg," Hillel defined it as the love of others, since this goal is closer and quicker to be revealed (see above in Section 14), because it is safer and can be fulfilled without error and it is accompanied with a tight feedback mechanism.

וכיון שכן הוא, הנה הסברה נותנת אשר אותו חלק התורה הנוהג בין אדם לחברו, הוא היותר מסוגל בשביל האדם להביאו להמטרה הנרצה, משום שהעבודה במצוות שבין אדם למקום ית' היא קבועה ומסויימת ואין לה תובעים. והאדם מתרגל בה בנקל, וכל שעושה מחמת הרגל כבר אינו מסוגל להביא לו תועלת כנודע. משא"כ המצוות שבין אדם לחברו הוא בלתי קבוע ובלתי מסויים והתובעים מסבבים אותו בכל אשר יפנה, וע"כ סגולתם יותר בטוחה ומטרתם יותר קרובה.

טו) עתה נבין בפשיטות דברי הלל הנשיא להאי גיורא, אשר עיקר הקוטב שבתורה הוא ואהבת לרעך כמוך ויתר תרי"ב מצוות הם פירוש והכשר אליה (כנ"ל אות ב'). ואפילו המצוות שבין אדם למקום הם ג"כ בכלל הכשר המצוה הזו, להיותה המטרה הסופית היוצאת מכל התורה והמצוות, כמ"ש ז"ל "לא נתנו תורה ומצוות אלא לצרף בהם את ישראל" (כנ"ל אות י"ב), שהיא הזדככות הגוף, עד שקונה טבע שני המוגדר באהבת זולתו, דהיינו המצוה האחת של ואהבת לרעך כמוך, שהיא המטרה הסופית בתורה, אשר אחריה זוכה תיכף לדביקותו ית'.

ואין להקשות למה לא הגדיר זה בכתוב "ואהבת את ה' אלקיך בכל לבבך ובכל נפשך ובכל מאודך" כי זה מטעם המבואר לעיל, אשר באמת כלפי האדם הנמצא עוד בטבע הבריאה אין הפרש כלל בין אהבת השי"ת לאהבת חברו, משום שכל שמזולתו הוא אצלו בגדר בלתי מציאותי. ומתוך שאותו הגר ביקש מהלל הנשיא שיסביר לו כללות הנרצה מהתורה כדי שתהיה מטרתו קרובה לבוא ולא ירבה בדרך הליכה באמרו: "למדני כל התורה כולה על רגל אחת" ע"כ הגדיר לו באהבת חברו משום שמטרתה יותר קרובה ומהירה להתגלות (כנ"ל אות י"ד) משום ששמורה מטעויות ומשום שיש לה תובעים.

16) In this we find an opening to understand how the Torah demands something of us that we cannot fulfill, (see above in Sections 3 and 4 especially the content of the precept "Love your friend as yourself"). Read this carefully and understand this! This is the reason why the Torah was not given to our holy forefathers Abraham, Isaac and Jacob, but was delayed until the Exodus from Egypt; only when they became a complete nation of six hundred thousand men over the age of twenty. Every member of the nation was asked if he agreed to this exalted work. And only when every single person in the nation agreed with all his heart and soul and said "We will do and we will listen," (Exodus 24:7) only then was it possible to fulfill the principle of the entire Torah, which left the realm of impossibility and entered the realm of possibility.

For then it is absolutely certain, if six hundred thousand men take their attention away from their own needs and agree to refrain from any other activity and to devote themselves to making sure that none of their fellow friends lack anything, and they do so with incredible love, with all their hearts and with all their souls and completely fulfill the precept of "Love your friend as yourself," then it is clear and indubitable that no individual among them had to worry about his own livelihood. Through this, each person became absolutely free of worrying about his own livelihood and could easily fulfill the precept of "Love your friend as yourself" according to all the conditions explained in Sections 3 and 4. For how could anyone worry about his own livelihood when six hundred thousand beloved and loyal friends are constantly making sure that all of his needs are fulfilled?

Thus, once all of the members of the nation agreed to this, the Torah was immediately given to them, since they were then capable of fulfilling it. Before they reached the size of a complete nation, let alone at the time of the forefathers, when they were but a few, they were not truly capable of fulfilling the Torah properly, since a small number of people cannot even begin to deal with the precepts concerning man and his fellow man to the extent of "Love your friend as yourself" as explained in Sections 3 and 4, and that is why the Torah was not given to them.

טז) ובאמור מצאנו הפתח להבין במה שעמדנו לעיל (אות ג' וד') בעיקר תוכנה של המצוה הזאת "ואהבת לרעך כמוך" איך מחייבת אותנו התורה בדבר שהוא מהנמנעות לקיימה, עש"ה.אכן השכל! שמהטעם הזה לא ניתנה התורה לאבותינו הק' אברהם יצחק ויעקב, אלא נמשך הדבר עד יציאת מצרים, שיצאו והיו לאומה שלימה בת שש מאות אלף איש מעשרים שנה ומעלה, אשר אז נשאלו אם כל אחד מהאומה מסכים לעבודה הנשגבה הזאת, ואחר שכל אחד ואחד מהאומה הסכים בכל לב ונפש לדבר, ואמר נעשה ונשמע, אז נעשה הדבר הזה שהוא כללות התורה לאפשר לקיימה, שיצאה מגדר הנמנעות ובאה לגדר האפשרות.

כי זהו ודאי גמור, אם שש מאות אלף איש מסתלקים מכל עסקיהם לצרכי עצמם ואין להם שום עסק בחייהם רק לעמוד על המשמר תמיד שלא יחסר שום צורך לחבריהם. ולא עוד אלא שיעסקו בזה באהבה עצומה בכל לבבם ונפשם ככל גדרה של המצוה "ואהבת לרעך כמוך", אז ברור בלי שום ספק, שאפס כל צורך מכל יחיד מחברי האומה לדאוג מה בשביל קיומו עצמו. ונעשה משום זה פנוי לגמרי משמירת קיומו עצמו, ויכול לקיים בנקל את המצוה של ואהבת לרעך כמוך בכל אותם התנאים המבוארים באות ג' וד'.כי איך יפול לו איזה פחד כרגע על קיומו עצמו, בה בשעה ששש מאות אלף איש אוהבים נאמנים עומדים על המשמר הכן בהשגחה עצומה שלא יחסר לו כלום מצרכיו. ולפיכך, אחר שכל חברי האומה הסכימו לדבר, תיכף ניתנה להם התורה, כי עתה המה נעשו מוכשרים לקיימה.

אמנם מקודם שבאו ונתרבו לשיעור אומה שלימה. ואין צריך לומר בזמן האבות שהיו רק יחידים בארץ, לא הוכשרו באמת לקיים התורה על אופנה הרצוי, כי במספר קטן של אנשים אי אפשר אפילו להתחיל בענין עסק המצוות שבין אדם לחברו כפי הקוטב של ואהבת לרעך כמוך, כמבואר באות ג' וד', ולפיכך לא ניתנה להם התורה.

17) Thus we can understand one of the more astounding sayings of the sages: "All Israelites are responsible for one another," *(Midrash Rabba, Shir Hashirim chapter 7:14)* which seems totally unjustifiable. Is it possible if another person sins or transgresses and angers his Creator, and I do not even know him nor have I anything to do with him, that the Creator will make me pay for his transgression? There is a passage in the Torah that says: "Fathers shall not be killed for the sins of their children. Each person shall be killed for his own sin," *(Deuteronomy 24:16)*, so how can it be said that I am responsible for the sins of a total stranger? And as if this were not enough, in *Tractate Kiddushin, page 40b*, it says, "Rav Elazar son of Rav Shimon said, 'Since the world is judged by the majority, and the individual is judged by the majority, he who fulfills one precept causes himself and the entire world to tip the scale of merit; and woe to him who commits one transgression, for he causes himself and the entire world to tip the scale of demerit, as it is written: One sinner causes much good to be lost'."

In saying this, Rav Elazar son of Rav Shimon makes us responsible for the entire world, for in his opinion all the people in the world are responsible for one another. Each person causes either merit or demerit for the entire world through his deeds. And this is a great conundrum. However, according to that which we have explained above, their words are precise and simple, since we have clearly proven that every one of the 613 precepts of the Torah are included in the one precept of "Love your friend as yourself," and this can not be fulfilled unless an entire nation, all of whose members, are ready to do so.

יז) ובאמור נוכל להבין מאמר אחד מהיותר מתמיהים שבמאמרי חז"ל, דהיינו במה שאמרו אשר כל ישראל ערבים זה לזה, שלכאורה הוא בלתי מוצדק בתכלית, כי היתכן אם מי שהוא חוטא או עובר עבירה ומכעיס את קונו ואין לי שום הכרות ושייכות עמו, יגבה הקב"ה את חובו ממני, ומקרא כתוב "לא יומתו אבות על בנים וגו' איש בחטאו יומתו" ואיך אומרים אשר אפילו הנכרי לי לגמרי שאיני מכיר לא אותו ולא את מקומו נמצאת ערב בחטאיו? והמעט לך זה, קח וראה במסכת קידושין דף מ' ע"ב, וזה לשונם: רבי אלעזר ברבי שמעון אומר לפי שהעולם נידון אחר רובו, והיחיד נידון אחר רובו, עשה מצוה אחת אשריו שהכריע את עצמו ואת כל העולם לכף זכות, עבר עבירה אחת אוי לו שהכריע את עצמו ואת כל העולם לכף חובה, שנאמר וחוטא אחד יאבד טובה הרבה". עכ"ל.

והנה עשאוני ר"א בר"ש ערב גם בשביל העולם כולו, שנמצא לדעתו, אשר כל בני העולם ערבים זה לזה, וכל יחיד במעשיו יגרום זכות או חובה לכל העולם כולו. שזוהי תמיהה ע"ג תמיהה. אולם לפי המתבאר לעיל הרי דבריהם ז"ל מובנים ומוסכמים בתכלית הפשטות, כי הנה הוכחנו לעינים אשר כל פרט ופרט מהתרי"ג מצוות שבתורה סובבים על קוטבה של המצוה האחת של ואהבת לרעך כמוך, ונתבאר, שקוטב זה אינו בגדר של קיום זולת באומה שלימה שכל חבריה מוכנים לדבר.

Article on Responsibility

(Continuation of the "Article on The Giving of the Torah")

"For all Israelites are responsible for one another." (Sanhedrin 27b, Oaths 39a)

This is the responsibility that all Israelites became responsible for one another, meaning that the Torah was not given to them until each and every Israelite was asked whether he agreed to take on the precept of loving his fellow man to the degree described by the verse: "Love your friend as yourself" to its full extent, as explained in sections 2 and 3 - read that word by word. That is, every Israelite takes on the obligation to care for and serve every other member of the nation; to fulfill all his needs no less than is natural for him to fulfill his own needs. And after the entire nation agreed unanimously and said, "We shall do and we shall listen," each Israelite became responsible for all of the needs and wants of every other member of the nation, and only then were they worthy of receiving the Torah and not before. For through this collective responsibility each member of the nation is relieved of the concern for his personal needs, and can fulfill the precept of loving his friend as himself to its full extent and to give of everything he has to anyone in need, since he need not concern himself with his own needs because he knows and is sure that 600,000 trustworthy people who love him are near him and are prepared to care for him, as explained in section 16 - read that carefully.

And for this reason they were not at all prepared to receive the Torah from the time of Abraham, Isaac and Jacob, until the Exodus from Egypt. Then they became a complete distinctive nation, because only then was it possible for each person to be sure that his needs would be met without any worry, which was not true when they were still intermingled with the Egyptians, because out of necessity some of their needs were in the hands of those other untamed people who were full

45

מאמר הערבות

(המשך מ"מאמר מתן תורה")

"שכל ישראל ערבים זה בזה." (סנהדרין כ"ז: שבועות ל"ט)

וזהו דבר הערבות אשר כל ישראל נעשו ערבים זה לזה, כי לא ניתנה להם התורה בטרם שנשאל כל אחד ואחד מישראל אם מסכים לקבל עליו את המצוה של אהבת זולתו בשיעור הכתוב, "ואהבת לרעך כמוך" בכל שיעורו (כפי המתבאר באות ב' וג' עש"ה מלה במלה). דהיינו שכל אחד מישראל יקבל על עצמו, לדאוג ולעבוד בעד כל אחד מחברי האומה למלאות כל צרכיו לא פחות ממה שהוטבע באדם לדאוג בעד צרכיו עצמו, ואחר שכל האומה הסכימו פה אחד ואמרו נעשה ונשמע, הרי שכל אחד מישראל נעשה ערב שלא יחסר דבר מה לשום חבר מחברי האומה, אשר אז נעשו ראויים לקבלת התורה ולא זולת, משום שבערבות הכללית הזאת נפטר כל יחיד מהאומה מכל דאגותיו לצרכי גופו עצמו, ויכול לקיים מצות ואהבת לרעך כמוך בכל שיעורו וליתן כל מה שיש לו לכל המצטרך, היות שאינו מפחד עוד בעד קיום גופו עצמו כי יודע ובטוח הוא ששש מאות אלף אוהבים נאמנים נמצאים בסביבתו עומדים הכן לדאוג בשבילו, (כמבואר באות ט"ז עש"ה).

שמטעם זה לא היו מוכנים כלל לקבל התורה מזמן אברהם יצחק ויעקב, אלא עד שיצאו ממצרים והיו לאומה שלימה בפני עצמם, כי אז נעשתה המציאות שכל אחד יהי' מובטח בכל צרכיו בלי שום דאגה והרהור כלל, משא"כ בהיותם עוד מעורבים בין המצריים ובהכרח אשר חלק מסוים מצרכיהם היה מסור בידי הנכרים הפראים הללו המלאים אהבה עצמית, ונמצא שאותו שיעור המסור בידי הנכרים יהיה בלתי מובטח כלל לכל יחיד מישראל, כי חבריו לא יוכלו למלאות לו את הממחסורים האלו

of self-centeredness and selfish love. That level of need that was under the dominion of the other people could not be guaranteed to any individual Israelite since their friends would not be able to fulfill their needs as it is not within their hands. And we have already seen that as long as an individual is concerned with his own welfare, he is not in a position to even begin to fulfill the precept of loving his friend as himself.

It is very clear that the matter of the giving of the Torah had to be delayed until the Exodus from Egypt, when the Israelites would become an independent and distinctive nation, and their welfare was in their own hands without any dependence on others. Then they were able to accept the abovementioned pledge (to be responsible), and then the Torah was given to them. And we find that because of this, even after the Torah was given, if a few Israelites were unfaithful and returned to the impurity of selfish love without consideration for others, then the same level of needs that was not met that those few are responsible for, would become bothersome for every member of the Israelites and he would need to attend to it himself. And because those few will not have mercy on the rest, thus the precept of loving one's fellow man would not be upheld, for these unfaithful people would cause those who honored the Torah to remain in the impurity of selfish love, and thus they could not fulfill the precept of loving their friend as themselves and complete the cycle of love for their fellow man without the help of the few.

Now, it is clear to you that all Israelites are responsible for one another, both in terms of fulfillment and non-fulfillment, since in terms of fulfillment, that is, if everyone fulfills the responsibility to the point where each individual provides for the needs of his fellow, everyone can fulfill the precepts of the Torah in full and give pleasure to his Creator (as mentioned in section 13). And in terms of non-fulfillment, that is, if a portion of the nation refuses to fulfill the responsibility, and prefers to remain deep in selfish love, these people cause the rest of the nation to remain deep in impurity and lowliness with no way to escape from this state of impurity.

משום שאינם בידיהם, וכבר נתבאר שכל עוד שהיחיד מוטרד במאומה בדאגותיו עצמו אינו מוכשר כלל אפילו להתחיל בקיום המצוה של ואהבת לרעך כמוך.

והנך מוצא בעליל, אשר ענין מתן התורה, היה מוכרח להתעכב עד זמן יציאתם ממצרים והיו לאומה בפני עצמה, דהיינו עד שכל צרכיהם יהיו מסורים בידיהם עצמם בלתי תלוים על אחרים, אשר אז הוכשרו לקבלת הערבות האמורה ואז ניתנה להם התורה, ונמצא משום זה, אשר גם אחר קבלת התורה, אם יבגדו מעטים מישראל, ויחזרו לזוהמת האהבה העצמית מבלי להתחשב עם זולתם, הרי אותו שיעור הצטרכות המסור בידי המעטים מטרידים לכל יחיד מישראל לדאוג עליו בעצמו, כי אותם המעטים לא יחמלו עליו כלל, וממילא נמנע קיום המצוה של אהבת זולתו לכל ישראל כולם כנ"ל, באופן אשר אותם פורקי העול גורמים לשומרי התורה שישארו בזוהמתם באהבה העצמית, שהרי לא יוכלו לעסוק במצות ואהבת לרעך כמוך, ולהשתלם באהבת זולתו בלתי עזרתם, כאמור.

הרי לעיניך, שכל ישראל ערבים זה לזה, הן מצד הקיום והן מצד השלילה, כי מצד הקיום, דהיינו אם מקיימים הערבות עד שכל אחד דואג וממלא כל מחסוריו של חבריו, הנה נמצאים משום זה שיכולים לקיים התורה והמצוות בשלימות דהיינו לעשות נחת רוח ליוצרו (כנזכר באות י"ג). והן מצד השלילה, דהיינו אם חלק מהאומה, אינם רוצים לקיים הערבות, אלא להיות שקועים באהבה עצמית, הרי הם גורמים לשאר האומה להשאר שקועים בזוהמתם ובשפלותם מבלי למצוא שום מוצא לצאת מעמידתם המזוהמת כמבואר.

18) This is why the Tanna [The Talmudic Sage] explained the matter of responsibility with an analogy of two people in a boat: One started to drill a hole in the boat under himself, and his companion said, "Why are you drilling?" The other replied, "What do you care? After all, I'm drilling under myself, not under you." The first said, "Fool! Both of us will drown!" (*Vayikra Rabba, Chapter 4*). This is the same situation, since when the unfaithful are sunken in selfish love, by being this way they create an iron wall that stops the upholders of Torah to even begin to fulfill the precepts of the Torah properly, that is, to the degree of "Love your friend as yourself," which is the ladder that brings one to cleave to the Creator. How right are the words of the analogy, where he says, "Fool! Both of us will drown!"

19) Rav Elazar, son of Rav Shimon Bar Yochai, takes the matter of responsibility even further; it is not enough for him that all Israelites are responsible for one another; in his opinion, the entire world is part of this responsibility. However this is not a disagreement, since everyone agrees that to begin with it is enough for one nation to uphold the Torah, which is the beginning of the *tikkun* (correction) of the world, since it would have been impossible to begin with all the nations at once. The sages said, "The Creator offered the Torah to all of the nations of the world and none of them accepted it." They were all sunken up to their noses in the impurity of selfish love, some through adultery, some through theft, or murder, and so on, to the point where in those days there would be no point in even speaking to them of abandoning their selfish love.

For this reason, the Creator didn't find any nation capable of receiving the Torah except the children of Abraham, Isaac and Jacob, whose merit of their forefathers were pillars for them to stand upon. As the sages said, the forefathers kept the entire Torah even before it was given, meaning that through the loftiness of their souls they had the ability to conceive of the ways of the Creator in terms of the spirituality of the

יח) ולכן הסביר התנא דבר הערבות בדמיון לשנים שהיו באים בספינה, והתחיל אחד קודר תחתיו ולעשות נקב בספינה, אמר לו חבירו למה אתה קודר? אמר לו מאי איכפת לך, הלא תחתי אני קודר ולא תחתיך, אמר לו, שוטה! הרי שנינו נאבדים יחד בספינה, עכ"ל. (ויקרא רבה, פרק ד'). והיינו כדאמרן, כי מתוך שפורקי העול משוקעים באהבה עצמית, הרי הם עושים במעשיהם גדר של ברזל המעכב על שומרי התורה מלהתחיל אפילו בשמירת התורה והמצוה על היכנה, דהיינו בשיעור הכתוב ואהבת לרעך כמוך, שהוא הסולם להגיע לדביקותו ית' כנ"ל, ומה צדקו דברי המשל, שאומר לו: שוטה! הרי שנינו נאבדים יחד בספינה.

יט) ורבי אלעזר בנו של רשב"י מפליג עוד יותר בדבר הערבות, ולא די לו שכל ישראל ערבים זה לזה, אלא כל העולם נכנסים בדבר הערבות. אמנם לא פליגי, כי הכל מודים שמתחילה דיה ומספיקה אומה אחת לקיומה של התורה והיינו רק להתחלת תיקון העולם, מפני שאי אפשר היה להתחיל בכל אומות העולם בבת אחת, כאמרם ז"ל שסבב הקב"ה עם התורה לכל אומה ולשון ולא רצו לקבלה, כלומר שהיו שקועים בזוהמת אהבה עצמית עד למעלה מחוטמם, אלו בניאוף ואלו בגזל ורציחה וכדומה, עד שלא היה אפילו להעלות על הדעת בימים ההם, לדבר עמהם, אם מסכימים לפרוש מאהבה העצמית.

ולפיכך, לא מצא הקב"ה שום עם ולשון שיהיו מוכשרים לקבלת התורה זולת בני אברהם יצחק ויעקב שזכות אבותם עמדה להם, וכמו שאמרו רז"ל האבות קיימו כל התורה עוד בטרם שניתנה, שפירושו שמתוך רוממות נשמתן היתה להם היכולת להשיג ולבא בכל דרכי ה' בבחינת רוחניותה של התורה, הנובעת מדביקותו ית' בלי הקדם הסולם של המעשיות שבתורה, שלא היתה להם

50

Torah—the source of which is cleaving to the Creator—without first using the ladder of the deeds mentioned in the Torah, which they had no way of fulfilling (see Section 16). And without any doubt both the physical purity and the spiritual loftiness of the holy forefathers had a strong influence on their children and their children's children, and their merit remained with them until the generation in which each and every member of the nation accepted this exalted work and each and every one said wholeheartedly, "We will do and we will listen." For this reason there was no other choice and we were selected to be the "Model Nation" among all the nations. And we see that only the Israelite nation accepted the necessary responsibility, and not the members of any other nation, for they did not participate in this. That is simply the reality, so how can Rav Elazar disagree with this?

20) However, the completion of the tikkun of the world will be when all people of the world are privy to the secret of His work. As is written, "And the Lord will be the King of the entire world, on that day the Lord will be One and His name will be One," (*Zachariah, 14:9*) and it specifically says "on that day" and not before then, and there are other such verses, such as: "For the world will be filled with the knowledge of the Lord." (*Isaiah 11:9*). And: "... and all of the nations will stream to Him." (*Isaiah 2:2*) However, the role of the Israelites in relation to the rest of the world is like the role of the holy forefathers in relation to the Israelite nation, that is, just as the merit of the forefathers were pillars for us and helped us to develop and purify ourselves until we were worthy of receiving the Torah. If the forefathers had not kept the Torah before it was given, we would not have been any better than the rest of the nations (see Section 19).

So the Israelite nation is obligated to apply themselves to the Torah and its precepts for its own sake in order to purify themselves and the entire world until they have advanced enough to accept the exalted work of loving others, which is the ladder to the Purpose of Creation, which is

האפשרות לקיימם כלל, (כנ"ל אות ט"ז), שבלי ספק הן הזיכון הגופני והן הרוממות הנפשית של אבותינו הק' פעלו הרבה מאד על בניהם ובני בניהם אלה, וזכותם זו עמדה להם לאותו הדור אשר כל אחד ואחד מחברי האומה קיבל עליו את העבודה הגבוהה הזאת וכל אחד ואחד אמר בפה מלא נעשה ונשמע. ומטעם זה נבחרנו מתוך הכרח לעם סגולה מכל העמים. ונמצא, שרק בני האומה הישראלית לבד נכנסו בערבות הדרושה, ולא בני אומות העולם כלל, כי לא השתתפו בדבר, וזה פשוט כי מציאות היא, ואיך יוכל רבי אלעזר לחלוק עליו.

כ) אולם הגמר של תיקון העולם, אי אפשר שיהיה זולת בהכנסת כל באי עולם בסוד עבודתו ית', כמ"ש והיה ה' למלך על כל הארץ ביום ההוא יהיה ה' אחד ושמו אחד (זכריה, י"ד, ט'), ודייק הכתוב "ביום ההוא" ולא לפני זה, וכן כמה כתובים: כי מלאה הארץ דעה את ה' וגו' (ישעיהו, י"א, ט'), ונהרו אליו כל הגויים וגו', (שם, ב', ב'). אולם תפקידם של ישראל כלפי כל העולם דומה לתפקידם של אבותינו הק' כלפי האומה הישראלית, דהיינו, כמו שזכות אבותינו עמדה לנו להתפתח ולהזדכך עד שנעשינו ראויים לקבלת התורה. שלולא אבותינו שקיימו כל התורה בטרם שניתנה, כי אז לא היינו משובחים כלל משאר האומות (כנ"ל אות י"ט) כמובן.

כן מוטל על האומה הישראלית ע"י העסק בתורה ובמצוות לשמה להכשיר את עצמם ואת בני העולם כולו עד שיתפתחו לקבל עליהם את העבודה הגבוהה הזו של אהבת זולתו שהוא הסולם לתכלית הבריאה, שהיא דביקותו ית' כמבואר, באופן, אשר כל מצוה ומצוה שכל יחיד מישראל עושה כדי לעשות נ"ר ליוצרו ולא לשום תשלום גמול ואהבה עצמית, נמצא פועל בזה איזה שיעור בהתפתחות כל בני העולם. כי אין הדבר נעשה בבת אחת, אלא

cleaving to the Creator, as I have explained. Since every single precept which every Israelite fulfills is for the single purpose of giving pleasure to his Creator and not for any reward or selfish love, in doing so, this adds to the advancement of everyone in the world. This process is not done all at once. Actually it is done as an evolving process, step by step, adding up until it attains the critical mass which brings everyone in the world to the desired degree of purity. And this is called in the language of the sages, "The tipping of the scales to the side of merit." That is, there is enough "mass" of purity to tip the scales, just as sufficient weight on one side of a pair of scales tips the scales.

21) And these are the words of Rav Elazar, quoting Rav Shimon, who said that the world is judged by the majority, that is, referring to the role of the Israelite nation in bringing the world to a particular degree of purity until everyone is worthy of taking on the work of the Creator, no less than the Israelites themselves were worthy when they received the Torah. The sages call this: "Attaining a majority of merit," since there are those who weigh down the scales to the side of demerit through their impure selfish love. It is clear that if the scale of merit, which is the lofty understanding of love of others, is bigger and heavier than the scale of the impure demerit, then the impure are thus prepared to be ready to agree, and to say, "We will do and we will listen" as the Israelites did. This cannot happen before "attaining a majority of merit," for the selfish love is the decisive power which brings people to refuse to accept His yoke.

And this is what they meant by saying: "Happy is the person who fulfills one precept, for he tips the scales to the side of merit for himself and for the entire world." (*Kiddushin 40b*) That is, each individual Israelite's part adds to the collective weight, like one who weighs sesame seeds and keeps adding them one by one until it tips the scale. It is certain that when each person does his part he adds to the collective weight. Without him the scales would never tip, and this is what they meant by

בהתפתחות הדרגתית לאט לאט עד שמתרבים בשיעור גדול כזה באופן שיוכלו להכריע את כל בני העולם להזדככות הרצויה. וזהו המכונה במליצת חז"ל הכרעת הכף לזכות. כלומר, שנגמר המשקל של ההזדככות הרצויה, ודימו הדבר כמו שוקל בכף מאזנים, אשר הכרעת הכף הוא גמר המשקל הנרצה לשוקל.

כא) ואלה הם דברי רבי אלעזר ברבי שמעון באמרו העולם נידון אחר רובו וכו', שכוונתו על תפקיד האומה הישראלית להכשיר את העולם להזדככות מסוימת עד שיהיו ראויים לקבל עליהם את עבודתו ית' לא פחות משהיו ישראל עצמם ראויים בעת קבלת התורה, שזה נקרא בלשון חז"ל שכבר השיגו רוב זכויות, באופן שהמה מכריעים על כף החובה שהיא האהבה העצמית המזוהמת. ומובן, שאם הכף של זכיות שהיא ההבנה הגבוהה בטיב אהבת זולתו היא רבה ועולה על כף החובה המזוהמת, נעשים מוכשרים להכרעה ולהסכמה, ולומר נעשה ונשמע כמו שאמרו ישראל, משא"כ קודם זה, דהיינו בטרם שזוכים לרוב זכיות, אז ודאי האהבה העצמית מכריעה שימאנו לקבל עולו ית'.

וזה אמרו: עשה מצוה אחת אשריו שהכריע את עצמו ואת כל העולם לכף זכות (קידושין, מ:), כלומר, כי סוף סוף מצטרף חלקו הפרטי של היחיד מישראל בשיעור ההכרעה הסופית, כמו השוקל שומשומים ומוסיף והולך על כף המאזנים אחד אחד עד שגומר ההכרעה, הרי ודאי כל אחד נותן חלק בהכרעה זו, שבלעדיו היתה ההכרעה בלתי נגמרת, ועד"ז אומר על מעשה היחיד מישראל, שמכריע את כל העולם כולו לכף זכות, כי בזמן שנגמר הדבר והוכרעה הכף זכות של העולם כולו, הרי לכל יחיד ויחיד חלק בהכרעה הזו שלולא מעשיו היתה ההכרעה חסרה. והנך מוצא אשר רבי אלעזר בר"ש אינו חולק על המאמר חז"ל שכל ישראל ערבים

saying that "the deeds of each Israelite tip the scales of the whole world to the side of merit." For when the scales of the entire world are tipped to the side of merit, each individual will have done his part in tipping the scales, and without his deeds the weight would have been insufficient. So you see that Rav Elazar, son of Rav Shimon, does not actually disagree with the words of the sages who said that "all Israelites are responsible for one another." He is referring to the tikkun of the whole world in the future, and the sages were speaking of the present, when only the Israelites had accepted the Torah.

22) Rav Elazar, son of Rav Shimon, supports his words with the passage: "... and one sinner causes much good to be lost," (*Ecclesiastics 9:18*), as we have already explained above in section 20, that the exhilaration and impression that touches one when applying oneself to the precepts concerning mankind and the Creator is the same as that which one feels when applying oneself to the precepts concerning man and his fellow man. One is obligated to fulfill the precepts for its own sake, without any hope of thereby achieving selfish love, that is, without any entitlement or hope in return, that by making this effort he will receive a reward or honor or any such thing. And here at this lofty point the love of God and the love of one's fellow man become one and the same (see Section 15).

And we see that in doing so, one helps every human being in the world advance up the ladder of loving one's fellow man. Since whether great or small, in the end this deed helps tip the scales to the side of merit, for his part adds to the decisive weight (see Section 20 – regarding the analogy of weighing sesame seeds - read that carefully). And one who performs one transgression, meaning that he is unable to overcome and conquer his impure self-love and steals or otherwise transgresses, he tips the scales to the side of demerit for himself and for the entire world.

זה לזה, אלא ר"א בר"ש מדבר לענין התיקון של כל העולם העתיד לבא, וחז"ל מדברים בהוה, אשר רק ישראל בלבד קבלו עליהם את התורה.

כב) וזהו שמסתייע ר"א בר"ש מהמקרא וחוטא אחד יאבד טובה הרבה (קהלת, ט', י"ח), כי כבר נתבאר לעיל (אות כ') אשר הרגש ההתפעלות המגיע לאדם בעסק המצוות בין אדם למקום הוא שוה לגמרי עם הרגש ההתפעלות המגיע לו בעת עסק המצוות שבין אדם לחבירו, כי כל המצוות מחויב לעשותם לשמה בלי שום תקוה של אהבה עצמית, כלומר, שאין שום הארה ותקוה חוזרת אליו על ידי טרחתו זו מתשלום גמול או כבוד וכדומה, אשר כאן בנקודה הגבוהה הזאת מתחברים אהבת ה' ואהבת חבירו לאחת ממש, (כנ"ל אות ט"ו).

נמצא שהוא פועל בזה שיעור מסויים של התקדמות בסולם של אהבת זולתו בכל בני העולם בכללם, כי מדרגה זו שאותו היחיד גרם במעשיו אם מדה גדולה או מדה קטנה, סוף סוף נמצאת מצטרפת לעתיד בהכרעת העולם לכף זכות, כי גם חלקו הוכנס ומצטרף שם להכרעה (כנ"ל אות כא') עיין שם היטב במשל שוקל השומשומים. והעושה עבירה אחת, שמשמעה, שלא יכל להתגבר ולכבוש את האהבה עצמית המזוהמת וע"כ פרץ בגנבה וכדומה, שנמצא מכריע את עצמו ואת העולם כולו לכף חובה, כי בגילוי זוהמתה של אהבה העצמית הרי הטבע השפל של הבריאה חוזרת ומתחזקת, ונמצא שהוא גורע שיעור מסוים מתוך ההכרעה לכף זכות הסופית.

Since through the manifestation of the impurity of selfish love, man's lower nature becomes stronger and detracts from the scale of merit to a certain degree and is like someone who removes that one sesame seed from the scale which another person has added. Thus the scale of demerit rises higher and the advancement of the world is reversed. This is what is meant by: "... and one sinner causes much good to be lost." Since he could not control his petty desires, he causes the spiritual advancement of the world to be reversed.

23) These things we explained just above make clear what we established in Section 5, and it is agreed and there are no two opinions in the matter, that although the Torah was first given to the Israelite nation in particular, the issue of the Purpose of Creation is incumbent on all humankind together, black, white, and yellow alike, with no distinction. Due to human nature which tends to gravitate to the lowest level, as explained above, as a result of the selfish love which controls all humanity without hindrance, there was no way and no opening to debate with them and convince them to promise, even offhandedly, to take upon themselves and to leave their narrow frame of mind and go out into the wide world of the love of others.

This was with the exception of the Israelite nation who had the power that came to them through the terrible affliction of slavery of 400 years to the unrefined kingdom of Egypt. We are familiar with the words of the sages who said, "Just as salt sweetens meat, affliction scrubs away man's sins," (*Berachot 5a*) meaning that it purifies the body greatly, and moreover, the purity of the forefathers were pillars for them (see Section 16), which is the main reason, as many passages in the Torah attest.

And through the power of these two preparatory matters, they were prepared for this, and this is the reason why Scripture refers to them in the singular, as in: "And there Israel camped before the mountain." (*Exodus 19:2*) The sages interpreted this as being like one person with

בדומה, כמו שאחד חוזר ונוטל מן כף המאזנים אותו השומשום היחיד שחבירו הניח שם, שנמצא אשר בשיעור זה חוזר ומגביה מעט את הכף של חובה למעלה, ונמצא שהוא מחזיר את העולם אחורנית, וזה אמרו וחוטא אחד יאבד טובה הרבה, שבשביל שלא יכל להתאפק על תאותו הקטנטנה, גרם לדחיפה אחורנית לרוחניותו של העולם כולו.

כג) ובדברים הללו מתבארים היטב מה שעמדנו לעיל (אות ה'), במה שניתנה התורה ביחוד אל גזע האומה הישראלית, כי זהו ודאי שאין כאן ב' דעות בדבר אשר דבר תכלית הבריאה מוטל על כל המין האנושי יחד: כשחור כלבן כצהוב, בלי שום הפרש מעיקרו, אולם מתוך ירידתו של טבע הבריות עד לדיוטא התחתונה, כמבואר לעיל שהוא ענין האהבה עצמית השולטת שליטה בלי מצרים על כל האנושות, לא היה שום דרך ומבוא לבא במשא ומתן עמהם ולהסביר להם, שיכריעו ויסכימו לקבל על עצמם, אפילו בהבטחה בעלמא, לצאת ממסגרתם הצרה אל העולם הרחב של אהבת הזולת.

מלבד האומה הישראלית, אשר מכח שהקדים להם השעבוד להמלכות הפראית של מצרים ארבע מאות שנה ביסורים גדולים ונוראים, ונודע דברי חז"ל שאמרו "מה מלח ממתק את הבשר כן יסורין ממרקין עונותיו של אדם" (ברכות, דף ה.), דהיינו שמביאין אל הגוף הזדככות גדולה, ונוסף על זה, שהזדככות אבותיהם הק' עמדה להם (כנ"ל אות ט"ז), שזהו העיקר, כמו שמעידים על זה כמה מקראות שבתורה.

ומכח ב' ההקדמות האלה נעשו אז מוכשרים לדבר הזה, דע"כ מכנה אותם הכתוב בעת ההיא בלשון יחיד, כמ"ש ויחן שם ישראל נגד ההר (שמות, י"ט, ב'), ופירשו חז"ל כאיש אחד בלב אחד, מפני שכל יחיד ויחיד מהאומה סילק את עצמו לגמרי מאהבה עצמית, וכל מגמתו היתה רק להועיל לחבירו, כמו שהוכחנו לעיל (אות ט"ז) במשמעות

one heart, since every single individual in the nation rid himself of all selfish love, and his entire intention was only to be of assistance to his fellow man, as we have proven above in Section 16, concerning the meaning of "Love your friend as yourself," - read that carefully. Thus we find that all the individuals in the nation bonded together as one heart and one man, because only then were they prepared to receive the Torah, as we have explained.

24) And because of the above mentioned imperative, the Torah was given especially to the seed of Abraham, Isaac and Jacob alone, since it would be inconceivable that any foreigner would join them. And thus the Israelite nation became a kind of conduit through which the sparks of purification would flow to all mankind all over the world, so that these sparks would add up every day like someone who adds to his treasury until it is filled to the desired degree. That is to say, until they advance to the point where they can comprehend the pleasantness and peace of mind inherent in the seed of loving others. For then they will understand how to tip the scales toward the side of merit and place themselves under His yoke, and then the scale of demerit will be removed from the world.

25) Now all that remains is for us to complete that which we have explained in section 16, that the reason why the Torah was not given to the forefathers is because of the precept of "Love your friend as yourself," which is the hub of the entire Torah from which all the other precepts proceed in order to clarify and explain it. This cannot be fulfilled by an individual without the previous agreement of the entire nation, and therefore it was delayed until the Exodus from Egypt, when they were capable of honoring it. And even then they were first asked if every single member of the nation would accept this precept. Only after they agreed to this were they given the Torah - read that carefully. However it remains to be explained, as where do we find in the Torah that they were asked this question and that they agreed to it before they received the Torah?

המצוה של ואהבת לרעך כמוך, עיין שם היטב. ונמצא שנתלכדו יחד כל היחידים שבאומה ונעשו ללב אחד ולאיש אחד, כי רק אז הוכשרו לקבלת התורה כמבואר.

כד) ולפיכך מתוך ההכרח האמור, ניתנה התורה ביחוד לאומה הישראלית גזע אברהם יצחק ויעקב בלבדה, כי לא היה מקום אפילו להעלות על הדעת ששום זר ישתתף עמה. אמנם בגלל זה, הותקנה ונעשית האומה הישראלית כמין מעבר, שעל ידיהם יזרמו ניצוצי ההזדככות לכל המין האנושי שבעולם כולו, באופן שניצוצי הזדככות הללו הולכים ומתרבים יום יום כדמיון הנותן לאוצר, עד שיתמלאו לשיעור הנרצה, דהיינו עד שיתפתחו ויבואו לידי כך, שיוכלו להבין את הנועם ואת השלוה השרויים בגרעין של אהבת זולתו. כי אז יבינו להכריע את כף הזכות ויכניסו את עצמם תחת עולו ית', וכף החובה יתבער מן הארץ.

כה) עתה נשאר לנו להשלים מה שביארנו (באות ט"ז), שמשום זה לא ניתנה התורה לאבות משום שהמצוה של "ואהבת לרעך כמוך" שהיא הקוטב של התורה כולה אשר כל המצוות מסבבות עליה כדי לבארה ולפרשה, הנה איננה ראויה לקיימה ביחידות. זולת בהסכמה מוקדמת של אומה שלימה, וע"כ נמשך הדבר עד צאתם ממצרים, שנעשו ראוים לקיימה, ואז נשאלו מקודם, אם כל אחד ואחד מהאומה מסכים לקבל על עצמו מצוה זאת, ואח"כ שהסכימו לדבר ניתנה להם התורה עש"ה. אולם עדיין צריך לבאר, היכן מצינו בתורה שנשאלו בני ישראל שאלה זו, ושהסכימו לזה קודם קבלת התורה?

26) Know that these things are obvious to any knowledgeable person, as revealed in the invitation which God sent to Israel through Moses before receiving the Torah, as is written in *Exodus 19:5:*

"And now, if you will listen to My Voice and keep My Covenant and if you will be My Model among all the nations, because the whole world is Mine. And you will be for Me a kingdom of priests and a holy nation; these are the things you will say to the children of Israel. And Moses came and called to the elders of the nation and placed before them all of these things which God commanded him, and the entire nation answered together and said: 'Everything God has said, we will do,' and Moses brought back the words of the people to God."

It may seem as if these words are inappropriate, since logically, if one person offers another a job and wants him to agree to it, he should explain what the job entails and what the wage for it is, for then the other can examine it and decide whether to accept or refuse. And here in these two passages we seemingly do not find an explanation of what the work entails nor the reward for the work, since He says, "... if you listen to My Voice and keep My Covenant ..." without explaining neither the voice nor the covenant they are obliged to keep, and then says, "and you will be My Model among all the nations, for the whole world is Mine," which does not indicate whether He is commanding us to make the effort to be the "Model Nation", or whether this is a beneficial promise the Creator is making us.

We also must understand the connection with the end of this passage: "... for the whole world is Mine." The three translations: Onkelos, Yonatan Ben Uziel, and the Yerushalmi, as well as all the commentators – Rashi, the Ramban, etc. all have difficulty establishing the simple meaning of this passage. The Ibn Ezra in the name of Rav Marinos says that the word "because" actually means "even though," and he explains that it means: "... and you will be My Model Nation among all the nations even though

כו) ודע, שהדברים האלה מגולים בעליל לכל משכיל, בהזמנה ההיא, ששלח הקב"ה לישראל ע"י משה רבינו קודם קבלת התורה, כמ"ש (שמות, פ' יתרו, יט', פסוק ה')

"ועתה אם שמוע תשמעו בקולי ושמרתם את בריתי והייתם לי סגולה מכל העמים כי לי כל הארץ. ואתם תהיו לי ממלכת כהנים וגוי קדוש אלה הדברים אשר תדבר אל בני ישראל. ויבא משה ויקרא לזקני העם וישם לפניהם את כל דברים האלה אשר צוהו ה', ויענו כל העם יחדיו ויאמרו כל אשר דבר ה' נעשה וישב משה את דברי העם אל ה'" ע"כ.

והנה לכאורה הדברים אינם מותאמים לתפקידם, כי השכל מחייב, באם אחד מציע לחבירו לעשות איזו עבודה ורוצה לשמוע הסכמתו, הריהו צריך לבאר לו דוגמה של תוכן העבודה ההיא וגם שכרה, אשר אז נמצא מקום למקבל לעיין בה אם למאן או להסכים. וכאן בב' מקראות אלו, אין אנו מוצאים לכאורה, לא דוגמא של עבודה ולא שכר שום חלף העבודה, כי אומר "אם שמוע תשמעו בקלי ושמרתם את בריתי" ואינו מפרש לנו לא את הקול ולא את הברית על מה שיחולו, אח"כ אומר, "והייתם לי סגולה מכל העמים כי לי כל הארץ" שאינו מוכח מתוכו, אם הוא מצוה עלינו דהיינו להתאמץ להיות סגולה מכל העמים או שזו הבטחה טובה לנו.

גם יש להבין הקשר שיש כאן לסיום הכתוב "כי לי כל הארץ" אשר ג' התרגומים: אונקלוס יונתן בן עוזיאל והירושלמי, וכל המפרשים רש"י ורמב"ן וכו', נדחקים כאן לתקן את פשט הכתוב הזה, והאבן עזרא מביא בשם ר' מרינוס אשר "כי" הזה הוראתו "אע"פ" ומפרש, והייתם לי סגולה מכל העמים אע"פ שלי כל הארץ. ולזה נוטה גם דעתו עצמו עש"ה. אולם פירושו זה, אינו מותאם עם חז"ל, שאמרו "כי" משמש בארבע לשונות: או, דלמא, אלא, דהא. והוא עוד מוסיף לשון חמישי:

the whole world is Mine." And Ibn Ezra's opinion agrees with this - read that carefully. However, the sages disagreed with this interpretation saying that "because" can mean four things: "or," "perhaps," "rather," or "for." And Rav Marinos adds a fifth meaning: "even though." The passage ends with: "... and you will be for Me a kingdom of priests and a holy nation." And also from this it is not clear whether this is a precept and an obligation to make an effort, or whether it is a promise of something good. Also the phrase "kingdom of priests" (*Kohanim*) has no interpretation and there is no other mention of it anywhere else in the Bible. In particular we must determine the difference between "kingdom of priests" and "holy nation," since the usual meaning of "priest" is one who is holy, so a "kingdom of priests" must be by definition a "holy nation," and if so, the phrase "holy nation" is superfluous.

27) However, according to the things we explained from the beginning of this article, these passages become clear, as they should indicate a dialogue of offer and agreement, that is, God is in fact offering the Israelites with those words, the way and essence of the work of the Torah and its precepts, as well as the potential reward. Because the form of work of the Torah and its precepts is expressed by the phrase: "... and you will be for me a kingdom of priests ...," since "kingdom of priests" means that all of you, great and small, will be like priests, that is, just as the priests who have no material property or inheritance of the land, since "God is their inheritance." Thus the entire nation must accept a structure in which the entire earth, and everything in it, is allocated and dedicated to the Creator. And no individual should occupy himself with it except for the purpose of fulfilling the Creator's precepts and providing for his fellow man's needs so that he has everything he wishes, and that not one individual need worry about fulfilling his own needs.

אעפ"י, ואח"כ מסיים הכתוב ואתם תהיו לי ממלכת כהנים וגוי קדוש. וגם כאן אינו מוכח מתוכו, אם זו מצוה וחובה להתאמץ בדבר זה או שזו הבטחה טובה. גם המלות הללו "ממלכת כהנים" אין לו פירוש ואין לו חבר בכל התנ"ך, ובעיקר צריך להגדיר כאן עכ"פ איזה הבחן בין ממלכת כהנים ובין גוי קדוש, שהרי לפי המשמעות הרגילה של כהונה הרי זו בחי' אחת עם קדושה, וממילא מובן שממלכה שכולה כהנים הרי זה גוי קדוש וא"כ המלות גוי קדוש מיותרות.

כז) אולם על פי כל אותם הדברים שביארנו מראש המאמר עד כאן, מתבארים הכתובים על מתכונתם, כתפקידם הראוי להיות לדמות משא ומתן של הצעה והסכמה. דהיינו שמציע להם באמת בדברים האלו כל צורתה ותוכנה של ענין העבודה של התורה והמצוות, ואת כל מתן שכרה הראוי להשמע. כי צורת העבודה שבתורה ובמצוות מתבטאת בכתוב: ואתם תהיו לי ממלכת כהנים, כי ממלכת כהנים פירושה, שתהיו כולכם מקטון ועד גדול כמו כהנים, דהיינו כמו שהכהנים אין להם חלק ונחלה ושום קנין גשמי בארץ, כי ה' הוא נחלתם, כן תהיה כל האומה מסודרת בכללה, באופן אשר הארץ וכל מלואה, כולה מוקדש לה' ית'. ואין לשום פרט לעסוק בה יותר, רק כדי לקיים מצות השי"ת ולמלא את צרכי זולתו, שלא יחסר כלום ממשאלותיו, באופן שלא יהיה לשום פרט לדאוג מה לצרכי עצמו.

Thus even ordinary and mundane activities such as reaping and planting and so on are considered to be exactly like the work of the priest (*Kohen*) with the sacrifices in the Temple, for just as sacrificing to the Creator is a positive precept, so loving one's friend as oneself is a positive precept. And hence we find that one who reaps his field in order to feed his fellow man is like one who sacrifices to the Creator. In fact, according to this reasonable explanation, fulfilling the precept of loving one's friend as oneself is more important than offering a sacrifice, as we have proven above in sections 14 and 15 - read that carefully.

But this is not the final conclusion, since the entire Torah and its precepts were only given to refine the Israelites, in order that they purify their bodies (see Section 12), through which they attain the true reward of cleaving to the Creator, which is the Purpose of Creation (see Section 6 - read that carefully). This reward is expressed by the phrase "holy people," because through cleaving to God we were made holy, as it is written: "You will be holy because I, the Lord your God, am Holy." (*Leviticus 19:2*) You can see that the phrase "kingdom of priests" expresses the form of work based on "Love your friend as yourself," that is, a kingdom entirely comprised of priests, for whom the Creator is their inheritance and they have no possession of any material personal property.

We have no choice but to agree that this is the only possible way to understand the phrase: "kingdom of priests," since it cannot mean offering sacrifices on the altar. But this cannot be said of an entire nation, since who would be the ones who bring the offerings? And in terms of receiving the Priestly Gifts: who would be the ones to give them? Also, in terms of the holiness of these priests, it has already been said that they are a "holy nation." So the true meaning of this must be that the Creator is their inheritance and they have no personal material property, and "loving one's fellow man" encompasses the entire Torah. And the phrase "holy nation" expresses the entire reward, which is cleaving to the Creator.

שבאופן זה נמצאו אפילו העבודות של חולין - כקצירה וזריעה וכדומה, נבחנים ממש בדוגמת עבודות הקרבנות, שהכהנים היו עושים בביהמ"ק, כי מה לי העסק במצוה של הקרבת עולה לה' שהיא מצות עשה, ומה לי אם מקיים מצות עשה של "ואהבת לרעך כמוך", ונמצא שהקוצר שדהו כדי להאכיל לזולתו, דומה כעומד ומקריב קרבן לה'. ולא עוד, אלא שהסברא נותנת אשר מצות עשה של ואהבת לרעך כמוך היא עוד יותר חשובה ממקריב הקרבן, כמו שהוכחנו לעיל (באות י"ד ט"ו, עש"ה).

אמנם עדיין אין זה גמר הדבר, כי כל התורה והמצוות אינם נתונים אלא לצרף בהם את ישראל, שהיא הזדככות הגוף (כנ"ל אות י"ב) אשר אח"כ יזכה בגללם לשכר האמיתי, שהיא הדביקות בו ית', שהיא תכלית הבריאה (כנ"ל באות ו' עש"ה). והנה השכר הזה מתבטא בהמלות "גוי קדוש" שע"י הדביקות בו ית' נעשינו קדושים, כמ"ש קדושים תהיו כי קדוש אני ה' אלקיכם (ויקרא, י"ט, ב'). והנך רואה שבמלות "ממלכת כהנים" מתבטאת כל צורת העבודה על קוטבה של "ואהבת לרעך כמוך" דהיינו ממלכה שכולה כהנים שה' הוא נחלתם ואין להם שום קנין עצמי מכל הקנינים הגשמיים.

ובעל כרחינו יש לנו להודות, אשר זוהי ההגדרה היחידה, שאך אפשר להבין בענין "הממלכת כהנים" זו, כי לא תוכל לפרשה בדבר הקרבת קרבנות למזבח, כי לא יתכן זה להאמר על האומה כולה, כי מי יהיו המקריבים? וכן בענין לקיחת מתנות הכהונה, מי יהיו הנותנים? וכן לפרשם על דבר הקדושה של הכהנים הלא כבר נאמר וגוי קדוש, אלא בהכרח שכל המשמעות שבדבר, אינו אלא רק במה שה' הוא נחלתם, שנעדרים מכל קנין גשמי לעצמם, והיינו השיעור של ואהבת לרעך כמוך הכולל כל התורה כנ"ל, ובמילים "גוי קדוש" מתבטאת כל צורת המתן שכר שהיא הדביקות כנ"ל.

28) Now we can fully understand the preceding passages which say: "... and now, if you listen to My Voice and keep My Covenant ...," meaning that you make a covenant about that which I tell you here, which is, "and you will be My Model Nation among all the nations." – meaning that you will be for Me a Model (*Segula*) and that through you all the sparks of bodily purification will pass to all the nations and peoples of the world, since the other nations are not prepared at all for this, and I need one nation to begin this process now, a nation that will become My Model Nation to prepare all of the nations. This is why the passage ends with: "... because the whole world is Mine," that is to say, all of the nations of the world belong to Me just as you do, and in the end they will cleave to Me (see Section 20).

But for now, while they are not yet prepared for this role, I need a Model Nation and if you agree to this – if you will be My Model Nation among all the nations – I command you to be My "kingdom of priests," which is the fulfillment of brotherly love as in "Love your friend as yourself," which is the hub of the Torah and its precepts, resulting in "a holy nation," which is the ultimate form of the reward of cleaving to the Creator, that includes every reward that you can possibly offer.

This is what the sages were referring to in their explanation of the end of: "... these are the words which you will say to the children of Israel." (*Deuteronomy 1:1*) It specifically says, "... these are the words ... ," "no more and no less." Yet it is hard to imagine that Moses would add to or omit anything from the Creator's words so that the Creator would have to warn him. There is none the likes of this in the entire Torah, on the contrary, the scripture says of Moses: "He is the most loyal in My entire home." (Numbers 12:7)

29) From this it is well understood that in describing the ultimate form of work as expressed by the phrase "kingdom of priests," which is the ultimate definition of "Love your friend as yourself," Moses could easily

כח) ועתה מובנות לנו היטב גם המילות הקודמות בכל שיעורן כי אומר, "ועתה אם שמוע תשמעו בקולי ושמרתם את בריתי" כלומר, לעשות ברית על זה שאני אומר אליכם כאן, דהיינו, "והייתם לי סגולה מכל העמים", כלומר, שאתם תהיו לי הסגולה, שעל ידיכם יעברו ניצוצי הזדככות וצירוף הגוף אל כל העמים ואומות העולם, בהיות שכל אומות העולם עדיין אינם מוכנים כלל לדבר הזה, וצריך אני לאומה אחת עכ"פ להתחיל בה עתה, שתעשה סגולה מכל העמים, וע"כ מסיים ע"ז "כי לי כל הארץ" כלומר, כל עמי הארץ שייכים לי כמותכם וסופם להדבק בי (כנ"ל אות כ').

אלא עתה באותה שעה שהמה עדיין אינם מסוגלים לתפקיד זה, הנה לעם סגולה אני צריך, ואם אתם מסכימים לזה, דהיינו להיות הסגולה מכל העמים, הריני מצוה אתכם, אשר ואתם תהיו לי "ממלכת כהנים" שהיא בחי' אהבת זולתו באופיה האחרון של ואהבת לרעך כמוך, שהיא קוטבה של כללות התורה והמצוות. "וגוי קדוש" שהוא השכר בצורתו האחרון של ולדבקה בו ית', הכולל כל השכר שאך אפשר להודיע עליו.

וזהו שהשמיעונו חז"ל בביאור הסיום "אלה הדברים אשר תדבר אל בני ישראל" (דברים, א', א') שדייקו "אלה הדברים" "לא פחות" "ולא יותר", שקשה מהיכי תיתי שמשה רבינו יעדיף או יחסיר מדברי ה' עד שהשי"ת צריך להזהירו עליו, שלא מצאנו דוגמתו בכל התורה ואדרבה מקרא כתוב עליו "בכל ביתי נאמן הוא" (במדבר, י"ב, ז').

כט) ובאמור מובן היטב כי בענין ציור העבודה על אפיה האחרון כמבואר בהמלות של לכת כהנים", שהיא ההגדרה הסופית של "ואהבת לרעך כמוך" הנה באמת, שהיה אפשר למשה רבינו להעלות על דעתו להתעכב ולא לגלות בפעם אחת צורת העבודה בהפלגה הגדולה והרמה הזו, מפחד פן לא יתרצו בני ישראל להסתלק מכל הקנינים הגשמיים

have considered delaying or not revealing all at once this message of such an exalted all-encompassing work, for fear that the Children of Israel would not want to give up their material possessions and give all of their riches and property to the Creator, as demanded by the phrase "kingdom of priests." This is similar to what Maimonides wrote: "... it is forbidden to reveal to women and children the simple service that has to be, with no intention of receiving a reward." Rather one should wait until they are mature and wise enough to have the courage to put this into action, as we have mentioned above. Therefore the Creator anticipated this and warned him not to say any less, but to tell them the true nature of the work in all its exaltation entirely as expressed by the phrase "kingdom of priests."

This is also true of the reward expressed by the phrase "holy nation." Moses could have considered expanding on the exalted euphoria and pleasantness implicit in cleaving to the Creator, in order to prepare and bring them to make the supreme action of letting go all their worldly possessions, as priests do. Therefore he got this warning of God also anticipated this and warned him not to add any more either, and not to explain all the aspects of the reward that is included by the phrase "holy nation." The reason for this is that if he had told them of the amazing greatness of the reward, they would have certainly made the error of taking on the work of God in order to receive this reward. This would have been tantamount to self-service and selfish love, and will be corrupted which would defeat the whole purpose as explained above in Section 13 - read that carefully.

So we see that of the form of work expressed by the phrase "kingdom of priests," Moses was told not to say anything less; and of the unknown reward expressed by the phrase "holy nation," he was told not to say anything more.

ולמסור כל הונם ורכושם לה' כהוראת המלות של "ממלכת כהנים", בדומה למה שכתב הרמב"ם, אשר לנשים וקטנים אסור לגלות להם ענין העבדות הנקיה שמחוייבת להיות על מנת שלא לקבל פרס, רק להמתין עד שיגדלו ויחכמו ויהיה להם האומץ להוציא אל הפועל את זה, כמ"ש לעיל. ולפיכך הקדים אליו השי"ת האזהרה הנ"ל "לא פחות" אלא להציע להם את האופי האמיתי עם כל הפלגתה הנשגבה המתבטאת במלות "ממלכת כהנים".

וכן בענין המתן שכר המוגדר בהמלות "וגוי קדוש". והיה אפשר למשה רבינו להעלות על דעתו, לפרש ולהרחיב להם ביותר את הנועם והעידון הנשגב הטמון בדביקותו ית', כדי להתאימם ולקרבם שיקבלו ויסכימו אל ההפלגה העצומה הזו להסתלק לגמרי מכל קניני עוה"ז, כבחי' כהנים, ולפיכך הגיעה אליו האזהרה ו"לא יותר" רק לסתום ולא לפרש כל בחי' המתן שכר הכלול במלות הללו של "וגוי קדוש" בלבד. וטעם הדבר, כי אם היה מגלה להם ההפלגה הנפלאה שבמהות השכר, הנה אז בהכרח שהיו משתבשים ומקבלים את עבודתו ית' על מנת להשיג לעצמם את השכר הטוב הזה, שזה היה נחשב לעובד את עצמו, ולאהבה עצמית, שנמצאת כל הכוונה מסורסת כנ"ל (אות י"ג) עש"ה.

והנה נתבאר, אשר על שיעור המלה של צורת העבודה המתבטאת ב"ממלכת כהנים" נאמר לו "לא פחות", ועל שיעור הסתום של מתן השכר המתבטא בהמלות ו"גוי קדוש" נאמר לו "לא יותר".

The Essense and Purpose of Religion

a) "The Absolute Good"
b) "The Creator's Supervision is Purposeful Supervision"
c) The Two Ways: The Way of Suffering and The Way of Torah
d) The Essence of Religion is Development of the Ability to
   Recognize that Which is not Good
e) Aware Development and Unaware Development
f) Religion is For the Benefit of the One Who Works with It

Here I want to answer the following three questions: First: what is the essence of religion? Second: whether the purpose of religion be attained in this world or rather in the World to Come? Third: whether the purpose is for the benefit of the Creator or His created Beings?

At first glance, anyone who reads my words may not understand the three questions I have posed as the subject of this article. Go and ask anyone, who does not know what religion is? Let alone that the reward and punishment to be expected is mostly for the World to Come? Not to mention the third question, since everyone knows that it exists for the benefit of mankind, to guide us to goodness and happiness. What more is there to add to this?

And in fact there is nothing to add to this. However, since everyone knows these three things and everyone is taught them from childhood to the point where there is nothing to add or explain about them for the rest of their lives, this only shows the ignorance of these lofty matters, especially since they are the foundation that bears the entire weight of religion.

Then tell me, how is it possible that a young boy of 12 or 14 has already a mind ready to understand these three detailed matters, let alone sufficiently so that he has no need to add to them for the rest of his life?

מהות הדת ומטרתה

א) "הטוב המוחלט"
ב) "השגחתו ית' היא השגחה מטרתית"
ג) ב' דרכים: דרך יסורים ודרך תורה
ד) התפתחות חוש הכרת הרע
ה) התפתחות מדעת והתפתחות שלא מדעת
ו) הדת לתועלת העובד

כאן אני רוצה להשיב על שלש שאלות: האחת, מהותה של הדת מהי. השניה, אם מטרתה מקווה בעוה"ז או לעוה"ב דוקא. השלישית, אם מטרתה עומדת לטובת הבורא או לטובת הבריות.

ובהשקפה ראשונה יתפלא כל מעיין בדברי ולא יבין את שלש השאלות הללו שהצבתי לי לנושא למאמר הזה. שהרי זיל קרי בי רב הוא, ומי הוא שאינו יודע מהי דת? ומכ"ש השכר והעונש שלה המקווה וצפוי בעיקר לעולם הבא? ואין צריך לומר השאלה הג', שהכל יודעים שהיא לטובת הבריות להנחותם לטובה ולאושר, וכי מה יש להוסיף על זה?

ובאמת אין לי מה להוסיף כלום, אולם מתוך שיודעים את ג' הידיעות הללו, ושגורה כל כך בפיהם מגירסא דינקותא על בוריים עד שלא נמצא להם שום הוספה ובירור דברים במשך כל חייהם, הרי זה מורה על אי הידיעה בדברים הנשגבים האלה, ובהכרח שהמה כל עיקרי היסוד אשר כל המשא של הבנין הדתי בנוי ונשען עליו.

וא"כ הגידו לי, איך אפשרי הדבר שנער קטן כבן י"ב או י"ד שנים, כבר נמצא לו מקום מוכן במוחו לכלכל היטב ולהבין ג' הידיעות דקי העיון הללו, ומכ"ש באופן מספיק כזה שלא יצטרך להוסיף עליו עוד דעה והשכל במשך כל ימי

For this is the heart of the matter! This hasty assumption is the source of all the foolishness and wild conclusions that have filled the air of our world in this generation and brought us to the point where the next generation has nearly escaped us.

a) "The Absolute Good"

In order to not burden my readers with lengthy explanations, I have based this on everything I have written in the previous essays and especially in the "Article on the Gift of the Bible." All of these articles are an introduction to the lofty subject before us. Here, I will speak as briefly and simply as possible so that everyone can understand.

First, we must understand that the Creator is "The Absolute Good," that is, He cannot possibly cause anyone any grief. This is basic knowledge, since a healthy mind clearly sees that the basis of all evil-doers can be defined as the *Desire to Receive*. Meaning that out of the raging *Desire to Receive* goodness and gratify oneself, one meets his desire by hurting others, because of the *Desire to Receive* for one's own gratification. Thus, even if one did not find any gratification for oneself, no one would do evil to others. And if we sometimes find a person harming others without any *Desire to Receive* self-gratification, he only does so out of an old habit that came originally from the *Desire to Receive*. This habit excuses him from any new reason, as we know. From what we understand above, it is clear to us that the Creator is perfect and complete, and has no need for anyone to help complete Him. This is because He precedes everything. As a result it is also clear that the Creator has no *Desire to Receive*. And since the Creator has no *Desire to Receive* it follows that He has no reason to harm anyone. That is simplicity itself.

Not only this, but it is simple and obvious to us that it is basic knowledge that the Creator has a *Desire to Share* goodness with others – His created ones – which is proven to us by the great Creation He set before us.

חייו? אכן כאן הדבר קבור! כי ההנחה הנמהרה הזאת, הביאה לכל קלות הדעת והמסקנות הפראיות שמלאו את אויר עולמנו בדורנו זה, והביא אותנו לידי מצב אשר הדור השני כמעט שנשמט כולו מתחת ידינו.

א) "הטוב המוחלט"

וכדי שלא להלאות המעיינים בדברים ארוכים, נתמכתי על כל הכתוב ומבואר במאמרים הקודמים ובעיקר על המבואר במאמר "מתן תורה" שהמה כולם כמו הקדמה לנושא הנשגב שלפנינו, וכאן אדבר בקצרות ובתכלית הפשטות, כדי שיהיה מובן לכל נפש.

ובראשונה צריכים להבין את הבורא ית' אשר הוא "הטוב המוחלט", כלומר שאי אפשר בשום פנים שבעולם אשר יגרום למי שהוא צער כלשהו, שזהו מובן לנו כמו מושכל ראשון, באשר השכל הבריא מראנו בעליל את הבסיס לכל עושי רעות שהוא מוגדר אך ורק "ברצון לקבל", פירוש, שמתוך שלהוט אחרי קבלת טובה להשלמתו עצמו, והוא מוצא את רצונו זה בהרע לזולתו, הנה משום זה יוצא להרע לזולתו, מתוך "הרצון לקבל" את השלמתו עצמו. באופן שאם הבריה לא היתה מוצאת שום קורת רוח בעדה עצמה, לא היתה שום בריה בעולם שתרע לזולתה, ואם לפעמים אנו מוצאים איזו בריה המזקת לזולתה בלי שום "רצון לקבל" הנאה לעצמה, אינה עושה זאת רק מתוך הרגל קדום שהגיע לה מתחילה מתוך הרצון לקבל, אשר ההרגל פוטר אותה עתה מכל סבה חדשה, כנודע. ותוך שהבורא ית' מובן לנו שהוא שלם מעצמו, ואינו נצרך למי שהוא שיעזור לו להשלמתו להיותו קדמון לכל דבר, א"כ ברור הוא, שאין לו שום "רצון לקבל", וכיון שאין לו שום בחי' של "רצון לקבל" ממילא אין לו שום בסיס להרע למי שהוא, וזהו פשוט בתכלית הפשטות.

ולא עוד אלא שמקובל ומתיישב על לבנו בתכלית הפשטות במושכל ראשון שיש לו "רצון להשפיע" טוב אל זולתו, דהיינו לנבראיו, שזה מוכח לנו מכל

Because in this world there are sentient beings, beings who feel good or bad. Anything we feel is caused by the Creator. When we clearly realize that the Creator's nature is not to harm, as was explained, we must realize that everything we receive from the Creator is only good, since He created beings for the sole purpose of benefiting them.

Thus we learn that the Creator has the *Desire to Share* only goodness, and it is unimaginable that there is even one iota of hurt or grief that comes from Him. This is why we define the Creator as the "Absolute Good." And now that we know this, let us look at the physical reality that is guided and supervised by the Creator, and how He shares only goodness.

b) "The Creator's Supervision is Purposeful Supervision"

It is clear to us that all of the forms of nature that we see before us, even the smallest creature can be categorized into four groups: Inanimate, Vegetable, Animal and Speaking, both in general and in particular. And within each creature we find purposeful supervision—a slow, gradual growth and development, based on cause and effect, such as fruit on a tree, which is supervised with the beneficial purpose of ending up with an attractive, tasty fruit.

Ask any botanist how many stages a fruit goes through, from its first appearance, until it reaches its purpose, which is ripeness. Not only do all of the stages preceding ripeness not give us any indication of the sweetness and beauty of the ripe fruit; but rather, as if to annoy us, they indicate the opposite of the final stage – the sweeter the fruit is upon maturity, the more bitter and vile it is during the earlier stages of development.

And this is also true of Animals and the Speaking, since the Animal which has low intelligence upon maturity is not so limited throughout its growth,

הבריאה הגדולה שברא וערך לעינינו. כי בהכרח, שיש כאן בעולמנו בריות שמרגישות: או הרגשה טובה או הרגשה רעה. ואיזו הרגשה שהן מרגישות, בהכרח הוא, שנגרמת להם מהבורא ית׳, ואחר שידוע בבירור גמור שאין בחוק הבורא ית׳ להרע, כמו שנתבאר, א״כ בהכרח שכל הבריות מקבלים הימנו ית׳ טובות בלבד, הרי שברא את הבריות רק כדי להטיב להם.

נמצינו למדים, שיש לו ית׳ ״רצון להשפיע״ טוב בלבד, ובשום אופן שבעולם לא יצוייר בחוקו איזה גרם של היזק וצער שיהיה נמשך הימנו ית׳. ועל כן גדרנו אותו ית׳ בשם ״הטוב המוחלט״. ואחרי שידענו את זה, נרד ונסתכל במציאות הממשית המתנהלת ומושגחת על ידו ית׳, איך הוא ית׳ משפיע להם רק טוב בלבד.

ב) ״השגחתו ית׳ היא השגחה מטרתית״

זה מובן לנו מכל מערכות הטבע המוצגים לעינינו, אשר כל בריה קטנה איזו שהיא מד׳ הסוגים: דומם, צומח, חי, ומדבר, הן בכללם והן בפרטם, אנו מוצאים בהם השגחה מטרתית, כלומר, גידול אטי והדרגתי בדרך התפתחות של ״קודם ונמשך״, כמו הפרי על האילן, אשר מושגח במטרה טובה לסופו שיהיה פרי נאה ומתוק לחיך.

וצא נא ושאל להבוטניקאי, כמה מצבים הם העוברים על הפרי הזה מעת שנראה לעינים עד ביאתו לתכליתו, שהוא גמר בישולו. אשר כל המצבים הקודמים לתכליתו לא די שאינם מראים לנו שום דוגמא מותאמת לתכליתו המתוק והיפה, אלא עוד כמו להכעיס, מראים לנו את ההפכי לצורה התכליתית, דהיינו ככל שהפרי יותר מתוק בסופו, הוא נמצא יותר מר ויותר מגונה במצבים הקודמים של סדר התפתחותו.

as opposed to man, whose intelligence is greatest when he is mature and very lacking when it is first developing. For "a one-day-old calf can be called a bull," that is, it has the strength to stand and walk and the intelligence to avoid danger, which is not true of a one-day-old human, who is senseless and helpless. And if we can imagine someone who is not familiar with the ways of this world looking at these two babies, he would certainly say that the human baby, even after growth, would amount to nothing. Whereas he would say that the baby animal is born as a "new Napoleon," that is, when he compared the intelligence of the calf with that of the senseless, helpless human baby.

It should be obvious that the Creator's supervision of the reality He created is a "Purposeful Supervision," even without taking the gradual stages of development into account, since these stages lead us to misunderstand their purpose by always appearing to be the opposite of themselves at their final stage of development. Of these things we say, "No one is wiser than the experienced one," since only an experienced person who has the opportunity to see the creature throughout its stages of development all the way to its completion, can be calm enough not to fear the strange forms that the creature takes on throughout the stages of its development, and only believe that eventually they will reach beautiful ripeness and fruition. (The reason for this gradual obligatory development is clearly explained in the wisdom of Kabbalah, and this is not the place to go into it.)

Here we have clearly explained the ways in which the Creator supervises our world, which is entirely purposeful, wherein the aspect of goodness is not at all apparent until the created one arrives at its final point of development, that is, its completion of form and maturity. And on the contrary, it tends to take on an outward form of apparent malfunction and imperfection. So it should be clear that the Creator shares only good with His creatures, but this good is supervised by Him with Purposeful Supervision.

וכן במין החי והמדבר, כי הבהמה אשר דעתה מועטת בסוף גידולה איננה לקויה כל כך בדרך התפתחותה, בניגוד לאדם שדעתו מרובה בגמר גידולו, ולקוי ביותר בדרך התפתחותו, כי עגל בן יומו קרי שור, כלומר שיש לו כח לעמוד על רגליו וללכת ולטייל אנה ואנה ושכל להשמר מפגע רע הנמצא על דרכו משא"כ יליד האדם בן יומו שהוא מוטל לעצמו כמו נטול חושים. ואם יצוייר לנו מי שאינו מורגל בהויות עולם הזה, שהיה מסתכל בשתי הולדות אלו, ודאי היה אומר על יליד האדם שגם בתכליתו לא יצלח למאומה, ועל יליד הבהמה היה אומר שכאן נולד נאפוליאון חדש. דהיינו אם היה דן ע"פ שיעור חכמתו של העגל לעומת יליד האדם הטפש והנטול מכל החושים.

הרי בולט לעיניך, שהשגחתו ית' על המציאות שברא אינה אלא בדמות של "השגחה מטרתית", מבלי לקחת כלל בחשבון את סדר השלבים של ההתפתחות, כי אדרבה דרכם לרמות אותנו ולהעתיק עינינו מלהבין את תכליתם בהיותם תמיד במצב הפכי אל גמר מלאכתם, ועל דברים כאלה אנו אומרים אין חכם כבעל הניסיון, כי רק בעל הניסיון שיש לו הזדמנות לראות את הבריה בכל מצבי התפתחותה עד ביאתה לשלימותה הוא יכול להרגיע את הרוחות, שלא לפחד כלל מכל אותן התמונות המקולקלות שהבריה אוחזת בהן במצבי ההתפתחות, רק להאמין בגמר בישולה היפה והברה, (וטעם הסדר ההדרגתי הזה המתחייב לכל בריה, מבואר היטב בחכמת הקבלה ואכמ"ל).

והנה נתבאר היטב דרכי השגחתו ית' בעולמנו שהיא בחי' השגחה מטרתית בלבד, שאין מדת הטוב ניכרת בה כלל מקודם ביאתה של הבריה לנקודה הסופית שבה, לגמר צורתה ובישולה, ואדרבה דרכה להתעטף תמיד במעטפה של קלקולים כלפי המסתכלים, הרי לעיניך, שהשי"ת משפיע לבריותיו תמיד רק טוב בלבד אלא שהטוב הזה מושגח הימנו ית' בדרך השגחה מטרתית.

c) Two Ways: The Way of Suffering and The Way of Torah

We have explained that the Creator is the "Absolute Good," and supervises us through His nature of absolute goodness without any admixture of evil, and through the aspect of Purposeful Supervision. This means that the Creator's supervision forces us to accept the order of situations – Cause and Effect – until we are able to accept the desired good and then we will attain our final purpose, like a beautiful fruit which has fully ripened. And this makes it clear that this purpose is totally ensured to all of us, for if not, we thereby cast aspersions on the Creator's supervision, saying that it is not sufficient for its purpose, Heaven forbid.

This is why the sages said, "The *Shechina* (Holy Presence) in the Lower Worlds is a lofty need," that is, since the Creator's supervision has a purpose, which is to bring us to a point where we cleave to Him, so that His Presence dwells among us. This is considered a "lofty need," that is to say, if we do not attain this, we cast aspersions on His supervision, Heaven forbid. This is like a great king who had a baby son in his old age, whom he loved very much, and so from the day of his birth he planned good things for him and gathered all of the precious books and the wisest sages in the land and prepared a school of wisdom for him. And sent for famous builders and built him palaces of pleasure, and gathered all of the best musicians and singers and built him music-houses, and called for the finest cooks and bakers to make the most delicious dishes in the world. But when the boy grew up, he was stupid and had no interest in study, and he was blind and couldn't see the beauty of the buildings, and he was deaf and couldn't hear the voices of the singers and musicians, and he was suffering from diabetes and wasn't allowed to eat any food except coarse brown bread - an upsetting situation by all means.

This could happen to a flesh-and-blood king, but not to the Creator, who of course suffers no accidental mishaps, and therefore has prepared two ways of development for us: The Way of Suffering, which is the order of the

ג) ב׳ דרכים: דרך יסורים ודרך תורה.

והנה נתבאר אשר השי״ת הוא הטוב המוחלט, והוא משגיח עלינו מתוך מדת טובו השלימה בלי שום עירוב של רע, אכן בבחי׳ השגחה מטרתית, שפירושו שהשגחתו ית׳ מכרחת אותנו לקבל סדר של מצבים שונים על דרך עילה ועלול דהיינו קודם ונמשך, עד שניעשה מוכשרים לקבל את הטוב הרצוי, ואז נבוא אל תכליתנו, כמו הפרי היפה בגמר בישולו. ועם זה מובן, אשר התכלית זו בטוחה לנו לכולנו בהחלט, דאם לא כן אתה מטיל פגם בהשגחתו ית׳, לומר שאינה מספקת למטרתה, ח״ו.

וזהו שאמרו חז״ל, שכינה בתחתונים צורך גבוה, כלומר, כיון שהשגחתו ית׳ היא מטרתית שהיא להביאנו בסופנו לדביקותו ית׳ שתשכון בתוכנו, הרי נחשב זה לצורך גבוה, כלומר שאם לא נגיע לזה נמצא ח״ו דופי בהשגחתו. שהדבר דומה למלך גדול שנולד לו בן לעת זקנותו שהיה חביב לו מאד ולכן מיום הולדו חשב טובות בעדו והלך וקיבץ כל הספרים היקרים והחכמים המצוינים שבמדינה והכין בעדו בית מדרש לחכמה ושלח אחרי הבנאים המפורסמים ובנה לו היכלי עונג וקיבץ כל בעלי הניגון וזמרה והכין לו בתי זמרה וקרא המבשלים והאופים היותר מצוינים שימציאו לו מכל מעדני עולם, והנה נתגדל הבן ובא בשנים והוא סכל אין לו חפץ במושכלות והוא סומא אינו רואה ואינו מרגיש ביופי הבנינים והוא חרש לא ישמע בקול משוררים וכלי זמר והוא חולה במחלת סוכר ואינו רשאי לאכול אלא פת קיבר בלבד, וכדי בזיון וקצף.

אולם עובדה כזאת יכולה שתארע למלך בשר ודם מה שלא יתכן לאמר כלפי השי״ת אשר ענין אונאה אינה נוהגת בו כמובן, אשר ע״כ הכין לנו ב׳ דרכים של התפתחות: האחד הוא דרך יסורים שהוא סדר התפתחות של הבריאה מתוך עצמה אשר מוכרחת מטבעה ללכת ולקבל בדרך עילה ועלול במצבים שונים זה אחר זה, אשר אנו מתפתחים על ידיהם לאט

development of the Creation, whose inherent nature is to go through stages of development, one after the other, through Cause and Effect, by which we develop gradually until we reach the level where we choose good and reject evil, and attain the purpose desired by the Creator. This way takes a long time and is full of suffering and pain, and therefore the Creator prepared for us an alternative way which is good and pleasant; The Way of Torah and its precepts, which enable us to achieve our purpose in a short time and without suffering.

We see therefore that our final goal is to prepare ourselves to cleave to the Creator, so that He dwells inside us. This goal is imposed on us and we cannot turn away from it, since the Creator's supervision holds us to it through the two aspects of The Way of Suffering and The Way of the Torah, as we have explained. However, in terms of practical reality, we find that the Creator's supervision comes to us through the two ways at the same time, and the sages called them the Way of the World and the Way of Torah.

d) The Essence of Religion is to Develop in us the Ability to Recognize that Which is not Good

This is why the sages said, "And what does the Creator care whether we slaughter from the neck or from the back of the neck? After all, the precepts were given only in order to purify people," (*Beresheet Rabba, Chapter 44*) and this purification is explained very clearly in the "Article on the Giving of the Torah" (see Section 12). But here I will explain the essence of this development, which is attained through living life by the Torah and the precepts. You should know that this has to do with the concept of recognition of the evil within us. Living by the precepts and practicing them in everyday life has the power to purify ourselves slowly and gradually, and the levels of purification are proportionate to the level of recognition of the evil within us. The human being is naturally able to reject and remove every evil thing within him.

לאט עד בואנו לכלל הכרה לבחור בטוב ולמאוס ברע ולהגיע להכשר התכליתי הרצוי לו ית' ודרך זה הוא אמנם ארוך בזמן ומלא יסורים ומכאובים, וע"כ הכין לנו כלפי זה דרך נעים וטוב, שהוא דרך התורה והמצוה המסוגל להכשירנו לתכליתנו בזמן קצר ובלי יסורים.

היוצא מזה, אשר המטרה הסופית שלנו היא הכשרתנו לדביקותו ית' שישכון בתוכנו והמטרה הזאת היא חיובית מבלי למצוא שום נקודת מוצא לנטות הימנה, כי השגחתו ית' חזקה עלינו עם ב' אופני השגחתו, שהם דרך יסורין ודרך תורה כמבואר. אולם מבחי' המציאות המעשית, אנו מוצאים אשר השגחתו ית' מגיעה אלינו עם ב' דרכי השגחתו בבת אחת והמה נקראים בדברי חז"ל: דרך ארץ, ודרך תורה.

ד) מהות הדת היא לפתח בנו את חוש הכרת הרע

וזהו דברי חז"ל (בראשית רבה, פרק מ"ד) וכי מה אכפת ליה להקב"ה למי ששוחט מהצואר או מי ששוחט מן העורף? הוי לא ניתנו המצוות אלא לצרף בהן את הבריות עכ"ל, וענין צירוף הזה נתבאר היטב במאמר מתן תורה (אות י"ב) וראה מה שכתבנו שם. אולם כאן אבאר מהותה של ההתפתחות הזאת המושגת ע"י העסק בתורה ומצוות מהי? ודע שהוא דבר הכרת הרע שבקרבו, אשר עסק המצוות מסוגל לזכך לעוסק בהם הזדככות הדרגתית ואטית אשר אמת המדה של המדרגות שבהזדככות הוא שיעור ההכרה את הרע שבקרבו כי כבר מוכן האדם מצד טבעו לדחות ולבער כל דבר רע מקרבו.

And this is equally true of every single person. However, the only difference between one person and another is the ability to recognize evil, since a more advanced person can recognize a greater degree of evil and can reject and separate this evil from himself to a greater degree. Whereas a less advanced person recognizes a lesser degree of evil and therefore can only reject a small amount of evil, leaving most of the contamination within him, since he doesn't recognize it as contamination at all.

And in order not to weary the reader, we will explain the concepts of good and evil in general, as explained in the "Article on the Gift of the Bible" (see Section 12). Evil is nothing but self-love, otherwise known as egotism, which is the opposite of the form of the Creator, who has no *Desire to Receive* for Himself, but only to share. And as we explained in Sections 9 and 11, the degree of all pleasure and sweetness that a person can experience depends on the degree of his affinity of form with the Creator. Whereas the degree of suffering and impatience a person experiences is in direct relation to his lack of affinity of form with the Creator - read Sections 9 and 11 carefully. Therefore selfish love is painful and detested by us since it gives us the form opposite to that of the Creator.

However, the ego is not felt to be vile and we do not detest or feel pain the same way among all people. Different people have different degrees of it, since the wild, less evolved person does not see his egotism as a bad trait at all. He uses it openly without any shame, and does not restrain himself from stealing and murdering in front of anyone who comes along. Whereas a slightly more evolved person can sense a degree of evil in his egotism, and at least he is ashamed of using it in public. He does not steal or murder where people can see, but in hiding he carries out all his evil wishes, making sure that nobody sees him.

And one who is even more advanced senses that his egotism is to be so vile that he cannot tolerate it in himself, and he separates from it and removes it completely to the extent that he recognizes it so clearly and he neither

וזוהי מדה שוה בכל בריה ובריה אולם כל ההבחן מבריה אחת לחברתה הוא רק בהכרה של הרע, שבריה יותר מפותחת מכרת בעצמה מדה יותר גדולה מהרע וממילא מבדלת ודוחית את הרע מתוכה במדה יותר גדולה, ובלתי מפותחת נמצאת מרגשת בעצמה שיעור קטן של רע, וע"כ לא תדחה הימנה רק שיעור קטן של רע וע"כ משארת בקרבה כל זוהמתה כי לא תכירהו לזוהמא כלל.

וכדי שלא להלאות את המעיין נבאר הרע והטוב בכללותם, כמו שנתבאר במאמר מתן תורה (אות י"ב) אשר כללות כל הרע אינו אלא אהבה עצמית הנקראת אגואיזם להיותו הפכי הצורה מהבורא ית' שאין לו רצון לקבל לעצמו ולא כלום אלא רק להשפיע, וכמו שנתבאר שם (אות ט' וי"א) אשר ענין התענוג והעדון כל עיקרו הוא בשיעור השואת הצורה ליוצרה, וענין היסורין ואי הסבלנות כל עיקרה הוא בשיעור שינוי הצורה מיוצרה (ראה שם בעיון מספיק) ולפיכך מאוס לנו האגואיזם וכואב אותנו בתכלית להיותו הפכי הצורה מהיוצר ית'.

אולם מיאוס הזה אינו שוה בכל נפש אלא מתחלק בינינו לשיעורים כי האדם הפרא הבלתי מפותח כלל אינו מכיר את האגואיזם כתכונה רעה ולא כלום, ולפיכך משתמש עמה בגלוי בלי שום בושה ובלי שום גבול גוזל ורוצח לעיני כל בכל אשר תמצא ידו, והמפותח מעט כבר מרגיש איזה שיעור באגואיזם שלו לבחי' רע, ולכל הפחות מתבייש להשתמש עמו בפרהסיא, לגזול ולרצוח נפשות במקום רואים, ובסתר עדיין מבצע כל זממו אלא שמקפיד עכ"פ שלא יראהו איש.

והיותר מפותח הימנו נמצא מרגיש את האגואיזם לדבר מאוס ממש עד שלא יוכל לסובלו בתוך עצמו ודוחה ומפרישהו לגמרי כפי שיעור הכרתו אותו עד שאינו רוצה ואינו יכול להנות מעמל אחרים, ואז מתחיל להתעורר בקרבו ניצוצים של אהבת זולתו המכונה אלטרואיזם,

desires nor derives enjoyment from the toil of others. Then sparks of love for others awaken within him, and are called altruism, which is the trait of striving for the general good. These sparks also ignite within him according to the rule of gradual development, as first the sense of love and serving the needs of his family and friends develops within him, and of this it is written: "Do not ignore your relatives." (*Isaiah 58:7*) And as the person develops further, the trait of generosity extends to everyone around him, the residents of his city or nation, and thus it continues to evolve until he attains the level of love of all mankind.

e) Aware Development and Unaware Development

Know that there are two forces that compel us to climb the abovementioned ladder until we reach the top of it in Heaven, which is the final purpose of making our form similar to that of the Creator's. And the difference between these two forces is that one impels us "without our awareness," that is, without our choice, pushing us forward from behind. This is what we have defined as The Way of Suffering or The Way of the World. It is the origin of the theory of ethics, which is based on experiential recognition, that is, through the practical understanding that the theory is nothing but the summation of the damages that have come about before our eyes through the seeds of egotism.

These experiences come to us by chance, that is, when we are "unaware," and not through choice, but they surely reach their goal, since we sense the image of evil as it gradually becomes clear to us. And to the degree that we recognize its damage we can avoid it and attain a higher level on the ladder. The second force compels us "with our awareness," that is, through the power of our choice, and this power draws us from in front. This force is what we have defined as The Way of Torah and its precepts, since by applying ourselves to the precepts and the work of the Creator in order to give pleasure to the Creator, we find this sense of recognition of that which is not good developing within us at amazing speed, as explained in the "Article on the Gift of the Bible" in Section 13 - read that carefully.

שהיא מדת הטוב הכללית, וגם זה מתלקח אצלו בסדר התפתחות הדרגתית, דהיינו מתחלה מתפתח בו חוש האהבה וההשפעה לצרכי קרוביו ומשפחתו ע"ד הכתוב ומבשרך אל תתעלם (ישעיהו, נ"ח, ז'), וכשמתפתח יותר מתרחבת בו מדת ההשפעה לכל בני סביבתו שהם בני עירו או בני אומתו וכן מוסיף והולך עד שמתפתח בו בחי' אהבת זולתו על כל האנושות כולה.

ה) התפתחות מדעת והתפתחות שלא מדעת

ודע, אשר ב' כוחות משמשים ודוחפים אותנו לעלות ולטפס על שלבי הסולם האמור, עד שנגיע לראשו שבשמים שהיא הנקודה התכליתית של השואת צורתנו ליוצר ית'. וההפרש בין ב' הכוחות הללו הוא שהאחד דוחף אותנו "שלא מדעתנו" כלומר בלי בחירתנו, וכח הזה הוא דוחף אותנו מאחורנו (שנקרא ויז-א-טערגא) והוא שגדרנו אותו בשם דרך יסורין או דרך ארץ, וממנו הגיעה אלינו הפילוסופיה של תורת המוסר שנק' אתיקה, המיוסדת על הכרה נסיונית, דהיינו מתוך הביקורת של התבונה המעשית, שכל עיקרה של התורה ההיא איננה אלא סיכום של הנזקים שנולדו לעינינו ע"י גרעיני האגואיזם.

והנה הנסיונות האלה הגיעו אלינו במקרה דהיינו שלא "מדעתנו" ובחירתנו, אולם המה בטוחים למטרתם כי דמות הרע הולך ומתברר בחושינו, ובשיעור שאנו מכירים את נזקיו באותו שיעור אנו מסתלקים הימנו, ואז מגיעים לשלב יותר עליון שבסולם. וכח השני, דוחף אותנו "מדעתנו" דהיינו מכח בחירתנו בעצמנו, וכח הזה מושך אותנו מלפנינו (שנק' ויז-א-פרנט) והוא שגדרנו אותו בשם דרך התורה והמצוות, כי ע"י עסק המצוות והעבודה לעשות נ"ר ליוצרינו נמצא מתפתח בנו במהירות נפלאה אותו החוש של הכרת הרע, כמו שנתבאר במאמר מתן תורה (אות י"ג עש"ה).

Thus we profit in two ways: (1) We don't have to wait for life's experiences to push us from behind, since the degree to which they push us is measured only by the degree of pain and chaos caused us by the evil within us. But through the way of work for the Creator, this same recognition develops within us without the preliminary suffering and chaos. On the contrary, through the pleasantness and sweetness that we feel when we do the pure work for the Creator in order to give pleasure to Him we develop commensurately the ability to recognize the lowliness of the sparks of selfish love that prevent us from receiving the sweet flavor of sharing with the Creator, in such a way that the recognition of that which is not good develops gradually within us through times of pleasure and great peace of mind. That is, through the reception of good when we do the work of the Creator for the sense of pleasantness and sweetness that we feel as a result of making our form similar to His. (2) And the second way we profit is by saving time, since this happens to us out of awareness, and we have the ability to apply ourselves more and to progress as rapidly as we wish.

f) Religion is Not for the Benefit of Mankind but the One who Works

Many people make the mistake of comparing our holy Torah to the law of ethics, but they do so because they have never tasted religion, and I say to them: "Taste and see how good The Creator is." (Psalms 34:9) And the truth is that ethics and religion have the same purpose – to raise man from the contamination of narrow-minded selfish love and to bring him to the lofty heights of love for others. However, the two are as different as the Creator's Thoughts and the thoughts of human beings, since religion derives from the Thought of the Creator, whereas ethics come from the thoughts of flesh and blood and their life experiences. Therefore, all of the differences between them are manifested both in practice and in terms of the final goal, since the recognition of good and evil that develops within us through putting ethics into action is relative to the success of society, which as we know, but it is not true of religion, where the recognition of

ואנו מרויחים בשנים: הא' שאין אנו צריכים לחכות לנסיונות החיים
שידחפו אותנו מאחורנו, שכל שיעור הדחיפה שבהם נמדד רק במדת
המכאובים והחורבנות הנגרמים לנו ע"י מציאות הרע בקרבנו. אולם
בדרך העבודה להשי"ת, מתפתחת בנו אותה ההכרה בלי שום הקדם
של יסורין וחורבנות ואדרבה מתוך הנועם והעידון שאנו מרגישים בעת
העבדות הטהורה להשי"ת לעשות נחת רוח אליו, מתפתח בנו יחס
רלטיבי להכיר את שפלות הניצוצים הללו של אהבה עצמית בהיותם
מפריעים לנו על דרכנו לקבל את טעם העדון הזה של השפעה להשי"ת,
באופן אשר החוש ההדרגתי של הכרת הרע הולך ומתפתח בנו מתוך
העתות של עונג ושלוה רבה, דהיינו ע"י קבלת הטוב בעתות העבודה
להש"ת מתוך הרגשתנו את הנועם והעידון שמגיע לנו אז מפאת השתוות
הצורה ליוצרה. והב' שאנו מרויחים זמן, כי הוא פועל "לדעתנו" ויש
בידינו להרבות בעסק ולמהר בזמן כפי חפצנו אנו.

ו) הדת איננה לתועלת הבריות אלא לתועלת העובד

רבים טועים ומשוים את תורתנו הקדושה לתורת המוסר, אולם זה
הגיע להם משום שלא טעמו טעם הדת מימיהם וקורא אני עליהם את
המקרא טעמו וראו כי טוב ה' (תהלים, ל"ד, ט'). והן אמת ששניהם:
האתיקה והדת, לדבר אחד מתכוונים, שהוא לרומם את האדם
מזוהמת האהבה העצמית הצרה ולהביאו על מרומי הפסגה של אהבת
זולתו, אולם עם כל זה רחוקים הם אחד מהשני כרחוק מחשבת הבורא
ית' מן מחשבת הבריות, כי הדת נמשכת ממחשבותיו של הבורא ית',
ותורת המוסר באה ממחשבות בשר ודם ומנסיונות החיים שלהם, וע"כ
ניכר ובולט ההבדל שביניהם. הן בכל הנקודות שבבחינות השמושיות
והן במטרה הסופית, כי הכרת הרע והטוב המתפתחת בנו ע"י תורת
האתיקה בעת השימוש, יש לה יחס רלטיבי להצלחת החברה כנודע, מה
שאין כן הדת, אשר דבר הכרת טוב ורע המתפתחת בנו מתוך שמושה,

good and evil that develops within us through our work is relative only to the Creator. That is, the difference of form until it attains similarity to the Creator's form, which is called cleaving, as we have explained in the "Article on the Gift of the Bible" in Sections 9, 10, and 11 - read that carefully.

The two are as different as can be in terms of the goal since the goal of ethics is to benefit society though the practical understanding drawn from experience. But eventually the goal cannot take us higher than the limits of nature. Therefore the goal of ethics is subject to criticism, as we know, since no one can prove the benefit of it to any individual to such an extent that he is compelled to deny himself for the happiness of society. This is not true of the goal of religion, which ensures the happiness of the person who applies himself to it. Because, as we have already proven, when a person comes to love others he attains cleaving to the Creator, which is bringing himself to affinity and similarity of form to that of the Creator. A person passes from his narrow world full of pain and obstacles to the broad eternal world of sharing with the Creator and sharing His creations.

You will also find an obvious difference in terms of support, since acting according to the rule of ethics is supported by the foundation of pleasing other people. This is like a paying job. And when a person gets used to this kind of work, he cannot attain a higher level of ethics since he is used to the work which is well rewarded by the people around him who reward him for his good deeds. This is not true of one who applies himself to the Torah and its precepts in order to give pleasure to his Creator without any reward, for he attains higher levels of ethics in direct proportion to his efforts. Since he is not rewarded along the way, and these "pennies" add up to a great sum, he attains a second nature which is sharing with his fellow beings without any desire to gain anything from it besides his own survival. We find that one is truly released from all the restraints that humans are subject of creation;

יש לה יחס רלטיבי אל השי"ת לבדו, דהיינו מן שינוי הצורה מהיוצר ית' עד להשואת הצורה אליו ית' שנקראת דביקות, כמו שנתבאר לעיניך במאמר מתן תורה (אות ט', י', י"א, עש"ה).

וכן רחוקים המה זה מזה בתכלית המרחק בענין המטרה, כי המטרה של תורת האתיקה היא לאושרם של החברה מבחי' בקורת התבונה המעשית הלקוחה מנסיונות החיים, אשר סוף סוף אין המטרה מבטיחה לעוסק בה שום התעלות למעלה ממסגרת הטבע, ואשר ע"כ המטרה הזאת עדיין לא יצאה מכלל הבקורת כנודע, כי מי יוכל להוכיח ליחיד את מדת הטוב בעדו בצורה סופית כזו שיהיה מוכרח בשבילה למעט דמותו באיזה שיעור של משהו בשביל אושר החברה, מה שאין כן המטרה הדתית מבטחת את האושר של האדם עצמו העוסק בה. כי כבר הוכחנו לדעת, אשר בביאת האדם אל אהבת זולתו אז הוא נמצא ישר בבחי' הדביקות שהיא השואת הצורה ליוצרה ית' אשר עמה יחד עובר האדם מתוך עולמו הצר המלא מכאובים ואבני נגף אל עולם נצחי רחב של השפעה להשי"ת והשפעה לבריות.

גם תמצא הבדל ניכר ובולט למדי, בבחי' התמיכה, כי עסק עפ"י שיטת תורת האתיקה הנהו נתמך על יסוד של מציאת חן בעיני הבריות ודומה דבר זה כדוגמת שכירות המשתלמת לבסוף, ובהתרגל האדם לעבודה כזו, הנה לא יוכל להתעלות גם במדרגות המוסר כי כבר רגיל הוא בעבודה כזו המשתלמת היטב מהסביבה המשלמים בעד מעשיו הטובים, משא"כ בעסק של תורה ומצוות לעשות נחת רוח ליוצרו בלי שום קבלת פרס, הרי הולך ומטפס על דרגות המוסר ממש כפי שיעור העסק, שהריהו נעדר מכל תשלום על דרכו, ופרוטה לפרוטה מצטרף לו לחשבון גדול, עד שקונה טבע שני שהיא ההשפעה לזולתו בלי שום התעוררות של קבלה עצמית זולת להכרח קיומו בלבד, ונמצא באמת שנשתחרר מכל מאסרי הבריאה, כי בשעה שהאדם ממאס כל קבלה

because when a person rejects anything he can receive for himself and his soul rejects all luxuries, petty bodily pleasures, and honor and so on, he journeys freely in the Creator's world, and he will surely never suffer any hurt or trouble, since all troubles come to a person through his inherent *Desire to Receive* - understand this well.

Thus, it is clear that the entire purpose of religion is for the benefit of the person who adheres himself to it, and not at all for the benefit of mankind. Although all of his deeds benefit mankind, it is only the path to the lofty goal of making one's form similar to the Creator's. Along with this, it is also clear that the purpose of religion is rewarded in this world, in one's lifetime, as we mentioned above in the "Article on the Giving of the Torah" - see Section 6, concerning the purpose of the individual and the collective in general.

However, the concept of reward in the World to Come is another matter, and I will explain it another article to this, God willing.

עצמית ונפשו קצה בכל מותרות מתענוגים גופניים קטנטנים וכבוד וכו', נמצא שמטייל חפשי בעולמו של הקב"ה, ומובטח שלא יארע לו כאן שום נזק ותקלה לעולם, שהרי כל הנזקים מורגשים ובאים לאדם רק מבחינת הקבלה העצמית המוטבעת בו, והבן זה היטב.

והנה נתבאר היטב, אשר מטרת הדת עומדת כולה רק לצורך האדם העובד ועוסק בה, ולא כלל לשמש הבריות ולהועילם, הגם שכל מעשהו סובבים לתועלת הבריות ומשוער במעשים הללו, אולם אין זה אלא בחי' מעבר אל המטרה הנשגבה, שהיא השואה ליוצרה. ועם זה מובן גם כן אשר מטרת הדת נגבית בעוה"ז, בחיים חיותו כמ"ש לעיל, ועיין היטב במאמר מתן תורה (אות ו') בדבר המטרה של הכלל ושל הפרט.

אולם ענין שכר עוה"ב זהו ענין אחר ואבארו במאמר מיוחד בע"ה.

(הערת המו"ל: למאמר זה לא זכינו, ועיין בהקדמה לספר תלמוד עשר הספירות מאות ע"ו, ובחלק ז' אות י'. ובספר פנים מאירות, ענף י"א, דף ס"ח).

Article on the Essence of the Wisdom of Kabbalah

a) What is this Wisdom All About?

b) The Multiplicity of Forms, *Sefirot* and Worlds

c) Two Directions: From Above to Below and From Below to Above

d) Abstract Names

e) The Actuality of the Wisdom of Kabbalah

f) The Physical Definitions and the Bodily Names in Kabbalistic Books

g) The Law of "Root and Branch" in Relation Between the Worlds

h) The Language of the Kabbalist Sages is the *Language of Branches*

i) "The Transmission from the Mouth of a Kabbalistic Sage to the One who Receives and Comprehends it on His Own"

j) Names that are Foreign for the Human Mind

Before I begin to explain the history of the Wisdom of Kabbalah, which many have dealt with before me, I have found it necessary to explain clearly the essence of this wisdom, which to my knowledge few people understand. And of course it is not possible to speak of the history of anything before we are familiar with the thing itself. And although this knowledge is wider and deeper than the sea, still I will make an effort with all the strength and knowledge I have acquired on this subject to give an original explanation, and to illuminate it from all sides sufficiently for anyone to understand and to arrive at the correct conclusions as they truly are, without leaving room for my readers to mislead themselves, as so often happens when reading things of this nature.

מאמר מהות חכמת הקבלה

א) על מה סובבת החכמה
ב) ריבוי הפרצופים הספירות והעולמות
ג) ב' סדרים: מעילא לתתא, ומתתא לעילא
ד) שמות מופשטים
ה) הממשיות שבחכמת הקבלה
ו) הערכים הגשמיים והשמות הגופניים שבספרי הקבלה
ז) חוק שורש וענף ביחס העולמות
ח) שפת המקובלים היא שפה של ענפים
ט) "מסירה מפי מקובל חכם למקבל מבין מדעתו"
י) כינויים הזרים לרוח האנושי

בטרם אבוא לבאר את תולדות חכמת הקבלה, שכבר דשו בה רבים, מצאתי לנחוץ לבאר מקודם היטב, את מהותה של חכמה זו, אשר לדעתי מועטים המה היודעים זאת. וכמובן לא יתכן לדבר מתולדות איזה דבר בטרם שאנו מכירים את הדבר עצמו. והגם שידיעה זו היא רחבה ועמוקה מני ים, עם כל זה אתאמץ בכל כחי וידיעותי שרכשתי לי במקצוע זה, לבאר ביאור מקורי ולהאירו מכל הצדדים, באופן מספיק לכל נפש, להוציא מהם מסקנות נכונות כמות שהן באמת. מבלי להניח מקום למעיינים להטעות את עצמם, כרגיל מאד בעיון בדברים הללו.

a) What is this Wisdom All About?

Of course any intelligent person will come up with this question, and in order to give a satisfactory answer, I will present a faithful, precise definition, since this wisdom is no more and no less than the order of Roots which unfold and evolve through the laws of Cause and Effect by fixed, absolute laws which connect and aim at one very exalted goal, known as "the revelation of His Godliness to His creations in this world." This involves deductive reasoning from the general to the particular:

The "general" means all mankind. It is absolutely a must that all humanity will in the end achieve this exalted development, as it is written, "For the land will be filled with the knowledge of God as water covers the sea." (*Isaiah 11:9*). "Man will not teach his fellow man and man will not teach his brother, saying 'Know God,' for everyone will know Me, great and small." (*Jeremiah 31:33*) And "Your teacher will not withdraw any more, and your eyes will see your teacher." (*Isaiah 30:20*)

The "particular," means that even before the perfection of all mankind, in every generation it applies also to unique individuals, because—these individuals in each generation who merit attaining certain levels in terms of revealing the Creator's Godliness—they are the prophets and men of name, and as the sages said, "There is no generation that does not include people like Abraham, Isaac and Jacob." (*Beresheet Rabba, chapter 74*) This shows you that the revelation of the Creator's Godliness appears in every generation, according to the sages who are qualified to say this and whom we trust.

b) The Multiplicity of Forms, *Sefirot* and Worlds

However, this leads us to the question: Since this wisdom has only one special and understood function, why is there a multiplicity of Forms and

א) על מה סובבת החכמה

שאלה זו כמובן עולה על כל בר דעת. הנה כדי לתת תשובה מספקת לשאלה זו אתן הגדרה נאמנה ומשומרת, כי חכמה זו היא לא פחות ולא יותר רק סדר של שרשים המשתלשלים על דרך קודם ונמשך בחוקים קבועים ומוחלטים המתחברים וקולעים למטרה אחת מאד נעלה, הנקובה בשם "גילוי אלקותו ית' לנבראיו בעולם הזה". וכאן נוהגים כלל, ופרט:

"כלל" כלומר, כל האנושות המתחייבת בסופה, בהכרח ובחיוב מוחלט, לבא עד לידי ההתפתחות המופלגת הזאת, כמ"ש "כי מלאה הארץ דעה את ה' כמים לים מכסים" (ישעיהו, י"א, ט'). "ולא ילמדו עוד איש את רעהו ואיש את אחיו לאמר דעו את ה', כי כולם ידעו אותי למקטנם ועד גדולם" (ירמיהו, ל"א, ל"ג). ואומר "ולא יכנף עוד מוריך והיו עיניך רואות את מוריך" וגו' (ישעיהו, ל', כ').

"פרט", היינו שאף מקודם שלימות כלל האנושות כולה, בכל דור ודור נוהג דבר זה גם בפרטים יחידי סגולה, כי אלה הם הפרטים הזוכים בכל דור ודור למדרגות מסוימות בענין גילוי אלקותו ית', והם המה הנביאים ואנשי השם, וכמו שאמרו ז"ל (בראשית רבה, פרק ע"ד) אין לך דור שאין בו כאברהם יצחק ויעקב. הרי לעיניך, אשר גילוי אלקותו ית' נוהג בכל דור ודור, לפי דחז"ל המוסמכים לדבר זה ונאמנים עלינו.

ב) ריבוי הפרצופים הספירות והעולמות

אולם לפי האמור הועמדה השאלה, כיון שאין לחכמה זו רק תפקיד אחד המיוחד והמבואר, א"כ מהו ענין של ריבוי הפרצופים והספירות וכל הקשרים בני החילוף, אשר ספרי הקבלה מלאים מהם? אכן, אם תיקח

Sefirot, and interchangeable connections which the books of Kabbalah are full of? If you take the body of any small creature, whose whole purpose is to feed itself in order to survive in this world and propagate itself, you will see that it is composed of thousands upon thousands of tissues and ligaments, as physiologists and anatomists have found, and hundreds of thousands of parts that are still not known to man. From this, you can conclude how many components and conduits there are that must work together in order to reveal this exalted goal.

c) Two Directions of Flow: From Above to Below and From Below to Above

In general, this wisdom is divided into two parallel flow systems which are as alike as two drops of water and there is no difference between them except that the first system is drawn from Above to Below all the way to this world – whereas the second system begins in this world and goes from Below to Above, according to exactly the same paths and connections that appear from the first appearance and in the revelation from Above to Below.

The first system is known in kabbalaistic language as: "The order of evolution of the worlds and Forms and *Sefirot*" in all instances, whether permanent or temporary. The second system is called: Levels of comprehension or levels of prophecy and the Holy Spirit. A person who attains this is required to go through the same conduits and paths and to comprehend every detail and every level gradually and precisely according to the laws that apply to them from the time when they were emanated from Above to Below. This is so because the issue of revealing the Creator's Godliness is not happening all at once, as material things are revealed. Rather they appear over a period of time which is dependent on the purity of the one who perceives them, until all of the many preordained levels which appeared from Above to Below are revealed to him. These levels are ordered and perceived one after the other and one above the other like the steps of a ladder, and this is why they are called "steps" (levels).

איזה גוף של בעל חיים קטן, שכל תפקידו אינו אלא להזין את עצמו כדי שיוכל להתקיים בעולם זמן מה המספיק כדי להוליד ולקיים את מינו, והנה תראה ותמצא בו הרכבה מסובכת מאלף אלפי נימים וגידים, כפי שדרשו ומצאו בעלי הפיזיולוגיה והאנטומיה, ועוד אלפי רבבות יש שם ממה שלא נודע עוד עדיין לעין האנושי, ומכאן תוכל להקיש כמה מיני ריבוי הרכבות של ענינים וצנורות הצריכים להתחבר בכדי להמציא ולגלות את המטרה הנשגבת ההיא.

ג) ב׳ סדרים: מעילא לתתא, ומתתא לעילא

והנה בכללה מתחלקת החכמה זאת לב׳ סדרים המקבילים זה לזה ושוים זה לזה כמו ב׳ טפות מים ואין הפרש ביניהם, רק שסדר הראשון נמשך מעילא לתתא עד לעולם הזה, והסדר השני מתחיל מעולם הזה והולך מתתא לעילא בדיוק בכל אותם הדרכים וההרכבות שנרשמו משורשם בעת הופעתם והתגלותם מעילא לתתא.

והנה סדר הא׳ מכונה בשפת הקבלה סדר השתלשלות העולמות הפרצופים והספירות, לכל מקריהם אם קבועים אם בני חלוף, וסדר הב׳ מכונה בשם השגות, או מדרגות של נבואה ורוח הקודש, אשר האדם הזוכה לדבר מחויב ללכת באותם המבואות והדרכים ולהשיג כל פרט וכל מדרגה לאט לאט בדיוק נכון על פי אותם החוקים שנרשמו בהם מעת התאצלותם מעילא לתתא, והוא כי ענין זה של גילוי אלקותו ית׳, אינו עניין המופיע כולו בבת אחת, כדרכי הגילוי שבדברים הגשמיים, אלא הולך ומופיע בהמשך זמן מסוים, אשר תלוי לפי זיכוכו של אותו המשיג, עד שיתגלו אליו כל המדרגות המרובות והערוכות מראש מבחינתם שמעילא לתתא, ולהיותם מסודרים ובאים בהשגה בזה אחר זה וזה למעלה מזה, כדוגמת שלבי הסולם, מכונים משום זה בשם מדרגות.

d) Abstract Names

Many people think that all of the words and names used in the Wisdom of Kabbalah are abstract names. This is because it deals with Godliness and spirituality which are beyond space and time so that even our imagination cannot grasp them. Because of this they come to the conclusion that all of the descriptive words are abstract, or even loftier and higher than abstract names, since to begin with they are completely devoid of imaginable basis. However, this is not true. On the contrary, Kabbalah does not use names except in terms of their reality and actuality. This is axiomatic among all Kabbalistic sages. "Anything we cannot grasp (comprehend), we will not define by name or word." And here you must understand that the word "grasp" refers to the ultimate level of understanding, and it comes from the passage: "... if your hand should grasp..." (*Leviticus 14:22*) That is, before anything becomes absolutely clear, as if grasped in one's own hands, the Kabbalists would not define it as "grasping" but rather use other terms such as "understanding" or "education," or "knowledge" etc.

e) The Actuality of the Wisdom of Kabbalah

The physical reality we perceive with our senses also contains real things which, even though we cannot perceive or imagine them, such as electricity or magnetic force, known as Fluidum. Yet who will dare to say that these names are not real when we already know and understand their actions and manifestations? We don't really mind that we do not perceive the essence of it, meaning, what electricity is. Yet this name is very real to us as if the essence of it is perceived with our own senses. So much so that even little children are as familiar with the word "electricity" as they are with words like "bread" and "sugar," etc.

ד) שמות מופשטים

רבים סבורים אשר כל המלות והשמות הבאים בחכמת הקבלה המה מין של שמות מופשטים, והוא מטעם היותה עוסקת באלוקיות ורוחניות שהם למעלה מן המקום והזמן אשר אפילו עין הדמיון אינו שולט שם, ומשום זה יחליטו, שכל המדובר בענינים כאלה ודאי אינם אלא שמות מופשטים או עוד יותר נשגבים ונעלים משמות מופשטים בהיותם נשללים לגמרי מתחילתן מיסודות המדומים. אולם אינו אמת, אלא לגמרי להיפך, שאין הקבלה משתמשת בשמות וכינויים, זולת מבחינת הריאליות והממשיות שבהם, וזה כלל הברזל אצל כל חכמי הקבלה. "כל מה שלא נשיג, לא נגדרהו בשם ומלה", וכאן צריך שתדע שמלת השגה, פירושה המדרגה הסופית שבהבנה, והוא נלקח מלשון כי "תשיג" ידך (ויקרא, י"ד, כ"ב), דהיינו טרם שהדבר מתבהר לעינים בהחלט הגמור כמו שהיה תפוש בידים, אין המקובלים מכנים אותו בשם השגה אלא בכינויים אחרים כמו הבנה והשכלה וכדומה.

ה) הממשיות שבחכמת הקבלה

אולם, גם במציאות הגשמית הערוכה נגד חושינו נמצאים ג"כ דברים ממשיים, אע"פ שאין לנו שום תפיסה ודמיון בעצמותם, כמו האלקטרו והמאגנט המכונים בשם פלואידום, עם כל זה מי זה יאמר שהשמות הללו אינם ממשיים בשעה שאנו מכירים בסיפוק גמור את פעולותיהם ולא אכפת לנו כלל שאין לנו שום תפיסה בעצם הנושא, דהיינו האלקטרו בעצמותו, והשם הזה כ"כ ממשי וקרוב אלינו לא פחות ממה שהיה אילו נתפס לנו לגמרי בחושינו, עד שכל הילדים הקטנים מכירים את השם הזה של אלקטרי כמו שמכירים את השמות לחם וסוכר וכדומה.

Moreover, if you want to exercise your brain I would go even further and say that in general, just as we cannot perceive or grasp God in any way, we cannot perceive any created aspect in and of itself, even the material things that we can touch. This means all of our familiarity with our friends and relatives in the material world is nothing but the recognition of their actions or manifestations, which originates in the commonality of our senses with them. These are sufficient even though we have no perception of the essence of the object itself. Moreover, you have no perception of even the essence of yourself, and everything you know about yourself is nothing but the actions that are a manifested form of your own essence.

Now you can easily understand that all of the names and terms used in Kabbalistic Books are real and actual, even though we have no perception of the subject, since those who deal with them are completely satisfied that they have absolute and full scale knowledge and are absolutely familiar with them, that is, with their actions and manifestations which are in partnership with the Divine Light and with those who perceive it. This is completely sufficient, since the rule is: "Everything imaginable which comes from God's supervision and becomes a reality of nature is absolutely sufficient." Just as no person will feel a need to have six fingers, since five are entirely sufficient.

f) The Physical Definitions and the Bodily Names in Kabbalistic Books

It is clear to any logical mind that when we deal with spiritual concepts, not to mention Godliness, there are no words or letters to describe them, since our entire vocabulary is comprised of imagination and senses. How could we use them where our imagination and senses do not apply? Even if we take the finer words that can be used in these places, such as "Divine Light" or even "Simple Light," these words are also derived from other words like "sunlight" or "candlelight" or the

ולא עוד אלא אם תרצה לייגע מעט את כלי עיונך הייתי אומר לך בדרך כלל, אשר כמו שבהבורא ית' אין שום תפיסה והשגה כלל וכלל, ממש בשיעור הזה אין שום השגה בבחי' העצמית שבכל נבראיו ואפי' את הגשמיים שאנו מגששים בידינו, באופן אשר כל ההכרות שלנו עם חברינו וקרובינו שבעולם המעשה שלפנינו, אינו יותר רק "הכרות של פעולות" המתפעלים ונולדים מתוך שיתוף של פגישת החושים שלנו עמהם, שאלה נותנים לנו סיפוק גמור אע"פ שאין לנו שום תפיסה בעצם הנושא, ועוד יותר מזה, כי אפילו בעצמות עצמך גם כן אין לך שום תפיסה והשגה בו וכל מה שידוע לך מעצמותך עצמך אינו יותר אלא מהלך של פעולות הנמשכות מעצמותך.

ומעתה תוכל להשכיל בנקל אשר כל השמות והכנויים הבאים בספרי הקבלה המה ג"כ ריאליים וממשיים אע"פ שאין לנו שום השגה בהנושא, משום שיש לעוסקים בהם סיפוק גמור של הכרות מלאה לשלימותה הסופית, דהיינו גם כן רק הכרות של פעולות המתפעלים ונולדים מתוך שתוף של אור העליון עם המשיגים אותו. אולם הוא די ומספיק לגמרי, כי זה הכלל "כל המשוער ויוצא מהשגחתו ית' לבוא לכלל מציאות לטבע הבריאה הרי יש בו משום סיפוק מוחלט" כמו שלא יתעורר לאדם שום תביעה לאצבע ששית לכף ידו כי חמשת האצבעות מספיקים לו לגמרי בהחלט.

ו) הערכים הגשמיים והשמות הגופניים שבספרי הקבלה

אכן מובן לכל בן הגיון שבמקום שיש לנו עסק עם דבר רוחני ואין צריך לומר עם אלוקיות אין לנו שם שום מלות ואותיות להגות בהם שהרי כל אוצר המילות שלנו אינו אלא הרכבות מאותיות הדמיון והחושים. ואיך אפשר להסתייע עמהם במקום שאינו נוהג שם לגמרי מבחינת דמיונות וחושים. כי אפילו אם ניקח את המלה היור דקה שאפשר להשתמש בה במקומות הללו דהיינו המלה "אור עליון" או אפי' "אור פשוט" הרי זה ג"כ דבר מדומה ומושאל מאור השמש או אור הנר או אור מורגש של נחת

"light of satisfaction and pleasure" a person feels with a new revelation or when he is relieved of some doubt. So how can they be used to describe spiritual concepts or Godly ways, since they only offer the reader emptiness and falsehood, let alone when we use them to describe a concept in a philosophical debate, where the sage must be absolutely precise with his definitions? If the sage fails and uses even one imprecise word, he confuses his readers and they will not understand anything which comes before or after or that has anything to do with the word, as is known to anyone who reads books of wisdom.

Thus, you may wonder how kabbalistic sages can use false words to explain the connections of wisdom. "False words" have no substantial definition since "lies have no leg to stand on." So first we need to know the law of "Root and Branch" in the relationship between the worlds.

g) The Law of "Root and Branch" in the Relationship between the Worlds

The kabbalistic sages revealed that there are four worlds, known as: *Atzilut* "Emanation," *Briah* "Creation," *Yetzirah* "Formation," and *Asiyah* "Action." From the highest of the worlds, *Atzilut*, to the physical, material world which is called *Asiyah*, the forms are absolutely equal in every detail and manifestation. All of the occurrences and manifestations that are found in the first world are also found in the next world below it with no difference at all, and so on with all of the following worlds up to and including the material world.

There is no difference between them except for the level they are on, which is understood only by the composition of the components of the reality of each particular world. The composition of the components of the first higher world is more refined than that of the worlds below it. And the composition of the components of the second world is denser than that of the first world but more refined than that of the worlds

רוח המופיע באדם בזמן המצאה חדשה של התרת איזה ספק, ואיך יתכן להשתמש עמהם במקום רוחני ודרכים אלקיים כי לא יציעו אל המעיינים אלא דברי שוא וכזב? ומכל שכן במקום שאנו צריכים לגלות במלות ההם איזה שכל מבחי' משא ומתן הנהוג במחקרי החכמה אשר כאן מוכרח החכם להשתמש בדיוק חמור עם גדרים מוחלטים לעיני המעיינים. ואם יכשל החכם אף במלה אחת בלתי מוצלחת הרי יגרום על ידה בלבול הדעת למעיינים ולא יבינו כלל מה שאומר שם מלפניה ומלאחריה וכל הקשור עם אותה המלה, כידוע לכל מעיין בספרי חכמה.

וא"כ תמה על עצמך איך אפשר לחכמי הקבלה להשתמש במלות כוזבות ולהסביר על ידן קשרי חכמה וכידוע אשר אין שום הגדרה בשמות כוזבות, כי לשקר אין לו רגלים ואין לו עמידה. אמנם כאן צריך שתדע מקודם את החוק של שורש וענף ביחס העולמות מזה אל זה.

ז) חוק שורש וענף ביחס העולמות

חכמי הקבלה מצאו אשר ד' העולמות הנקובים בשם: אצילות, בריאה, יצירה ועשיה, החל מהעולם הראשון היותר עליון הנקרא אצילות עד העולם הזה הגשמי המוחשי הנקרא עשיה, צורתם שוה זו לזו לגמרי בכל פרטיהם ומקריהם, דהיינו שכל המציאות ומקריה הנמצאים בעולם הראשון, כל אלה נמצאים גם כן בעולם השני שמתחתיו בלי שום שינוי של משהו, וכן בכל יתר העולמות שלאחריו עד לעולם הזה המוחשי.

ואין שום הבדל ביניהם אלא הבחן מדרגה בלבד, המובן רק בחומר שבפרטי המציאות שבכל עולם ועולם, שהחומר של פרטי המציאות הנמצאים בעולם הראשון היותר עליון הוא חומר יותר זך מכל התחתונים הימנו, וחומר פרטי המציאות שבעולם השני הוא מעובה מעולם הראשון, אבל יותר זך מכל מה שתחתיו במדרגה, ועל דרך זה עד

below it, and so on until the world which we experience. In this material world, the composition of its components are denser and darker than all of the preceding worlds, however, the forms of the components and all of their manifestations are exactly equal in all the worlds both in quality and quantity without any change at all.

This can be compared to a stamp and that which is stamped. All of the forms on the stamp itself are transferred to that which is stamped with all of the details intact. And thus it is with the worlds. Every lower world is "stamped" by the world above it, and therefore all of the forms in the highest world are copied in all their quality and quantity in the lowest world as well, so that there is no detail or manifestation in the Lower World that is not found in the world above it in the identical form, equal like two drops of water. These are called "Root and Branch." The same component found in the Lower World is considered the "Branch" of the component corresponding to it, and existing in the world above it, which is the "Root" of the component of the Lower World. From the world above that component is "stamped" and comes into existence in the Lower World.

This is what the sages meant by saying, "Every plant below has an entity of spiritual source (*mazal*) and a guardian above which strikes it and says 'grow.'" (*Hashmatot HaZohar, Beresheet verse 1, Beresheet Rabba Chapter 10*) Meaning that the root called "entity of spiritual source" (*mazal*) forces it to grow and receive all of its traits both in terms of quality and quantity, just as the stamp leaves its imprint on that which it stamps as stated above. This is the law of "Root and Branch," which applies to all of the components and manifestation of the reality of every world in correlation to the world above it.

לעולם הזה שלפנינו, אשר החומר של פרטי המציאות שבו, הוא יותר עב וחשוך מכל העולמות שקדמו אליו, אולם הצורות של פרטי המציאות וכן כל המקרים שלהם באים בשוה בכל עולם ועולם הן בכמות והן באיכות בלי שינוי של כלום.

והמשילו את זה כמשפט החותם עם הנחתם הימנו, אשר כל הצורות המצויות בחותם עוברות בשלמותן לכל פרטיהן ודקדוקיהן אל הדבר הנחתם הימנו, כן הוא בעולמות, אשר כל עולם תחתון נחתם מהעולם העליון ממנו, וע"כ כל הצורות שיש בעולם העליון בכל כמותם ואיכותם נעתקים במלואם ובאים גם בעולם התחתון, באופן שאין לך פרט של מציאות או של מקרי המציאות המצוי בעולם התחתון שלא תמצא דוגמתו בעולם עליון הימנו בצורה שוה כמו ב' טיפות של מים ונקראים שורש וענף. כלומר, שאותו הפרט הנמצא בעולם התחתון, נבחן לבחינה של ענף בערך הדוגמא שלו המצוי ועומד בעולם העליון שהוא שורשו של הפרט התחתון, מפני שמשם נחתם ונתהוה הפרט ההוא בעולם התחתון.

וזוהי כונת חז"ל במה שאמרו "אין לך כל עשב מלמטה שאין לו מזל ושוטר מלמעלה שמכה אותו ואומר לו גדל")השמטות הזהר, בראשית אות א', בראשית רבה, פרק י') כלומר שהשורש הנקרא מזל מכריח אותו לגדול ולקבל את כל תכונתו מבחינת כמותו ואיכותו, כמשפט החותם עם הנחתם הימנו כאמור לעיל, וזהו החוק של שורש וענף, הנוהג בכל הפרטים שבמציאות ושל מקרי המציאות בכל עולם ועולם ביחס העולם העליון ממנו.

h) The Language of the Kabbalists is the *Language of Branches*

This means that the branches are determined by the roots which are their stamp that must exist in the Upper World. Because there is nothing that exists in the Lower World that does not come from the world directly above it, just like a stamp and that which it imprints as explained above, the Root in the higher world requires its Branch in the Lower World to manifest itself with exactly the same form and traits. As the sages said, the entity of spiritual source (*mazal*) in the Upper World which is the counterpart of the plant in the Lower World, strikes the plant and forces it to grow according to its own design. And through this we find that every single branch in this world well defines its counterpart in the Upper World.

Thus, the kabbalistic sages found a preordained vocabulary of words sufficient for a wonderfully precise language to speak among themselves, which enables them to negotiate with each other the spiritual roots belonging to the Upper Worlds. By mentioning only the lowest physical branch of this material world, which is well-defined to our physical senses, the listeners understand on their own what the corresponding higher Root, with its counterpart, the materialized Branch is relating to since it is its imprint, as mentioned above. In this way, every component and manifestation in the material world becomes like an absolute, well-defined and absolute name or term for its corresponding Root in the spiritual Upper Worlds. And although in their spiritual state they cannot be expressed in any word since they are beyond all imagination, they can still be expressed in words through their corresponding branches which we perceive in this material world of ours, as explained above.

This is the nature of the language spoken amongst kabbalistic sages, through which they share their full spiritual understandings with one another from generation to generation, both orally and in writing, to the exact degree necessary for the discussion of their study of this

ח) שפת המקובלים היא שפה של ענפים

פירוש, על פי הוראתם של הענפים הללו על שרשיהם שהם הדוגמאות שלהם הקיימים בהכרח בעולם העליון. כי אין לך שום מציאות בעולם התחתון שלא יהי' נמשך ויוצא מעולם העליון ממנו וכמשפט החותם עם הנחתם, כמפורש לעיל, אשר משום זה השורש שבעולם העליון מחייב את הענף שלו שבעולם התחתון, שיתגלה בו כל צורתו ותכונתו, ע"ד שאמרו ז"ל, המזל שבעולם העליון המיוחס לעשב שבעולם התחתון מכה על אותו העשב ומכריחו לגדול על מתכונתו כנ"ל. שמתוך זה נמצא כל ענף וענף שבעולם הזה מגדיר היטב את הדוגמא שלו העומד בעולם העליון.

ולפיכך מצאו להם חכמי הקבלה, אוצר של מלים ערוך ומפורש לעיניהם די ומספיק לבחינת שפה מדוברת ביניהם המצוינת להפליא, שיוכלו לישא וליתן זה עם זה בשרשים הרוחניים שבעולמות העליונים, דהיינו על ידי שמזכירים לחבריהם רק את הענף התחתון המוחשי שבעוה"ז המוגדר היטב לחושים הגשמיים, והשומעים מבינים מדעתם את השורש העליון אשר ענף הגשמי הזה מראה עליו מפני שהוא מיוחס אליו, להיותו נחתם הימנו, כנ"ל. באופן אשר כל פרטי הויות הבריאה המוחשית וכל מקריהם, נעשו להם כמו מלות ושמות מוגדרים ומוחלטים על השורשים הגבוהים העליונים הרוחניים, ואע"פ שבמקומם הרוחני אי אפשר להתבטא בשום מלה והגה מפאת היותם למעלה מכל דמיון, מכל מקום קנו להם זכות ביטוי שפתיים על ידי ענפיהם המסודרים לחושינו כאן בעולמינו המוחשי, כמבואר.

וזוהי כל אופיה של השפה המדוברת בין חכמי המקובלים, אשר על פיה מגלים את השגותיהם הרוחניים מאיש לאיש ומדור לדור הן בעל פה והן בכתב ומבינים זה את זה בסיפוק גמור, כפי כל השיעור המדויק

wisdom. And they understand one another completely through precise definitions that cannot be misunderstood since every single Branch has its own specific natural definition, indicating its corresponding Branch in the Upper World through this absolute specific definition.

Know that the kabbalistic *Language of Branches* is more convenient for explaining concepts of this wisdom than any other language. As we know from the law of nominalism by which the meaning of words is confused by the use of the masses, the words lose their precise meaning through overuse, and thus it becomes very difficult for one person to transmit precise ideas to another through speech and writing. This is not true of the kabbalistic *Language of Branches*, which is derived from the names of created beings and their history which we perceive according to the never-changing laws of nature. It can never happen that a listener or reader would err in the meaning of the words presented to him, since the laws of nature are absolute with no exception.

i) "The Transmission from the Mouth of a Kabbalistic Sage to One who Receives and Comprehends it on His Own"

Rav Moshe ben Nachman (Nachmanides or the Ramban) wrote in the introduction to his commentary on the Torah and Rav Chaim Vital wrote the same in his *Introduction to The Tree of Life, Article about The Steps*: "The readers should know that they will not understand even one word that is written in these books unless it was transmitted from the mouth of a kabbalistic sage to a wise man who receives and comprehends it on his own." Also the words of the Sages: "One should not study the *merkava* alone, unless one is wise and can understand it on his own." (*Babylonian Talmud, Chagigah 11b*)

The meaning of these words is clear – one should receive from the mouth of a kabbalistic sage. However, what is the reason for the requirement that even a student must first be "wise and understand it on his own?"

המחוייב לצורך משא ומתן במחקרי החכמה, דהיינו בגדרים מדויקים שאי אפשר להכשל בהם מפני שכל ענף וענף יש לו הגדרה טבעית מיוחדת לו בהחלט, וממילא מראה ג"כ על שורשו שבעולם העליון עם הגדרתו זו המוחלטת.

ותדע, אשר שפת הענפים של תורת הקבלה הזו היא יותר נוחה להסביר בה מושגי החכמה מכל הלשונות הרגילות שלנו כנודע מתורת הנומינליזם אשר הלשונות נשתבשו הרבה בפיות ההמונים, כלומר שמתוך ריבוי השמוש שמשתמשים עם המילות הרי הן הולכות ומתרוקנות מתוכנן המדויק, וע"כ נעשו קשיים גדולים למסור סברות מדוייקות מאחד לחברו על ידי המבטא והכתב כנודע. מה שאין כן "בשפת הענפים של הקבלה" הנלקחת משמות הבריות ומקריהם הערוכים ועומדים לעינינו מוגדרים בחוקי הטבע, שאינם מקבלים שינוי לעולם. ואף פעם לא יארע לשומעים ולקוראים שיטעו בהבנת המלות המוצעות להם, מפני שגדרי הטבע מוחלטים למדי חוק ולא יעבור.

י) "מסירה מפי מקובל חכם למקבל ומבין מדעתו"

כן כתב הרמב"ן ז"ל בהקדמת פירושו על התורה, וכמתכונתו כתב ג"כ הרב חיים ויטאל ז"ל בהקדמה לעץ חיים במאמר הפסיעות וז"ל, "וידעו המעיינים שלא יבינו אף מלה אחת מכל הכתוב בקונטרסים הללו זולת במסירתם מפי מקובל חכם לאזן מקבל חכם ומבין מדעתו". וכן בדברי חז"ל (חגיגה י"א:) "אין דורשין במרכבה ביחיד אלא א"כ הוא חכם ומבין מדעתו".

והנה דבריהם מובנים היטב במה שאמרו שצריכים לקבל מפי מקובל חכם, אולם מהו החיוב שגם התלמיד צריך מקודם להיות חכם ומבין מדעתו עצמו, ואם אינו כך, אפילו יהיה צדיק היותר גדול בעולם אסור

If he isn't, even if he is the most righteous man in the world, is he forbidden to be taught? Moreover, if he is already wise and understands it on his own, he has no need to learn from others?

From what we have explained above, you can understand their words clearly, since it has been explained that none of our words and expressions can explain the Godly, spiritual concepts which are beyond the illusionary space and time, so we have a special language for these concepts, which is the Language of Branches in relation to their corresponding higher Roots.

However, although this language is not only far more appropriate for its purpose of the discussion of the study of this wisdom than normal languages, as we have explained above, this only applies to cases where the listener himself is wise and understands it on his own. The listener knows and understands the correlation between roots and their branches, because these correlations do not become clear at all from lower to higher, which means that by examining the lower branches it is impossible to draw any conclusions about the form of their corresponding higher roots. On the contrary, the higher teaches us about the lower. First one must purely understand the higher roots as they are in their spiritual state beyond imagination, but with pure perception (as it was explained above in Section e - The Actuality of the Wisdom of Kabbalah). Once one clearly understands the higher roots on his own, one can examine the physical branches in this world and understand how each branch relates to its corresponding root in the world above it, in every aspect of quality and quantity. And once one knows and understands all this well, one has a language in common with one's teacher – the *Language of Branches* – through which the kabbalistic sage can transmit all of his study of the wisdom concerning the upper, spiritual worlds, both that which he received from his teachers, and the expansion on this wisdom which he himself has discovered, since they now have a common language and they understand one another.

ללמדו? ועוד, אם הוא כבר חכם ומבין מדעתו א"כ שוב אין לו צורך ללמוד מאחרים?

ובהמבואר לעיל תבין דבריהם בתכלית הפשטות שהרי נתבאר אשר עם כל המלות וההגוי הבאות במבטא שפתינו, אי אפשר לבאר על ידם אף מלה אחת מהענינים הרוחניים האלוקיים שהם למעלה מהמקום והזמן המדומים, אלא שנמצאת שפה מיוחדת לענינים הללו, שהיא "שפת הענפים" על פי הוראתם ביחסם אל שרשיהם העליונים.

אולם שפה זאת הגם שמסוגלת מאד מאד לתפקידה לישא וליתן במחקרי חכמה יותר מהשפות הרגילות, כמו שהובא לעיל, אכן כל זה אמור, רק אם השומע הוא חכם מעצמו, דהיינו שיודע ומבין ביחסי הענפים אל שרשיהם כי היחסים הללו אינם מתבארים כלל מהתחתון לעליון, כלומר, שבהסתכלות על הענפים התחתונים אי אפשר להוציא שום הקש ודמיון כלל על איזה דוגמא בשרשיהם העליונים, ולהיפך הוא, שמהעליון ילמד התחתון, כלומר, שמתחילה צריכים להשיג את השרשים העליונים כמות שהם ברוחניותם למעלה מכל דמיון, אך בהשגה טהורה (על דרך שנתבאר לעיל ד"ה הממשיות שבחכמת הקבלה). ואחר שמשיג היטב את השרשים העליונים מדעתו אפשר לו להסתכל בענפים המוחשים שבעוה"ז ולידע איך כל ענף מתיחס אל שרשו בעולם העליון בכל סדריו בכמות ואיכות. ואחר שיודע ומבין את כל זה היטב, אז נמצאת לו שפה משותפת בינו ובין רבו דהיינו "שפת הענפים", אשר על פיה יוכל החכם המקובל למסור לו כל מחקרי החכמה הנוהגים בעולמות העליונים הרוחניים הן מה שקיבל מרבותיו והן הרחבתו בחכמה שמצא בעצמו כי עתה יש להם שפה משותפת לשניהם ומבינים זה את זה.

However, when the student is not wise and cannot understand this language of the relationship of root and branch on his own, it is obvious that the teacher cannot explain even one word of this spiritual wisdom, let alone discuss the study of the wisdom with him. In this case they have no language in common to use, and they are like those who are mute. Therefore, it goes without saying that one should not teach the *merkava*, which is the wisdom of Kabbalah, except to one who is wise and comprehends it on his own.

Furthermore, we must ask: If this is so, then how does the student become wise enough to recognize the relationships between branch and root if not by studying the higher roots? The answer is that no person can help with this. We need divine assistance. One who merits finding grace in God's eyes will be naturally filled with the wisdom, understanding and knowledge, to be able to achieve divine perception. No human being can help with this, but once one finds grace in God's eyes and merits this divine perception, one is prepared to come and receive the full range of kabbalistic wisdom from the mouth of a kabbalistic sage, since now they have a common language, and not otherwise.

j) Names that are Foreign to the Human Mind

From everything we have explained above, you can understand certain things that appear in Kabbalistic Books – names and definitions that are very foreign to the human mind. These are very common in the basic books of Kabbalah—the *Zohar*, the *Tikkunei Zohar*, and the books of the Ari, which makes one wonder why these sages chose to use such lowly names to express these exalted, holy concepts. However, once you grasp the aforementioned ideas you will understand the truth of the matter, since it has been made clear that it is impossible to explain this wisdom with any language in the world except for the special Language of Branches in correlation to their corresponding higher roots. Therefore, it is obvious that we cannot reject any branch or manifestation of a

אולם בעת שהתלמיד אינו חכם ומבין מדעתו את השפה ההיא דהיינו הוראת הענפים על שורשיהם, מובן מעצמו שאין ביכולתו של הרב להסביר לו אף מלה אחת בחכמה הרוחנית הזו. ואין צריך לומר לישא ליתן עמו במחקרי חכמה. היות שאין להם כלל שפה משותפת להשתמש עמה ונמצאים שהם כמו אלמים וע"כ בהכרח שאין מוסרין מעשי מרכבה שהיא חכמת הקבלה, אלא אם כן הוא חכם ומבין מדעתו.

ויש לשאול עוד לפי זה, מאין החכים התלמיד עד לידי כך להכיר היחסים של ענף ושורש מתוך התחקות על השרשים העליונים? והתשובה היא, אשר כאן שוא תשועת אדם אלא לעזר אלקי אנו צריכים, אשר הזוכה למציאת חן בעיניו ית', הריהו ית' ממלא אותו בחכמה בינה ודעת להשכיל השגות עליונות. ואי אפשר להסתייע בזה מעזרת בשר ודם ולא כלום, אכן אחר שמצא חן בעיניו ית' וזכה בהשגה העליונה, אז מוכן לבוא ולקבל מרחבי חכמת הקבלה מפי מקובל חכם כי עתה יש לו עמו שפה משותפת, ולא זולת.

י) כינויים הזרים לרוח אנושי

ועם כל המתבאר לעיל, תבין מה שנמצאים לפעמים בספרי הקבלה, כינויים וערכים הזרים מאד לרוח אנושי, והמה שכיחים ביותר בספרי הקבלה היסודיים שהם ספרי הזהר והתיקונים וספרי הארי ז"ל, אשר המה מתמיהים מאד, מה היה להם לחכמים האלו להשתמש בכינויים נמוכים כאלה לביטוי רעיונות נשגבים וקדושים הללו? אולם אחר שרכשת לך את הידיעות המובאות לעיל, יובן לך הדבר על אמיתו, כי נתבאר שאי אפשר כלל להשתמש בהסברת החכמה הזאת בשום שפה ולשון שבעולם, זולת בשפה המיוחדת לדבר, שהיא "שפת הענפים" ע"פ היחסים לשרשיהם העליונים. ולפיכך מובן מאליו שאי אפשר לעזוב איזה ענף או איזה מקרה של ענף מפני נחיתות הדרגה שלו ולא

branch because of its low level and not use it to express the lesson to be learned from it in terms of this wisdom, since no other branch can take its place.

Just as two hairs cannot sprout from the same follicle, two branches cannot relate to one root. Therefore, if we leave out a manifestation and not use it, not only do we lose the spiritual knowledge it relates to in the Upper World, because we have no other word in place of the one that indicates that root, but this also interferes with the entire field of wisdom with all it encompasses, since we are missing one link in the chain of the entire wisdom connected with that concept. Therefore, we find that this creates a defect in the entire wisdom. There is no other wisdom among the wisdoms of the world in which concepts are so interconnected as Cause and Effect, like in the wisdom of Kabbalah, which is interconnected from one end to the other like a long chain, so that if one piece of knowledge is missing, the entire Light of Wisdom becomes darkness, since all aspects of it are strongly connected to each other as well as unified absolutely into one.

Now there is no need to wonder why strange names are used, since they had no freedom of choice in using these names and could not interchange them. Rather, they were always required to refer to the exact branch or manifestation which indicates the corresponding higher root, as needed fully, and they also had to expand on these things until they provided a sufficiently precise definition for their fellow readers.

להשתמש עמו לבטוי המושכל הרצוי בתוך קשרי החכמה, בו בעת שלא נמצא בעולמנו שום ענף אחר שנקחהו בתמורתו.

כי כמו שאין שתי שערות יונקות מנקב אחד, כן אין לנו ב' ענפים שיתיחסו לשורש אחד, באופן, שאם נשאיר איזה מקרה שלא להשתמש עמו, נמצא שמלבד שאנו מאבדים את המושכל הרוחני ההוא שכנגדו בעולם העליון, כי אין לנו עוד שום מלה תמורתו להראות על השורש ההוא, הנה עוד יזיק דבר זה לכל מרחבי החכמה כולה, ועל כל היקפה, שהרי נעדרת לנו טבעת אחת משלשלת כללות החכמה הקשורה במושג ההוא. ע"כ נמצא שמטיל פגם על החכמה כולה, כי אין לך עוד חכמה בחכמות העולם שיהיו הענינים מלוכדים וקשורים זה בזה בדרך עילה ועלול קודם ונמשך, כמו חכמת הקבלה, הקשורה מראשה עד סופה זה בזה ממש, כמו שרשרת ארוכה, אשר ע"כ בהעלם לנו ידיעה קטנה בינתים, נחשכה בעדינו כל החכמה כולה, משום שכל ענינים קשורים חזק זה בזה ומתלכדים לאחד ממש.

ומעתה אין שום תמיהא עליהם במה שמשתמשים לפעמים בכינויים זרים, כי אין להם חירות של בחירה בכינויים להחליף ולהמיר רע בטוב או טוב ברע, אלא שמוכרחים תמיד להביא בדיוק אותו הענף או המקרה המורה באצבע על שורשו העליון בכל השיעור הנחוץ לענין, וגם מוכרחים להרחיב הדברים, עד שיספיקו להגדרה מדוייקת לעיני חבריהם המעיינים.

Article on Substance and Form in the Wisdom of Kabbalah

Science in general has two divisions. The first is called the knowledge of substance and the second is called the knowledge of form. There is nothing in the world which does not consist of substance and form. For example, wood is the table's substance and the shape of the table is the form. The substance, wood, is the base for the form which is the table. Similarly, the word liar has substance, a person, and the lie itself is the form. The substance, which is the person, is the base to the form that is the lie, meaning, someone who is used to Lies. The same is true of all things.

Science, which by its nature deals with the details of reality, is also divided into two divisions: the knowledge of substance and the knowledge of form. The knowledge of science that is dealing with the nature of the substances of reality with or without form is called Knowledge of Substance. This knowledge is based on experience; that is, on proofs and analogies taken from practical experience. These experiences are taken as an assured basis for true conclusions.

The second division of science deals with abstract shapes of substances without concerning itself with the substances themselves. They eliminate the aspects of truth or falsehood in the shape of the substance, which are the people who carry them. The scientists deal solely with the values of importance, or lack thereof, in these forms of truth and falsehood, such as they may be, each according to its own bare essence, as if they were not encompassed by any substance. This is called Knowledge of Form.

This knowledge is not based on any practical experience, for abstract forms like these do not enter into practical experience. They are not part

מאמר החומר והצורה שבחכמת הקבלה

המדע בכללו מתחלק לשני חלקים: האחד נקרא השכלה חומרית, השני
נקרא השכלה צורתית, פירוש, אין לך מהות בכל המציאות שלפנינו שלא
יהיה מובן בו חומר וצורה. למשל, השלחן יש לו חומר דהיינו עץ, ויש
לו צורה שהיא הצורה של השלחן, אשר החומר שהוא העץ נושא לזאת
הצורה שהוא השלחן. וכן מלת שקרן, הרי יש לו חומר שהוא האדם ויש
לו צורה שהוא השקר, אשר החומר שהוא האדם נושא לזאת הצורה של
שקר, דהיינו הרגיל לדבר שקר, וכן הוא בכל דבר.

ולפיכך, גם המדע הנושא ונותן בפרטי המציאות מתחלק אחריהם ג"כ
לב' חלקים: להשכלה חומרית ולהשכלה צורתית, אשר חלק המדע
הנושא ונותן בטיב החומרים של המציאות הן בהחומרים בלבדם בלי
צורתם והן בחומרים וצורתם ביחד, נבחן בשם "השכלה חומרית",
והשכלה זו מיוסדת על בסיס נסיוני, דהיינו על ראיות והקשים הלקוחים
מפי הנסיון השמושי, שהניסיונות המעשיים הללו לקוחים אליה לבסיס
בטוח אל מסקנות אמתיות.

וחלקו השני של המדע הנושא ונותן רק בצורות מופשטות מן
החומרים בלי שום מגע של משהו עם החומרים גופם, כלומר שהמה
פושטים הצורות אמת ושקר מן החומרים שהמה האנשים הנושאים
אותן, וכל עסקיהם בהשכלה הוא אך להשכיל ערכים של חשיבות
ופחיתות וכדומה בצורות הללו של אמת ושקר כמות שהם לפי עצמם
במערומיהם, וכמו שלא היו מעודם מלובשים באיזה חומר, והוא
הנקרא בשם "השכלה צורתית".

והשכלה זו, איננה מיוסדת על בסיס נסיוני מעשי, כי צורות מופשטות
כאלו אינן באות במעשיות נסיונית, מפני שאינן כלל במציאות הממשית,

of practical reality. The abstract form is taken solely from the imagination. Only the imagination can form it, although it is not practical reality. Therefore, all scientific knowledge of this type is built solely upon the basis of deep thought process. It is not taken from practical experience, but solely from the give-and-take of deep thought process. All higher philosophy is of this type. Therefore, a large portion of modern thinkers have abandoned it. They are not satisfied with give-and-take built on deep thought process, because in their opinion, it creates an uncertain basis. They consider only a practical basis as certain.

Kabbalah is also divided into the same two categories: The study of material and the study of abstract. But there is a major distinction between Kabbalah and secular science. In Kabbalah, even the study of form is built entirely upon a study of practical understanding, that is, on a basis of practical experience.

כי צורה מופשטת כזאת לקוחה רק מפרי הדמיון, כלומר, שרק הדמיון
יכול לצייר אותה אע"פ שאינה במציאות הממשית, ולפיכך כל השכלה
מדעית ממין זה מיוסדת בהכרח רק על בסיס עיוני בלבד, דהיינו שאינו
לקוח מפי הנסיון השמושי אלא רק מתוך המחקר של משא ומתן עיוני
בלבד. וכל הפילוסופיה הגבוהה שייכת למין הזה. ולפיכך חלק גדול
מהמשכילים המודרניים שמטו ידיהם הימנה, מפני שאינם מרוצים מכל
משא ומתן הנבנה על בסיס עיוני שלדעתם הוא בסיס בלתי בטוח, כי
רק את הבסיס הנסיוני מחשיבים לבטוח כנודע.

והנה גם חכמת הקבלה מתחלקת תחת ב' החלקים הנ"ל, שהם השכלה
חומרית והשכלה צורתית, אולם יש כאן הפלאה יתירה על המדע
החילוני, כי כאן אפילו החלק של ההשכלה הצורתית נבנה כולו על
בקורת התבונה המעשית, דהיינו על בסיס נסיוני שמושי.

Article on Peace

A Scientific, Experiential Study Concerning the Necessity of the Work of God

a) The Discrepancy and Contradiction of Divine Providence
b) The Necessity to be Careful Concerning the Laws of Nature
c) The Proof of the Work of the Creator Based on Experience
d) Explanation of the *Mishnah*: "Everything is given on Collateral and a Net is spread Over all Life."
e) The Wheel of Change of Form

> *"The wolf also shall dwell with the lamb, and the leopard shall lie down with the kid; and the calf and the young lion and the fatling together; and a little child shall lead them...*
>
> *"And it shall come to pass on that day, that God shall set his hand again the second time to recover the remnant of his people, which shall be left, from Assyria, and from Egypt, and from Pathros, and from Cush, and from Elam, and from Shinar, and from Chamath, and from the islands of the sea." (Isaiah 11:6-11)*

Rav Shimon Ben-Chalafta said, "The Holy One Blessed be He did not find a better vessel to contain the blessing for Israel than peace, as it is written: 'God will give strength to His people; God will bless His people with peace.' " (end of *Tractate Uktzin*)

Now I have explained in my previous articles the general form of the work of God, that its entire essence is no more and no less than love of one's fellow man. Practically speaking, this should be defined as "sharing with others," that is, when we think about the practical part of "love of others" we think of sharing kindness with others. Therefore, the practical part of "love of others" should be defined as "sharing

מאמר השלום

מחקר מדעי על בסיס נסיוני בדבר החיוב של עבודת השי"ת

א) הנגוד והסתירה בדבר ההשגחה
ב) חיוב הזהירות בחוקי הטבע
ג) הוכחת עבודתו ית' מפי הנסיון
ד) באור המשנה: הכל נתון בערבון ומצודה פרוסה על כל החיים
ה) גלגל שנוי הצורה

וגר זאב עם כבש ונמר עם גדי ירבץ ועגל וכפיר ומריא יחדיו ונער קטן נהג בם וכו'.

והיה ביום ההוא יוסיף ה' שנית ידו לקנות את שאר עמו אשר ישאר מאשור וממצרים ומפתרוס ומכוש ומעילם ומשנער ומחמת ומאיי הים (ישעיה י"א, ו' - י"א).

אמר רבי שמעון בן-חלפתא "לא מצא הקב"ה כלי מחזיק ברכה לישראל אלא השלום שנאמר ה' עוז לעמו יתן ה' יברך את עמו בשלום". (סוף מסכת עוקצין).

אחר שבארתי במאמרים הקודמים את צורתה הכללית של עבודתו ית' וית', שכל מהותה איננה לא פחות ולא יותר מאשר אהבת זולתו, אשר מהבחינה המעשית ראוי להגדירה בשם "השפעה לזולתו" כלומר שבהתחשבות של חלק המעשה של אהבת זולתו, נמצאת מצוירת לנו רק בענין השפעות טובות לזולת, לפיכך ראוי להגדיר אהבת זולתו בשם של השפעה לזולתו, המוכשר ביותר לתוכנה המכוון להבטיח לנו שלא לשכוח את הכוונה. ואחרי שידענו את צורת עבודתו ית' לנכון, יש

with others." This way we ensure that we do not forget the intention behind it. And now that we know the correct form of His work, we must look into whether we take on this work only out of faith, without any experiential, scientific basis, or whether there is an experiential basis to this. This is what I wish to prove in the following article.

To begin with, of course, I must make sufficient proof of the subject itself. Who is it that receives our work? However, since I am not one of those who love formal philosophy, because I hate all sorts of studies based on theory. And as we know, most of my contemporaries agree with me on this, because we are all too familiar with this kind of basis, which has a shaky foundation, for when it shakes, the whole building collapses. Therefore, I do not intend to speak a single word which is not based on the criticism of practical reasoning. We begin with simple facts that are impossible to disprove and we will continue proving every stage of our line of thought analytically until the primary subject is determined. Then we will examine synthetically (the contrast and comparison through such means as analogy and deduction) how God's work is proven and confirmed through simple, practical recognition.

a) The Discrepancy and Contradiction of Divine Providence

Any intelligent person who sees the reality set before him will find in it two diametrical opposites. When we examine the order of Creation in terms of its reality and permanence, we clearly see a wonderful driving force wisely guided with great skill, both in terms of the way the components of reality are formed and the way its continual existence is secured in general. Let us take, for example, the way the human being is formed, in which we see that the love and pleasure of the parents are an obvious primary cause, unswerving and faithful to its purpose. When the original drop is released from the brain of the father, Providence provides it with a safe place, prepared with great wisdom to receive the living spirit. Providence also provides it with its daily sustenance in precise amounts,

לנו לחקור, אם העבודה הזאת מקובלת עלינו רק באמונה, בלי שום בסיס מדעי נסיוני או שיש לנו גם בסיס נסיוני לדבר זה, וזהו מה שאני רוצה להוכיח במאמר שלפנינו.

והנה מתחילה כמובן צריך אני להוכיח היטב את הנושא עצמו, כלומר, מי הוא המקבל את עבודתנו? אולם מתוך שאינני מן אוהבי הפלוסופיא הצורתית, כי אני שונא לכל מיני מחקרים הנבנים על בסיס עיוני, וכידוע גם רוב בני דורי מסכימים עמי בדבר זה, כי מנוסים אנו יותר מדאי בבסיסים ממין זה, שהמה יסודות רעועים ונע היסוד ממקומו נופל כל הבנין, לפיכך לא באתי כאן לדבר אף מלה אחת אלא רק מתוך בקורת התבונה הנסיונית. החל מן ההכרה הפשוטה שאין עליה חולק הלוך והוכח בדרך אנאליטי עד שנבוא אל קביעת הנושא העליון. ומבחינת המבחן הזה נחזור ונבוא בדרך סינטתי (סינטתי: האיחוד והקשר בין הדברים כמו ההקש והקל וחומר) איך עבודתו ית' מתאשרת ומתאמתת מתוך ההכרה הפשוטה מהבחינה המעשית.

א) הניגוד והסתירה בדבר ההשגחה

הנה כל בר דעת המסתכל במציאות הערוכה לעינינו, מוצא בה ב' הפכים מקצה אל הקצה. כי כשמסתכלים בסדרי הבריאה מבחינת מציאותה ועמידתה, הרי בולטת לעינינו הנהגה מאושרה עד להפליא בחכמה עמוקה וכשרון רב. הן להתהוות חלקי המציאות והן בהבטחת קיומו בדרך כללי. ונקח לדוגמא, סדרי הויה למציאות מין האדם, והנה האהבה והעונג של המולידים מוכנה לו לסבה ראשונה, אשר היא בטוחה ונאמנה מאד לתפקידה, וכשהטיפה היסודית נעקרת ממוח האב, ההשגחה הזמינה בעדה מקום בטוח מסודר בחכמה רבה המכשירה לקבלת רוח חיים, ושמה ההשגחה מחלקת לו לחם חוקו

and Providence also provides it with a wondrous cushion system in the mother's womb so that no outside force can harm it.

Providence takes care of its every need like an experienced nurse and does not abandon it even for a moment until it has acquired the strength to go out into the atmosphere of our world. Then Providence temporarily lends it the power and courage to break down the barriers which surround it, and like an experienced armed warrior it creates a breach and goes out into the air of the world. Even then, Providence does not abandon it, and like a compassionate mother it delivers the child into the hands of loving, trustworthy people – the mother and father – who help it throughout its time of weakness until it grows strong enough to take care of itself. And just like the human, this is also true of all animals and plants and minerals – they are all provided for with wisdom and compassion until their ability to survive and propagate are ensured.

However, when one examines this reality in terms of its sustenance and maintenance, obvious disorders and great confusions become apparent, as if there were no directing power and no Providence. Each person does as he sees fit, and builds on the ruins of his fellow man, and the wicked succeed while the righteous are mercilessly crushed, and so on. Know that this contradiction which is obvious to every intelligent and sentient being has concerned mankind since the days of old, and many systems have been used to reconcile these two opposites which are apparent in Providence and co-act and co-exist in the same world.

System One: The Nature

This is a very ancient system, based on the observation that the two opposites are utterly impossible to reconcile. The assumption was reached that whatever created all of this, and maintains existence with great power and provides for every aspect of it, is not an intelligent

125

דבר יום ביומו במדה מדויקת, גם מצעות נפלאות הכינה לו ההשגחה בבטן אמו, באופן שכל זר לא יזיק לו.

וכן מטפלת עמו בכל צרכיו כמו אומנת מנוסה לא תשכחהו רגע עד שירכוש לו חיל וכח לצאת לאויר עולמנו, אשר אז ההשגחה משאלת לו כח וגבורה לזמן קצר, באופן שיספיק לו לשבור החומות המקיפות אותו, וכמו גבור מזוין מנוסה ורגיל הולך ופורץ לו פתח יציאה ויוצא לאויר העולם. וגם אז ההשגחה לא סרה מעליו, וכמו אם רחמניה דואגת לו להביאהו לאוהבים נאמנים כאלו, שאפשר לבטוח עליהם שנקראים אבא ואמא, שיעזרוהו כל ימי חולשתו עד שיגדל ויוכל לשמור על קיומו בכחו עצמו. וכמו האדם כן כל בעל חיים וכן הצומח והדומם כולם מושגחים בתבונה וברחמים עד להבטיח את מציאותו עצמו ולהשתלשלות מינו אחריו.

אמנם המסתכלים מבחינת הכלכלה והכשרת הקיום של אותה המציאות, הרי בולטים לעינים אי סדרים ובלבולים גדולים, כמו שלא היה כאן שום מנהיג ושום השגחה, ואיש הישר בעיניו יעשה, וכל אחד בונה על חורבנו של חברו, ורשעים השיגו חיל וצדיקים נרמסים באין חמלה וכו'. ודע, אשר ההפכיות הזאת הנמצאת ערוכה לעיני כל מרגיש ומשכיל העסיקה את האנושות עוד מימים קדמונים, ושיטות רבות היו להם, כדי לתרץ את ב' ההפכים האלה הנראים בהשגחה, אשר משמשים בעולם אחד.

שיטה א' היא: הטבע

שיטה זו היא שיטה קדמונית מאד, כי מתוך ב' הפכים אלו שמצאו בולט לעיניהם לבלי שום דרך ומבוא איך לקרבם זה אל זה, באו לכלל הנחה אשר הבורא והממציא את כל אלה, המשגיח בכח חזק על קיום

and sentient being. And even though it created and maintains existence with wondrous wisdom, miraculously enough, it is still without consciousness and did not knowingly do all this. Since, if it were conscious and sentient it surely would not allow such disorders in terms of the sustenance of existence without mercy or compassion for its creations. And they therefore called it "Nature," meaning an unintelligent, non-sentient provider. Therefore those who believe this have no concept of any greater power to whom they can complain or pray or justify themselves.

A Second System: Two Powers

There are those who were more clever, for it was hard for them to accept this assumption of the Providence of Nature, since through their observation of Providence as a reality whose continued existence is ensured by a higher wisdom beyond human capability, could not agree that an unintelligent force created and maintains all this. How can anything give something that it itself does not contain, and how can anyone who is ignorant teach and make his fellow man wise? And therefore, how can you say that whoever created such wondrous things does not know what He's doing and only did so by chance, when it is clear to all that nothing orderly and wisely arranged can come about by chance, let alone to ensure something that has eternal existence? From this comes the second system – that there are two creative and providing powers: One which creates and maintains the good, and another which creates and maintains the evil. And this system has been expanded upon through evidence and proofs according to their way of thought.

A Third System: Multiple Deities

This system came from the system of the two powers. Those who believed this, divided and separated every single force and every single

מציאותו שלא יתבטל אף משהו הימנו, אינו כלל בעל שכל ומרגיש, ולפיכך, אף שממציא ומשגיח על קיום המציאות בחכמה נפלאה הפלא ופלא, עם כל זה הוא עצמו חסר דעה ושלא מדעת יעשה כל זאת, כי אם היה בו דעת והרגשה ודאי שלא היה מניח קלקולים כאלה בדרכי כלכלת המציאות בלי שום חמלה ורחמים על המעונים, ולפיכך כנוהו בשם "טבע", כלומר משגיח החסר דעה והרגש ולפיכך אין כלל לדעתם, על מי להתרעם או להתפלל או להצטדק לפניו.

שיטה ב׳ היא: ב׳ רשויות

יש שהחכימו יותר, כי היה קשה להם לקבל את ההנחה הזאת של השגחת הטבע, משום שמתוך שראו השגחת הויות המציאות המובטחת לקיומה בחכמה עמוקה למעלה מכל פסגה האנושית, לא יכלו להסכים שהמשגיח על כל אלה יהיה בעצמו חסר דעה, כי כלום יש לך נותן מה שאין בו, וכלום יש לך מלמד ומחכים לחברו בעוד שהוא עצמו טפש, ואיך אפשר לומר על מי שמסדר לפנינו מעשים בחכמה נפלאה הפלא ופלא, שאינו יודע מה הוא עושה אלא במקרה הוא עושה כך, בעת שגלוי לכל שאין המקרה יכול לסדר שום מעשה מסודר בסדרי החכמה ולא עוד אלא גם להבטיח לו סדר קיומי נצחי. ומשום זה באו להנחה שניה, אשר יש כאן שני משגיחים וממציאים: אחד בורא ומקיים את הטוב ואחד בורא ומקיים את הרע. והרחיבו מאד שיטה זו בראיות ומופתים על דרכם.

שיטה ג׳ היא: ריבוי אלהיות

שיטה זו נולדה מתוך חיקה של שיטת ב׳ רשויות, כי חילקו והפרידו את כל פעולה ופעולה מפעולות הכלליות לפי עצמה, דהיינו, הכח,

act such as strength, wealth, power, beauty, hunger, death, destruction, and so on, and appointed each with its own individual creator and provider. And they expanded on this according to their will.

A Fourth System: He abandoned His creation

In recent times, as people have learned more and observed the strong interconnectedness of all the different aspects of Creation, they have recognized that the idea of multiple deities is not possible, and therefore the question of the obvious discrepancy of Providence has arisen once more. From this, they arrived at a new system: Whatever Power created and maintains existence is intelligent and sentient. However, since this Power is higher than anything imaginable, our world is as miniscule and insignificant as a grain of sand in His eyes. And He has no interest in dealing with our insignificant matters. This is why our lives are so chaotic, and everyone does as he wants without law and order.

Along with the systems mentioned above, other religious systems have been adopted involving the unity of God. This is not the place to deal with them, since I only wanted to elucidate the sources of the various fallacious systems and questionable assumptions which were common at various times and in various places, as we well know. Now we have learned of the basis on which all of these systems were founded, which came from the discrepancy and contradiction between the two types of Providence we observe in our world, and the purpose of all of these explanations was to bridge this large gap.

However, the world goes on as it will. Not only has this great and terrible gap not been bridged, on the contrary, it has grown wider before our very eyes, becoming a terrible abyss without seeing any hope of escape. When I see that all of the attempts to deal with this question that mankind has used for thousands of years, as mentioned above, have been unsuccessful, I ask: Can it be that we should not at all ask

העושר, השליטה, והנוי, הרעב המות והמהומות וכדומה, ומינו על כל אחד מהם ממציא ומשגיח מיוחד. והרחיבו הדבר לפי חפצם.

שיטה ד׳: עזב פעולתו

לאחרונה, כאשר רבתה החכמה וראו את הקשר החזק בין כל חלקי הויות הבריאה, הכירו את ענין ריבוי אלהיות לדבר נמנע לגמרי, ולפיכך שוב נתעוררה שאלת ההפכיות המורגשת בהשגחה, ומתוך זה הניחו הנחה חדשה, אשר באמת הממציא והמשגיח על קיום המציאות הוא חכם ומרגיש, אולם מתוך רוממותו, שהוא למעלה מכל ערך, נמצא העולם שלנו כגרגיר חרדל וכאפס בעיניו, ואינו כדאי לו לטפל עמנו בענינינו הקטנטנים, ולפיכך נמצאת כלכלתנו כל כך מקולקלת, וכל הישר בעיניו יעשה.

והנה יחד עם השיטות הנ״ל בזמן אחד, שלטו ג״כ שיטות דתיות מבחינת האחדות האלקית, שאין כאן המקום לעסוק בהם, כי רק רציתי לבאר המקוריות שממנו נלקחו כל מיני השיטות המקולקלות וההנחות המתמיהות, שהיתה להם שליטה והתפשטות גדולה בזמנים ומקומות שונים, כידוע. ונמצינו למדים הבסיס שעליו נבנו כל השיטות האמורות, שנולד ויצא מתוך הניגוד וסתירה מבין ב׳ מיני ההשגחות המורגשות בעולמנו, אשר כל השיטות הללו לא באו אלא לאחות את הקרע הגדול הזה.

אולם עדיין עולם כמנהגו נוהג, והקרע הגדול והנורא הזה לא לבד שלא נתאחה אלא להיפך שהולך ומתרחב לעינינו לתהום נורא מאד מבלי לראות ולקוות עוד לאיזה מוצא ומפלט ממנו, ובהביטי על כל אלו הנסיונות האמורים לעיל שהשתמשו בהם האנושות כמה אלפי שנה עד הנה ולא הועילו, הריני שואל, אולי אין לבקש כל עיקר את

Providence to bridge this gap? Can it be that this great fixing is in our own hands?

b) The Necessity to be Careful Concerning the Laws of Nature

We are all well aware that the human being is necessarily a social creature. Humans cannot survive except with the help of society. So imagine, for instance, some individual leaving society and going somewhere uninhabited, where he lives a life of grief and great affliction due to his inability to provide for himself and his needs. He would have no right to complain about Providence or his fate, and if he did so, if he complained about his cursed fate, he would only make his own foolishness obvious, because Providence has provided him with a comfortable, desirable place among society and he has no justification in leaving it for a desolate place. Such a person should not be feel mercy for going against the Laws of Nature since he knew that he could live as Providence intended, and therefore we should not feel mercy for him and there is no compassion for him. All mankind agrees with this without exception.

I can go on and give reasons for this based on religion, and make a rule as follows: Since the maintenance of Creation comes from the Creator, and without a doubt He has a purpose for His actions, and as there is no action without a purpose. We see that anyone who transgresses the Laws of Nature which He instilled in us, interferes with this purpose. This purpose is undoubtedly founded on all of the Laws of Nature without exception, as befits a wise worker who is exacting and scrupulous with all of the actions necessary to his purpose. And we see that anyone who interferes with one law interferes and damages the purpose which the Creator has set. Therefore, Nature punishes him. And therefore, we as the Creator's creatures should not feel mercy for him, since he desecrates the Laws of Nature and scorns the Creator's purpose. This is my view.

תיקון הקרע הזה מצד המשגיח אלא כל התיקון הגדול הזה מצוי בידינו עצמנו?

ב) חיוב הזהירות בחוקי הטבע

כולנו רואים מתוך הכרה פשוטה אשר מין האדם מוכרח לחיי החברה, כלומר, שלא יוכל להתקיים ולהתכלכל זולת ע"י עזרת החברה, ולפי זה צא ודמה לך את המאורע הזה, למשל, אם יארע לפנינו איזה יחיד הולך ופורש את עצמו מהחברה למקום שאין שם איש, והוא חי שם חיי צער ויסורים גדולים משום חולשתו לספק לעצמו את צרכיו, הרי שאין לו שום רשות להתרעם על ההשגחה או על גורלו, ואם הוא עושה זאת, דהיינו שמתרעם ומקלל את גורלו המר, אינו יותר רק מכריז ומפרסם את טפשותו, כי בעת שההשגחה הכינה לו מקום נוח ורצוי בין החברה אין לו הצדק לפרוש ממנה למקום שמם, ועל אדם כזה אסור לרחם להיותו הולך נגד טבע הבריאה, והיות שיש לו עצה לחיות כפי אשר גזרה עליו ההשגחה, וע"כ הוא נטול הרחמים. והמשפט הזה מוסכם מכל חברי האנושות לבלי חולק.

ואני יכול להוסיף ולהטעים את הדבר על בסיס דתי וליתן לו צורת משפט כזה - כיון שהשגחת הבריאה נמשכת מהבורא ית' שבלי ספק יש לו איזו מטרה בפעולתו, כי אין לך פועל בלי תכלית, נמצא שכל העובר על איזה חוק מחוקי הטבע אשר הטביע לנו, הריהו מקלקל את המטרה התכליתית, כי המטרה נבנית בלי ספק על כל חוקי הטבע ביחד אחד לא נעדר כמו שניאות לפועל חכם, שלא יחסיר ולא יעדיף כחוט השערה על פעולותיו המוכרחות אל המטרה. ונמצא אשר המקלקל חוק אחד הרי קלקולו פוגע ומזיק במטרת התכלית אשר הציב השי"ת, ולכן יענישהו הטבע. ולפיכך, גם אנו ברואי השי"ת אסור לנו לרחם עליו, כי חוקי הטבע הוא מחלל ומטרת השי"ת הוא בוזה. וזוהי צורת המשפט לדעתי.

And I do not think it is worthwhile to disagree with me about the way I wrote this rule since this rule is universal. What is the difference between saying that the provider is unintelligent and purposeless, and saying that the provider is wonderfully wise and knowing and sentient and his actions have a purpose, when in the end everyone admits and agrees that we are all obligated to uphold this precept of Providence, meaning the Laws of Nature? We all admit that one who transgresses the Precepts of Providence, meaning the Laws of Nature, deserves the punishment that nature metes out to him, and nobody should have compassion for him.

This is all one rule, and we only disagree on the motive, in that they consider the motive as essential, and I consider it a means to the end. So that I won't have to use these two different words from here on – "Nature" and "Providence" whose laws are identical as I have proven, we should agree and accept the words of the kabbalists: The words "the Nature" (*HaTeva*) and "God" (*Elohim*) have the same numerical value – 86. Now I can call the Laws of God the Precepts of Nature, or the other way around, since they are identical. But I won't waste words on this.

Now it is very important for us to examine the Precepts of Nature in order to understand what it demands from us lest we be punished mercilessly. We have mentioned that Nature obligates man to live a social life, and this is simple, but we must examine the Precepts to which Nature obligates us in terms of life in society. When we examine this in general, we see that there are only two Precepts we must honor in terms of society, which can be defined as "receiving" and "sharing." That is, every member of society is obligated by Nature to receive his needs from society, and is also obligated to share with society through his work for the benefit of society. If he transgresses one of these two Precepts, he will be punished mercilessly, as mentioned above.

ואני חושב שאינו כדאי למי שהוא לחלוק עלי, על הצורה הזו שנתתי למשפט, מתוך שדברי המשפט אחד הם, כי מהו החילוק אם אומרים אשר המשגיח נקרא טבע דהיינו חסר דעה וחסר תכלית או לומר אשר המשגיח הוא חכם נפלא יודע ומרגיש ויש לו תכלית במעשיו, כי סוף סוף כולנו מודים ומסכימים, שמוטל עלינו החוב הזה לקיים את מצות ההשגחה, כלומר, חוקי הטבע, וכולנו מודים שהעובר על מצות ההשגחה, כלומר על חוקי הטבע, ראוי וכדאי לקבל את העונש אשר יענישהו הטבע, ואסור למי שהוא לרחם עליו.

הרי שאופי המשפט אחד הוא, ואין חילוק בינינו רק במוטיב, שלדעתם המוטיב הוא הכרחי, ולדעתי הוא מטרתי, וכדי שלא אצטרך מכאן ואילך להביא את ב׳ הלשונות הללו, דהיינו, טבע ומשגיח, אשר אין שום חילוק בקיום החוקים כמו שהוכחתי, ע״כ מוטב לנו לבוא לעמק השווה ולקבל את דברי המקובלים, אשר "הטבע" עולה בחשבון "אלהים", דהיינו, במספר פ״ו, ואז אוכל לקרות את חוקי אלקים בשם מצות הטבע, או להיפך, כי היינו הך הם, ולא נאריך במלות על לא דבר.

ומעתה חשוב לנו מאד להסתכל במצות הטבע לידע מה היא דורשת מאתנו פן תענישנו בלי חמלה כנודע, והנה אמרנו אשר הטבע מחייב למין האדם לחיות חיי חברה, וזה פשוט, אולם יש לנו להסתכל במצוות אשר הטבע מחייב אותנו לעשות מתוך הבחינה ההיא, דהיינו, מבחינת חיי החברה, וכשנסתכל בדרך כללית, יש לנו לעסוק בתוך החברה רק בשתי מצוות, שאפשר להגדיר אותן בשם "קבלה" ו"השפעה", דהיינו שכל חבר מחויב מצד הטבע לקבל צרכיו מהחברה, וכן מחויב להשפיע ע״י עבודתו לטובת החברה ואם יעבור על אחת מב׳ המצוות הללו יענש מבלי רחמים כאמור.

In terms of the Precept of receiving, we don't have to look too far, since punishment is meted out immediately, so that we do not neglect it. However, the Second Precept, sharing society, in which the punishment does not come immediately, it is meted out to us disproportionately. This is why this precept is not kept properly; and why mankind is being fried over the fire in a terrible frying pan; and why war and starvation and their consequences have not ceased yet. The amazing thing about it is that Nature, like an experienced judge, punishes us in proportion to our development, and we can see that the further mankind progresses, the more afflictions and pains we must go through in order to support ourselves and survive.

Now we have a clear, experiential, scientific foundation to see that we are obligated by Divine Providence to fulfill the precept of sharing and benefiting our fellow man with all our might and to the finest detail. Each member of society should not delay and must give his utmost to ensure the success and prosperity and happiness of society, and as long as we continue to be negligent in fulfilling this Precept to the utmost, Nature will continue to not stop punishing us and exact its revenge. And judging by the evils which plague us today, we should take into consideration what chaos awaits us in the future. We must arrive at the conclusion that, in the end, Nature will win out, and we will be forced to unite in fulfilling these Precepts to the degree that is demanded of us.

c) The Proof of the Work of the Creator Based on Experience

One who wishes to criticize my words can now ask: If until now I have proved only that we must do the work of mankind, what is the proof that we must do the work for the Creator's sake? History has already done the work for us, and has provided complete proof which should suffice to convince us and to come to conclusions beyond a shadow of a doubt. We can all see how an enormous society such as Communist Russia, a country of hundreds of millions, which controls an area larger

והנה במצות הקבלה, אין אנו צריכים להסתכלות מרובה, משום שהעונש נגבה תיכף ומיד, ומשום זה לא יארע לנו שום הזנחה. אולם, במצוה השניה שהיא "השפעה לחברה" אשר העונש לא יגיענו תיכף, ולא עוד אלא שגם העונש מגיע אלינו ביחס בלתי ישר, לפיכך אין המצוה הזאת נשמרת כהלכתה, ולפיכך מטוגנת האנושות על האש במרחשת איומה, והחרב והרעב ותולדותיהם לא פסקו ממנו עד הנה. והפלא שבדבר, אשר הטבע כמו שופט בעל מקצוע מענישנו על פי ההתחשבות עם התפתחותינו, כי עינינו הרואות, שבאותו שיעור שהאנושות הולכת ומתפתחת כן יתרבו עלינו העינוים והמכאובים בהשגת כלכלתנו וקיומנו.

הרי לעיניך בסיס מדעי נסיוני, שנצטוינו מצד השגחתו ית' לקיים בכל מאודנו את המצוה של "השפעה לזולתו" בתכלית הדיוק. באופן, ששום חבר מאתנו לא ימעיט מלעבוד בכל השיעור המובטח להצלחת החברה ולאושרם, וכל עוד שאנו מתעצלים לקיים את זה בכל השיעור לא תפסיק הטבע מלהענישנו וליטול נקמתה ממנו, וכפי המכות שאנו מוכים בזמננו זה עלינו גם לקחת בחשבון את החרב השלופה לעינינו על להבא, ויש להסיק מהם מסקנה נכונה, אשר סוף סוף תנצחנו הטבע, וכלנו יחד נהיה מוכרחים לעשות יד אחת לקיים מצוותיה בכל השיעור הנדרש מאתנו.

ג) הוכחת עבודותו ית' מפי הנסיון

אולם המבקר את דברי, יש לו עדיין פתחון פה לשאול כי עדיין לא הוכחתי רק שצריך לעבוד לבני אדם, אולם מאין ההוכחה המעשית שצריך לעבוד במצוה זו לשם השי"ת? על זה אמנם הטירחה בעדנו ההסטוריה בעצמה, והכינה לנו עובדה מליאה לעינינו, שדיה ומספקת לנו להערכה שלימה ולמסקנות בלתי מפוקפקות, כי הכל רואים איך חברה גדולה כמדינת רוסיה בת מאות מליונים, שלרשותה עומד

than all of Europe, with natural resources unparalleled in the entire world, and whose inhabitants have agreed to live a collective social life, eliminates all private ownership, and nobody has any worry except to care for the benefit of others. It would seem that they have completely fulfilled the precept of "benefiting one's fellow man" in full, as far as the human mind can conceive.

Yet we see what happened to them. Instead of rising and advancing beyond the level of capitalist states, they declined and descended, to the point where not only did they not make their workers' lives better than those of the capitalist states, they cannot even ensure that their workers have bread to eat and clothing to cover their nakedness. And this is surprising - considering their riches and the vast number of members of their society; it makes no sense that they should have come to this point.

However, this nation committed one transgression which the Creator will not forgive: All of their precious work for the benefit of the people should have been for the Creator's Sake, not in the purpose of mankind. And since they do not do their work for the Creator's Sake, they have no right to exist as far as Nature is concerned. Try to imagine how it would be if every member of that society fulfilled the Creator's precepts to the degree of "And you shall love the Lord your God with all your heart, with all your soul and with all your might," (*Deuteronomy 6:5*) and takes care of the needs of his fellow man to the degree that each person would wish for himself, as it is written: "Love your friend as yourself." If the Creator would be the goal of every worker as he worked for the benefit of society, that is, each worker would expect that through his labor he would merit to cleave to the Creator, the source of all truth and goodness, pleasantness and kindness, there is no doubt that over the course of a few years they would have become richer than all the other countries on Earth put together. They would have taken advantage of their vast natural resources and been an example

ומשמש שטח אדמה העולה על מדת אירופה כולה, עם רכוש של חמרים גלמיים שכמעט אין דוגמתו בעולם כולו, אשר המה כבר הסכימו לחיות חיי חברה שתופנית וביטלו למעשה כל קנין פרטי, וכל אחד אין לו דאגה אחרת זולת לטובת החברה, שלכאורה כבר רכשו להם כל המדה הטובה של "השפעה לזולתו" במשמעותה המלאה, ככל מה שיעלה השכל האנושי.

ועם כל זה, צא ולמד מה עלתה להם, ובמקום שהיה להם להתרומם ולהתקדם על המדינות הבורגניות, ירדו מטה מטה הולך ויורד, עד שלא לבד שאינם מוכשרים להיטיב את חיי העובדים ביותר מעט מן פועלי הארצות הבורגניות, הנה אין לאל ידם אפילו להבטיח להם את לחם חוקם ולכסות את מערומיהם. ובאמת עובדה זו מפליאנו בהרבה, כי לפי עשרה של המדינה הזאת ומרבית החברים לא היתה צריכה לכאורה על פי שכל אנושי להגיע לידי כך.

אולם חטא אחד חטאה האומה הזאת והשי"ת לא יסלח להם, והוא כי כל העבודה הזאת היקרה והנשאה שהיא "ההשפעה לזולתו" שהחלו לעבוד בה, צריכה שתהיה לשם השי"ת ולא לשם האנושות. ומתוך שעושים עבודתם שלא לשמו ית', לפיכך אין להם זכות קיום מצד הטבע עצמה, כי נסה נא ודמה בדעתך, אם כל אחד מהחברה הזאת היה חרד לקיים מצות השי"ת בשיעור הכתוב "ואהבת את ה' אלקיך בכל לבבך ובכל נפשך ובכל מאדך" ובשיעור הזה היה עומד ודואג למלאות צרכי חבירו ומשאלותיו בכל השיעור המוטבע באדם למלאות משאלותיו עצמו, ככתוב ואהבת לרעך כמוך, והיה השי"ת בעצמו עומד כמטרה לכל עובד, בעת עבודתו לאושר החברה, דהיינו שהעובד היה מצפה, אשר ע"י עבודתו זו להחברה יזכה להדבק בו ית', אל המקור של כל האמת והטוב וכל נועם ורוך, הנה אין ספק כלל, אשר במשך שנים מועטות היו עולים בעשרם על כל ארצות תבל יחד, כי אז היה לאל ידיהם לנצל את

to all other nations, and they would have been called "Blessed by the Creator."

However, when all the work of "sharing with one's fellow man" is based only on society, this is a shaky foundation. For whom or what can obligate the individual to be motivated to work harder for the benefit of society? After all, dry, dead principles, cannot be expected to be a source of energy or a motive power (goal oriented power that motivates and measures the exact energy needed for work, like gas for a car) for people to be motivated by, even evolved people, let alone people who are not evolved. This begs the question: Where does the worker or farmer find the motivation to work? Since the amount of income he is given will not be dependent on increase or decrease according to his labor, and he has no goal or reward to work toward.

The wise in the ways of Nature know that a person will not make the slightest effort without motivation, that is, without seeing some benefit to himself. For example, when a person moves his hand from a chair to a table he does so because he thinks that he will enjoy resting his hand on the table more. And if he didn't think so, he would leave his hand motionless on the chair for all seventy years of his life, let alone doing something more strenuous.

And if you say that they could put overseers over them so that anyone who slacked off at His work would be punished and deprived of his needed sustenance, I would ask, where would the overseers find the motivation for their work? Because standing in a particular place and forcing people to work is perhaps even more strenuous than the work itself. This is like trying to start a car without putting in fuel. Therefore, Nature has sentenced them to perish, because the Laws of Nature punish them, since they don't make themselves fulfill its precepts, that is, doing acts of benefiting their fellow men out of the work of the Creator, in order to fulfill the Purpose of Creation, which is cleaving

אוצרות החמרים הגלמיים אשר באדמתם העשירה, והיו באמת למופת לכל הארצות, וברוכי ד' יקראו.

אולם בעת אשר כל שיעור העבודה ב"השפעה לזולת" מתבסס על שם החברה לבד, הרי זה יסוד רעוע, כי מי ומה יחייב את היחיד להרבות תנועותיו להתייגע לשם החברה? כי מפרינציפ יבש בלי חיות, אי אפשר לקוות הימנו לעולם שימציא כח תנועה) מוטיב פאוער: כח-מטרה שהוא כח הפועל ומניע לכל גוף ומודד לו כח ליגיעה כתפקיד הדלק במכונה) אפילו לאנשים מפותחים ואין צריך לומר לאנשים בלתי מפותחים, וא"כ הועמדה השאלה, מאין יקח הפועל או האיכר מוטיב פאוער המספיק להניעהו אל העבודה? כי שיעור לחם חוקו לא ימעיט ולא ירבה בסבות פזור כחותיו ושום מטרה וגמול אינה עומדת לפניו.

ונודע זה לחכמי הטבע, אשר אפילו תנועה הקטנה ביותר לא יניע האדם בלי מוטיב פאוער, כלומר, מבלי להטיב מה את עצמו. למשל, כשאדם מטלטל את ידו מהכסא אל השלחן הוא משום שנדמה לו שבהניח ידו על השלחן יהנה יותר, ואם לא היה נדמה לו כזה היה עוזב את ידו על הכסא בכל שבעים שנותיו מבלי להניעה ממקומה, ואין צריך לומר לטרחה גדולה.

ואם תאמר שיש עצה על זה להעמיד משגיחים עליהם, באופן שכל המתעצל בעבודתו יענש ויטלו ממנו את לחם חוקו, אכן אשאל, אמור לי, מאין יקחו המשגיחים בעצמם את מוטיב פאוער לעבודתם כי העמידה במקום מיוחד והשגחה על אנשים להניע ולייגע אותם היא ג"כ טרחה גדולה אולי עוד יותר מהעבודה עצמה. וע"כ נדמה הדבר כמו הרוצה להניע מכונה בלי תת לה חמרי דלק. ולפיכך, משפטם חרוץ להאבד מצד הטבע, כי חוקי הטבע יענישו אותם, משום שאינם מסגלים את עצמם לקיים פקודותיה, דהיינו, שיעשו אלו המעשים של השפעה

to the Creator, as I have explained in the "Article on The Giving of the Torah" (see Section 6). This cleaving brings the laborer His beneficence and pleasure which increases until the degree necessary to rise in the recognition of the truthfulness of the Creator, which grows and develops until he attains the high level of: "No eye has seen the Creator but yours." (*Isaiah 64:3*)

Imagine if the farmer and the worker, during their labor, had that vision before them while working for the benefit of society – they wouldn't need an overseer standing over them, for they would already have the motivation and satisfaction to work very hard, until they lifted society to the highest degree of joy. And the truth is that to understand from this aspect, great care and careful explanation are necessary. However, we all see that they have no right to exist in terms of Nature which is stubborn and knows no compromise. This is what I wanted to prove here.

And now I have clearly proven this through experiential understanding of practical history which comes to pass before our eyes. There is no possible remedy for mankind except that we accept the Precept of Providence, which is "benefiting one's fellow man" in order to give pleasure to the Creator, to the degree of the two verses: (1) "Love your neighbor as yourself," which is the characteristic of labor itself. That is the degree of labor for the benefit of one's fellow man and the good of society should be no less than that level of desire nature causes us to wish for ourself. And moreover, one should put one's fellow man's needs before one's own, as explained in the "Article on The Giving of the Torah" (see Section 4). And (2) "You shall love the Lord your God with all your heart, with all your soul and with all your might," which is the goal that should be set before everyone when serving the needs of one's fellow man, which means that one is working and is making an effort only to find grace in the Eyes of the Creator, because He said so and we do His will.

לזולתו מבחי' העבודה להשי"ת, כדי לקיים ולבא מתוכה לתכלית מטרת הבריאה שהיא הדביקות בו ית', ע"ד שנתבאר במאמר מתן תורה (אות ו'), שדביקות זו מגיעה לעובד במדת שפעו הנעים רב העונג ההולך ומתרבה אליו עד שיעור רצוי להתרומם בהכרת אמיתותו ית' הלוך ומתפתח עד שזוכה להפלגה הגדולה, שעליה רמזו בסו"ה "עין לא ראתה אלקים זולתך".

וצייר לעצמך, אם האיכר והפועל היו מרגישים לעיניהם מטרה הזאת בעת עמלם לאושרם של החברה, בטח שלא היו צריכים אפילו למשגיחים עומדים עליהם, כי כבר היה מצוי להם מוטיב פאוער בסיפוק גמור ליגיעה גדולה, עד להרים את החברה למרומי האושר, ואמת היא אשר הבנת הדבר באופי כזה צריכה לטיפול רב, ובסדרים נאמנים, אולם הכל רואים שאין להם זכות קיום זולתו מצד הטבע העקשנית שלא תדע פשרות. וזהו מה שרציתי להוכיח במקום זה.

והנה הוכחתי בעליל לעיניך מצד התבונה הנסיונית - מתוך ההסטוריה המעשית המתרקמת לעינינו, אשר אין תרופה לאנושות בשום פנים שבעולם זולת אם יקבלו על עצמם מצות ההשגחה, שהיא "השפעה לזולתו" כדי לעשות נחת רוח להשי"ת, בשיעור ב' הכתובים: האחד הוא "ואהבת לרעך כמוך", שהיא תכונת העבודה גופה, דהיינו ששיעור היגיעה, להשפעת זולתו לאשרם של החברה, צריכה להיות לא פחות מזה השיעור המוטבע באדם לדאוג לצרכי עצמו, ולא עוד אלא שצריכים להקדים צרכי זולתו על צרכי עצמו, כמבואר במאמר מתן תורה אות ד'. וכתוב השני הוא "ואהבת את ה' אלקיך בכל לבבך ובכל נפשך ובכל מאדך" שזוהי המטרה המחויבת להמצא לעיני כל בשעת היגיעה לצרכי חבירו, שהוראתו, שעושה ומתייגע רק כדי למצוא חן בעיני הבורא ית' שאמר ועושים רצונו ית'.

"And if you will hearken, you will eat of the fat of the land," (*Isaiah 1:19*) for poverty, affliction, and exploitation will vanish from the Earth and each person's happiness will increase beyond measure. However, as long as you refuse and you will not want to enter the Covenant of the work of the Creator to the degree explained above, Nature and its laws will be on guard ready to exact revenge, and will not leave us alone, as we have clearly proven until it defeats us and we accept its dominion in everything it commands of us, as we have explained. Now I have provided a practical, scientific study according to experiential, critical logic concerning the absolute obligation for all creatures to accept upon themselves the work of the Creator with all their hearts, souls, and might.

d) Explanation of the *Mishnah*: "Everything is Given on Collateral and a Net is Spread Over all Life"

Now that we understand everything written above, we can understand the difficult *Mishnah* from *Pirkei Avot* (*Ethics of the Fathers*) which says: He (Rav Akiva) used to say, "Everything is given on collateral and a net is spread over all life. The shop is open, the merchant extends credit, the ledger is open, and the hand writes, and whoever wishes to borrow, let him come and borrow. The collectors make their rounds constantly every day and collect payment from the borrower whether he is aware of it or not, and they have something to rely on, the judgment is a truthful judgment and everything is prepared for the banquet." (*Pirkei Avot 3:16*) It is not for nothing has this *Mishnah* remained incomprehensible to us as a riddle without a hint as to its solution, indicating that there is a hidden depth for us to explore, and indeed it becomes very clear in light of what we have learned thus far.

e) The Wheel of Change of Form

To begin with, I will bring in the viewpoint of the sages concerning the evolution of generations of the world. Although we see bodies come

ואם תאבו ושמעתם, טוב הארץ תאכלו, כי יחדל אביון וכל מעונה ומנוצל מן הארץ, ואושרו של כל אחד יעלה מעלה מעלה מכל ערך ושיעור. אולם כל עוד שתמאנו, ולא תרצו לבא בברית עבודת השי"ת בכל השיעור המבואר, אז הטבע וחוקיה עומדים הכן לנקום את נקמתה ממנו, ולא תרפה מאתנו כמו שהוכחנו בעליל, עד שתנצח אותנו ונקבל את מרותה לכל אשר תצוה אותנו, כמבואר. והנה נתתי לך מחקר מדעי מעשי ע"פ בקורת התבונה הנסיונית, בדבר החיוב המוחלט לכל הבריות לקבל עליהם עבודת השי"ת בכל לבבם ונפשם ומאודם.

ד) ביאור המשנה: "הכל נתון בערבון ומצודה פרוסה על כל החיים

ואחר שידענו את כל האמור לעיל, הרוחנו להבין משנה סתומה במסכת אבות (פרק ג' משנה ט"ז) וזה לשונה: הוא היה אומר (רבי עקיבא) הכל נתון בערבון ומצודה פרוסה על כל החיים. החנות פתוחה והחנוני מקיף, והפנקס פתוח והיד כותבת, וכל הרוצה ללוות יבא וילוה, והגבאים מחזירים תדיר בכל יום ונפרעים מן האדם מדעתו ושלא מדעתו, ויש להם על מה שיסמוכו, והדין דין אמת והכל מתוקן לסעודה עכ"ל. והמשנה הזאת לא לחנם נשארה סתומה לפנינו במשל מבלי לרמז אפילו על פתרונה, שזה יורה לנו שיש כאן עמקות מרובה להתעמק בה, אכן היא מתבארת יפה יפה על פי הידיעות שרכשנו עד הנה.

ה) גלגל שינוי הצורה

ומתחילה אציע דעת חז"ל בדבר השתלשלות דורות העולם, אשר הגם שאנו רואים את הגופים שמתחלפים ועוברים מדור לדור, הנה זהו רק מקרה הגופות, אולם הנפשות, שהם עיקר העצמות של הגוף, המה אינם נעדרים במשפט בני חילוף, אלא המה נעתקות ובאות

and go from generation to generation, this is only true of the body, whereas souls, which are the essence of the body, are removed and reinstated from body to body, from generation to generation. The same souls that existed in the Generation of the Flood were reincarnated in the Generation of the Tower of Babel, and then in the Generation of the Egyptian Exile, then in the Generation of the Exodus from Egypt, and so on until this generation. And so on until the process of *tikkun* is complete.

Thus, unlike bodies which come and go, there are no new souls. There is a specific number of souls and these same souls are reincarnated in new forms, clothed in new bodies in each new generation. And thus, taking the souls into consideration, each generation is tested from the beginning of Creation until the *tikkun* is complete. Like a single generation which lasts for thousands of years until it develops and comes to the point of *tikkun* and attains the level it is meant to attain, regardless of the fact that in the meantime every individual has changed bodies a few thousand times, since the essence of the body, called the soul, does not suffer at all from these changes.

There are many proofs and great wisdom concerning the secret of reincarnation. Although this is not the place to go into this, but for the benefit of those who are not familiar with this wisdom it is worth mentioning that reincarnation occurs with every physical object in Creation. Each in its own way has eternal life, and although we perceive everything as existing and ceasing to exist, this is only our perception. The truth is that everything is reincarnated, and not one single thing rests or ceases - even for a moment. Rather, it continues to be reincarnated and change form and lose nothing of its essence throughout this process, as physicists have gone into in depth to explain.

And now we will explain the *Mishnah* that says, "Everything is given on collateral." This is analogous to someone who lends his friend a sum of

מגוף לגוף מדור לדור, שאותן הנפשות שהיו בדור המבול הם נעתקו ובאו בדור הפלגה ואח"כ בגלות מצרים ואח"כ ביוצאי מצרים וכו', עד דורנו זה, ועד גמר התיקון.

באופן, שאין כאן בעולמנו שום נשמות חדשות על דרך התחדשות הגופות, אלא רק סכום מסוים של נפשות, באות ומתגלגלות על גלגל שינוי הצורה, מפאת ההתלבשות בכל פעם בגוף חדש ובדור חדש, ולפיכך בהתחשבות מבחינת הנפשות, נבחנים כל הדורות מעת תחילת הבריאה עד להגמרו של התיקון, כמו דור אחד שהאריך את חייו כמה אלפי שנה עד שהתפתח ובא לתיקונו כמו שצריך להיות, ולא חשוב כלל מבחינה זו מה שבינתים החליפו כל אחד ואחד גופותיהם כמה אלפי פעמים, משום שעיקר עצמות הגוף שנק' נפש לא סבלה כלום מחילופים אלו.

ויש על זה הוכחות רבות וחכמה נפלאה הנקראת סוד גלגול הנשמות, שאין כאן המקום לביאורו, אלא לסבת הפלגתו של הדבר למי שאינו בקי בחכמה זאת, ראוי לציין, אשר סוד הגלגול נוהג ג"כ בכל פרטי המציאות המוחשיים, אשר כל דבר לפי דרכו חי חיים נצחיים, ואע"פ שאנו רואים בחוש שכל דבר הוה ונפסד, אין זה רק למראה עינינו, ובאמת רק בחי' גלגולים יש כאן, אשר כל פרט ופרט אינו נח ואינו שקט אף רגע, אלא הולך ומתגלגל על גלגל שינוי הצורה ואינו מאבד אף משהו ממהותו בכל דרך הילוכו, כמו שהאריכו בזה בעלי הפיזיקה.

ומעתה נבוא לביאור המשנה, שאומר "הכל נתון בערבון" כי דימו הדבר למי שמלוה לחבירו סכום כסף לעסק ע"מ שיהיה שותף עמו בהריות, וכדי שיהיה בטוח שלא יאבד את כספו נותן לו זה בערבון, ונמצא מסולק מכל חשש, כן בריאת העולם וקיומו, אשר השי"ת הכינה

money in business in order to partner with him in a share of the profits. And to ensure that he doesn't lose his money he lends it on a collateral basis and thus does not have to worry. So also is the Creation and existence of the world. The Creator prepared the world for mankind as a place of earning the exalted goal of cleaving to Him in the end, as explained in the "Article on The Giving of the Torah" (Section 6 - read this carefully). This begs the question: Who will force mankind to do the work necessary to attain this exalted goal?

This is what Rav Akiva was referring to by saying, "Everything is given on collateral," that is, the Creation and man's work has not been left by the Creator to mankind unattended. He insured Himself with collateral, and if you ask what kind of collateral He got, Rav Akiva answers: "A net is spread over all life." This means that the Creator wisely spread a wonderful net over all mankind that no one can escape. All living things are trapped in this net, and this forces them to accept the work of the Creator - to transform themselves until they attain their exalted purpose. This is the collateral with which the Creator ensured Himself that His intention at Creation shall not be missed.

Afterwards, he expands on this in detail, saying, "The shop is open," that is, even though this world looks to us like an open shop without an owner, where anyone passing by may take merchandise and benefits to his heart's content for free, Rav Akiva then warns us: "the merchant extends credit." That is, even though we don't see the merchant, know that there is one, and whatever he doesn't charge immediately he charges on credit. And if you ask, "How does he know how much I owe?" Rav Akiva answers: "the ledger is open and the hand writes." This means that there is a ledger in which every single deed is written down without omission, and our intentions are determined by the Law of Development which the Creator instilled in mankind that drives us ever forward.

לבני אדם לעסוק בה ולהרויח על ידיה בסופם את התכלית הנשגב של הדביקות בו ית', כמבואר במאמר מתן תורה (אות ו' עש"ה), א"כ יש להעלות על הדעת, מי יכריח את האנושות לעסוק בעבודתו ית' עד שיבואו בסופם לידי תכלית הזה הנשגב והנעלה?

וע"ז אומר לנו ר"ע "הכל נתון בערבון", כלומר, כל מה שהשי"ת הניח בעסק הבריאה ונתנה לבני אדם לא נתן להם על הפקר, אלא הבטיח את עצמו בערבון, ואם תאמר איזה עירבון נתנו לו? ועל זה משיב ואומר "ומצודה פרוסה על כל החיים", כלומר שהחכים השי"ת ופרש מצודה נפלאה כזאת על האנושות שאף אחד ממנה לא ימלט, אלא כל החיים מוכרחים להלכד שמה במצודה זו, ולקבל עליהם בהכרח את עבודתו ית', עד שישיגו מטרתם הנעלה, וזהו הערבון של השי"ת שהבטיח את עצמו שלא יתאנה במעשה הבריאה.

ואח"ז מפרש הדבר בפרטיות, ואומר "החנות פתוחה", כלומר, אע"פ שהעולם הזה מתראה לעינינו כדמות חנות פתוחה מבלי שום בעלים, אשר כל העובר דרכה יכול לקבל סחורה וכל טוב כפי אות נפשו בחנם בלי שום חשבון, וע"ז עומד רבי עקיבא ומזהירנו, "והחנוני מקיף", כלומר, אע"פ שאינך רואה כאן שום חנוני, דע, שיש חנוני, ומה שאינו תובע תשלומיו הוא מפני שנותן לך בהקפה, ואם תאמר, מאין יודע את חשבונותי? על זה משיב "הפנקס פתוח והיד כותבת" כלומר שיש פנקס כללי אשר כל מעשה ומעשה נרשם שמה מבלי לאבד אף כל שהוא, והכוונה סובבת על החוק של ההתפתחות שהטביע הקב"ה באנושות, הדוחף אותנו תמיד קדימה.

This means that the wrongdoings and bad behavior inherent in human nature are what cause and create good situations. Every good situation is only the result of the bad situation which preceded it. The values of "good" and "bad" do not apply to a situation in and of itself, but rather to the goal in general, since any situation that brings man closer to the goal is called "good," and that which distances him from it is called "bad."

On this value alone is the Law of Development based – that the chaos and evil in a given situation become the cause and creator of good in that situation. That means that any situation can only last for a limited period of time, long enough for the evil to grow to such a degree that society cannot tolerate it any more. And then society has to band together and destroy it and reorganize it into a better situation for the benefit of the next generation.

This new situation only lasts until the sparks of evil within it mature to the extent that the situation cannot be tolerated any more, and then society must destroy it and build a more tolerable situation in its place. And thus situations continue to change and improve, one after the other, until we arrive at the point of *tikkun* (fixing and completing mankind's task), wherein there will be no more evil sparks.

Thus, we find that all of the seeds from which good situations grow are none other than the improper deeds themselves. All of the evil deeds perpetrated by the wicked of a given generation join forces and one follows the other until they attain a critical mass which society cannot tolerate, and then society destroys and creates a preferable situation in its place. So we see that each individual evil deed is conditional on the motivation which develops towards an acceptable situation.

פירוש, שההנהגות המקולקלות המצויות במצבי האנושות, הן עצמן הגורמות ובוראות את המצבים הטובים, וכל מצב טוב אינו אלא פרי עמלו של המצב הרע שהקדים לו, אכן ערכי טוב ורע אלו אינם אמורים בערך של המצב לפי עצמו, כי אם על פי המטרה הכללית, אשר כל מצב המקרב את האנושות למטרה נקרא טוב, והמרחיקם מן המטרה נקרא רע.

ורק על ערך הזה נבנה "חוק ההתפתחות" אשר הקלקול והרשעות המתהוה במצב נבחן לגורם וליוצר על המצב הטוב, באופן, אשר זמן קיומו של כל מצב ומצב, הוא רק זמן מסוים המספיק לגידול קומתו של הרע שבתוכו בשיעור כזה שאין הצבור יכול עוד להמצא בו, אשר אז מוכרח הציבור להתקבץ עליו ולהרוס אותו ולהסתדר במצב יותר טוב לתיקונו של הדור ההוא.

וכן זמן קיומו של מצב החדש, נמשך ג"כ עד שניצוצי הרשעות שבו מתבכרים ונגמלים לשיעור כזה שאי אפשר לסובלו, אשר אז מוכרחים להרסו ולבנות מצב יותר נוח על מקומו, וכן הולכים המצבים ומתבררים בזה אחר זה מדרגה אחר מדרגה, עד שיבואו למצב מתוקן כזה, שיהיה כולו בלי שום ניצוצים רעים.

והנך מוצא אשר כל עיקרי הזרעים והגרעינים שמתוכם צומחים ויוצאים מצבים הטובים, אינם אחרים רק המעשים המקולקלים עצמם, דהיינו, שכל רשעה ורשעה המתגלה ויוצאת מתחת ידי הרשעים שבדור, הנה מצטרפות יד על יד ובאות בחשבון עד שמקבלים משקל כזה שאין הצבור יכול עוד לעמוד בו, ואז עומדים ומהרסים אותו ובוראים מצב הרצוי יותר. הרי לעיניך, אשר כל רשעה בפרטיותה נעשית מותנה לכח הדחיפה שיתפתח על ידה המצב הישר.

This is what Rav Akiva meant by "the ledger is open and the hand writes" – every situation in which a generation finds itself in is like a ledger, and every evil-doer is like a writing hand, because every evil deed is written in the ledger until the amount is too great for the people to tolerate. And then they destroy the evil situation and reorganize themselves into a better situation. Every single deed is written in the "ledger," which is the situation, as I have explained.

He also says, "Whoever wishes to borrow, let him come and borrow." This is to say that whoever believes that this world is not like an open shop with no owner, but rather that there is an owner in the shop who demands the right payment for any merchandise he takes from the shop, that is to do his best in his work of the Creator as long as he is provided for by the shop, in the best and surest way to attain the goal of Creation. And such a person is tested, for he is called "wishes to borrow," that is, even before he reaches out to take anything from this world, which is "the shop," he knows that it is only on loan to him and he will have to pay the given price for it. He accepts the obligation to serve and to attain the Creator's purpose as long as he derives his sustenance from the shop, in such a way that ensures that he will surely pay his debt by attaining the desired goal. Therefore, he is called one who "wishes to borrow," that is, he is committed to paying his debt.

Rav Akiva describes two types of people: The first type is the "open shop" people, who think that this world is like an open shop without an owner, and about these people he says, "The ledger is open and the hand writes." That is, even though they don't see their account, their deeds are still written in the ledger, as explained above, by way of the Law of Development that is impressed in the Creation and forced on mankind, in which the deeds of the wicked inevitably give birth to good deeds, as explained above. The second type of people are those who "wish to borrow," and who make their accounts with the owner. Whenever they take anything from the shop, they only take it as a loan and promise

ואלה הם דברי רבי עקיבא "הפנקס פתוח והיד כותבת" כי כל מצב אשר איזה דור נתון בו מדומה כמו פנקס, וכל עושי רשע מדומים כמו ידים כותבות, כי כל רשעה נחקקת ונרשמת בפנקס עד שמתקבצות לידי חשבון שאין הצבור יכול עוד להמצא בו, אשר אז מהרסים מצב הרע הזה ומסתדרים תחת מצב יותר רצוי כמבואר. הרי אשר כל מעשה ומעשה בא בחשבון ונרשמים בפנקס, דהיינו במצב כאמור.

ואומר "כל הרוצה ללות יבא וילוה", כלומר מי שמאמין שאין עולם הזה בבחי' חנות פתוחה על הפקר בלי בעל בית, אלא שיש כאן בעה"ב חנוני עומד בחנותו ותובע מכל לוקח שיתן לו את המחיר הרצוי בשביל הסחורה שלוקח מהחנות, דהיינו שישתדל בעבודתו ית' במשך זמן כלכלתו מאותה החנות, באופן הרצוי ובטוח להגיע למטרת הבריאה כחפצו ית'. הנה אדם כזה נבחן, אשר הוא "רוצה ללות" כלומר עוד בטרם שהוא פושט את ידו ליקח מה מעוה"ז שהוא החנות הרי הוא נוטל זה מבחינת הלואה על מנת לשלם מחירו הקצוב, דהיינו שמקבל על עצמו לעבוד ולהגיע למטרתו ית' במשך ימי כלכלתו מהחנות, באופן שמבטיח נאמנה ליפרוע את חובו דהנו על ידי ביאתו אל המטרה הרצויה, וע"כ הוא מכונה בשם הרוצה ללות, דהיינו שמשתעבד לפרוע ולשלם.

ומצייר לנו רבי עקיבא ב' סוגי אנשים סוג האחד, הם מבחינת "חנות פתוחה" שחושבים את עוה"ז כמו חנות פתוחה בלי שום בעה"ב חנוני, ועליהם אומר "הפנקס פתוח והיד כותבת" דהיינו אע"פ שהמה אינם רואים שום חשבון, מכל מקום כל מעשיהם בספר נכתבים, כמבואר לעיל, שזהו ע"י חוק ההתפתחות המוטבע בהבריאה בעל כרחה של האנושות, אשר מעשי הרשעים בעצמם מולידים בעל כרחם מעשים הטובים, כמו שמבואר לעיל. וסוג השני של האנושות, הוא מכונה בשם "הרוצים ללות" אשר המה מתחשבים עם בעל הבית, ובעת שלוקחים מה מהחנות אינם לוקחים אלא מבחינת הלואה שמבטיחים לחנוני

to pay the owner the given price, that is, to use the loan to attain the final goal. Of these people he says, "Whoever wishes to borrow, let him come and borrow."

And you may ask what the difference is between the one type of people who are compelled by the goal which comes to them through the Law of Development and the other type who commit themselves to the Creator's work voluntarily. After all, both are equal in terms of attaining the goal. Regarding this he continues, "The collectors make their rounds constantly every day and collect payment from the person whether he is aware of it or not." The truth is that both types pay their debts equally every day. And just as the powers that one attains through the work of the Creator are tested by the trustworthy collectors who collect debts constantly every day until the debts are paid in full, so the great powers invested in the Law of Development are also tested by the trustworthy collectors who collect debts constantly every day until the debts are paid in full. This is what he means by "the collectors make their rounds constantly every day and collect payment from the person."

In fact, there is a vast difference between the two, which is "whether he is aware of it or not." The first type whose debts are collected by the collectors of development, pay their debts "without awereness." Stormy waves come to them from the powerful wind of development and push them from behind, forcing them to move forward. Their debts are collected involuntarily through great afflictions, through the manifestations of the powers of evil which push them from behind. However, the second type pays their debts, which are the attainment of the goal, by their own awareness and from their own will and through their efforts they speed up the development of their recognition of that which is not good, as I have explained in my article "The Essence and Purpose of Religion" (beginning with "Aware development – Unaware development" – read that carefully).

לשלם לו מחירו הקצוב, דהיינו לזכות על ידה למטרה התכליתית, ועליהם אומר כל "הרוצה ללות יבא וילוה".

ואם תאמר, מהו החילוק בין סוג האחד אשר המטרה התכליתית מתחייבת ובאה להם מתוך חוק ההתפתחות, ובין סוג השני אשר המטרה התכליתית מגעת להם על ידי השתעבדות עצמית לעבודתו ית', הלא סוף סוף שניהם שוים בהשגת המטרה? וע"ז ממשיך ואומר "והגבאים מחזירין תמיד בכל יום ונפרעים מן האדם מדעתו ושלא מדעתו", כלומר, אמת היא, אשר אלו ואלו משלמים חובם בשוה לשיעורין בכל יום ויום. וכשם שהכחות הסגוליים שמופיעים על ידי העסק בעבודתו ית' נבחנים לגבאים נאמנים הגובים החוב לשיעורין תדיר דבר יום ביומו עד שנפרע על מלואו, כן ממש כחות האיתנים המוטבעים בחוק ההתפתחות נבחנים ג"כ לגבאים נאמנים הגובים החוב לשיעורין תדיר דבר יום ביומו עד שנפרע על מלואו, שזה אמרו, "והגבאים מחזירים תדיר בכל יום ונפרעים מן האדם".

אמנם יש ביניהם חילוק ומרחק רב, דהיינו "מדעתו ושלא מדעתו", אשר סוג האחד אשר חובם נגבה ע"י הגבאים של ההתפתחות, נמצאים פורעים חובם "שלא מדעתם", אלא הגלים סוערים באים עליהם על ידי רוח חזק של ההתפתחות הדוחפים אותם מאחוריהם ומכריחים הבריות לפסוע קדימה. הרי שהחוב נפרע בעל כרחם ביסורים גדולים על ידי הגילויים של כחות הרע הדוחפים אותם בדחיפה מאחוריהם (ויז-א-טערגא - כח הדוחה דבר מאחוריו). אולם הסוג השני, פורעים חובם שהוא השגת המטרה "מדעתם" מרצונם עצמם, בהיותם חוזרים אחרי העבודות הסגוליות הממהרות את התפתחות חוש הכרת הרע, על דרך שנתבאר במאמר מהות הדת ומטרתה (בדבור המתחיל התפתחות מדעת והתפתחות שלא מדעת עיין שם היטב).

And through this effort they profit in two ways: (1) These powers, which are revealed through the work of the Creator, are available to them like a magnetic force (a force which pulls something in front of it) and they are attracted to the Creator willfully and passionately through the spirit of love, not to mention that they are spared the grief and afflictions that people of the first type go through. (2) The second benefit is that they speed up the desired process, since they are the righteous people and prophets who merit and attain the goal in every generation, as explained in the article on "The Essence of the Wisdom of Kabbalah," starting with the words: "What is this Wisdom All About?"

You can see that the vast difference between those who pay their debts with awareness and those who pay their debts with no awareness, is like the difference between the light of pleasantness and delight and the darkness of affliction and pain. Rav Akiva goes on to say, "They have something to rely on; the judgment is a truthful judgment." That is, to those who pay their debts with awareness and through their own will he promises that "they have something to rely on." There is great power in the work of the Creator to bring them to the exalted goal, and it is to their advantage to serve under the yoke of the Creator. And of those who pay their debts without awarness, he says, "… the judgment is a truthful judgment." Yet we may wonder about a Divine Providence that allows such destruction and affliction in the world while mankind fries mercilessly.

This is why he says, "… the judgment is a truthful judgment," since everything is prepared for the banquet, that is, the true final goal and the higher delight which will be revealed in the future when the Creator reveals His Purpose for Creation, when all of the labor and afflictions that are coming over and over in different times and generations will seem like the enormous effort of preparation a host makes for a banquet for his invited guests. And this long-awaited goal which must eventually arrive is like a banquet where the guests sit at the table and derive great pleasure. This is why he says, "… the judgment is a truthful judgment and everything is prepared for the banquet," as I have explained.

שעל ידי העבודה הזו נמצאים מרויחים שנים: ריוח אחד, שהכחות הללו המתגלים מתוך עבודתו ית' נמצאים ערוכים לפניהם בבחינת כח המושך בדמות חשק מגנטי (מבחי' ויז-א-פרנט - כח המושך דבר מלפניו) שהמה אצים ונמשכים אחריו מרצונם ומחשקם על פי רוח האהבה, ואין צריך לומר שנשללים מכל צער ויסורין כמו הסוג הראשון. וריוח השני, שהמה ממהרים להם התכלית הרצוי כי המה הם הצדיקים והנביאים הזוכים ומשיגים את המטרה בכל דור ודור כמבואר במאמר מהותה של חכמת הקבלה, ד"ה על מה סובבת החכמה.

הרי לעיניך מרחק רב מבין הנפרעים מדעתם להנפרעים שלא מדעתם, כיתרון האור של נועם ותענוג על החשכות של יסורין ומכאובים רעים. ואומר עוד "ויש להם על מה שיסמוכו והדין דין אמת", כלומר על אותם הנפרעים מדעתם ורצונם הוא מבטיח "שיש להם על מה שיסמוכו" שיש רב כח בתכונת עבודתו ית' להביא אותם אל המטרה הנשגבה, וכדאי להם להשתעבד תחת עולו ית', ועל הנפרעים שלא מדעתם אומר "והדין דין אמת", שלכאורה יש לתמוה על השגחתו ית' אשר מניח ונותן רשות לכל אותם הקלקולים והיסורין שיתגלו בעולם והאנושות מתטגנת בהם בלי חמלה?

ועל כן אומר, שהדין הזה הוא "דין אמת" מפני שהכל מתוקן לסעודה, כלומר, למטרה התכליתית האמיתית, והנועם העליון העתיד להתגלות עם גילוי תכליתו ית' שבהבריאה, אשר כל הטרחה והיגיעה והיסורין המתגלגלים ובאים בדורות וזמנים מדמה לנו כדמיון בעל הבית הטורח ומתייגע ביגיעות גדולות כדי להכין סעודה גדולה לאורחים המוזמנים. והמטרה הצפויה המוכרחת סוף כל סוף להתגלות, הוא מדמה כדמיון הסעודה אשר האורחים מסובין בה ברב נועם ועונג. וע"כ אומר "והדין דין אמת והכל מתוקן לסעודה" כמבואר.

You will find a similar thing in *Beresheet Rabba*, chapter 8, concerning the creation of man, where it is written: The angels asked the Creator, "Who is man, that you should remember him and what is a human that you should count him, why should you trouble yourself?" (*Psalm 8:5*) And the Creator answered, "Why were the sheep and the oxen created?" (*Psalm 8:8*) etc. This can be compared by analogy to a king who had a tower full of good things but he had no guests; what pleasure did the king who filled it derive? They said to Him: Master of the World, Lord our God, how great is your Name throughout the world, do whatever is best for You. The meaning of this is that the angels who saw all of the pain and affliction that mankind would go through in the future wondered and asked the Creator why He would need that trouble. And the Creator answered them that He in fact had a silo filled with good things and He had no one invited to enjoy it besides this mankind.

And when the angels compared the pleasures to be had in the tower which expects the invited guests with the troubles and afflictions That mankind would go through, they realized that it was worth it for man to suffer for the good that awaited us and they agreed to the creation of mankind. This is just as Rav Akiva said, "the judgment is a truthful judgment and everything is prepared for the banquet," for ever since the beginning of Creation, the names of every person were included in the list of guests, and the plan of the Creator obligates them to come to the banquet either being aware or not being aware, as I have explained.

And through this explanation, we discover the truth of the prophet Isaiah in his prophecy of peace, which begins: "The wolf also shall dwell with the lamb, and the leopard shall lie down with the kid" (*Isaiah 11*) etc., and justifies this by saying, "For the earth shall be filled with the knowledge of God, as the waters cover the sea." The prophet says that world peace is conditional on the whole world being filled with the knowledge of God. Just as we said above, the harsh, egotistical opposition between man and his fellow man, together with the increasing

ודומה לזה תמצא גם כן בבראשית רבה פ"ח בדבר בריאת האדם, וזה לשונם: ששאלו המלאכים להשי"ת מה אנוש כי תזכרנו ובן אדם כי תפקדנו, הצרה הזאת למה לך? אמר להם הקב"ה א"כ צונה ואלפים למה נבראו וכו'? משל למלך שהיה לו מגדל מלא כל טוב ואין לו אורחים, מה הנאה למלך שמלאו? אמרו לפניו: רבש"ע, ה' אדונינו מה אדיר שמך בכל הארץ, עביד מאי דהניי לך. פירוש, כי המלאכים שראו כל המכאובים והיסורים העתידים להתגלגל על האנושות, תמהו ושאלו הצרה הזאת למה לך? והשיב להם הקב"ה, שיש לו אמנם מגדל המלא מכל טוב ואין לו אורחים אחרים מוזמנים אליו רק האנושות הזאת.

וכמובן, אשר המלאכים שקלו בדעתם את התענוגים הנמצאים בהמגדל הזה העומד ומצפה למוזמניו לעומת היסורין והצרות העתידים להגיע לאנושות, ואחר שראו שכדאי לאנושות לסבול בשביל הטוב הצפוי והמחכה לנו, הסכימו על בריאת האדם, והיינו ממש כדברי רבי עקיבא אשר "הדין דין אמת והכל מתוקן לסעודה", שעוד מראשית הבריאה נרשמו שמה כל הבריות לאורחים מוזמנים, שמחשבת הבורא ית' מחייבת אותם לבא לסעודה. מדעתם, או שלא מדעתם, כמבואר.

ובהמבואר יתגלה לכל אמיתות דברי הנביא (ישעיה י"א) בנבואת השלום, המתחלת "וגר זאב עם כבש ונמר עם גדי ירבץ" וכו' ונותן טעם על כל זה "כי מלאה הארץ דעה את ה' כמים לים מכסים", הרי שהנביא תלה שלום כל העולם על מילוי כל העולם בדעת ה', דהיינו ממש כדברינו לעיל, אשר ההתנגדות הקשה האגואיסטית שבין איש לרעהו שעמה יחד מתחדדים היחסים הלאומיים, כל אלו לא יעברו מתוך העולם על ידי שום עצה ותחבולה אנושית, יהיה מה שיהיה, כי עינינו הרואות, איך החולה האומלל מתגלגל

enmity between nations, will not pass from the world as a result of any human plans or plots, no matter what happens, because we can see how the miserable patient continues to writhe intolerably. Man has thrown himself to the extreme right, as in the case of Nazi Germany, or the extreme left, as in the case of Communist Russia. And not only did this not make things easier, it made the disease worse and more painful, until our cries reached Heaven, as we all know.

There is no hope but to accept the yoke of the Creator through knowledge of God. That is to direct our actions to the will of the Creator and His purpose, as He intended before Creation. And when we do this, as is obvious to all, along with the work of the Creator, every remnant of human envy and hatred will be erased, as I have so far clearly illustrated, for then all members of humanity will unite like one body with one heart full of the knowledge of God - so world peace and the knowledge of God are one and the same. And directly following this, the prophet says, "And on that day God will set his hand for the second time to recover the remnant of His people ... and He will gather the exiles of Yehuda from the four corners of the Earth."

We learn from this that world peace will precede the ingathering of the exiles. And from this we can understand the words of the sages at the end of *Tractate Uktzin*: "God did not find a vessel to contain the blessing for Israel other than peace, as it is written: 'God will give His people strength, God will bless His people with peace.'" (*Psalm 29:11*) We may wonder about the phrase: "... a vessel to contain the blessing for Israel." How do we infer our theory from this verse? This verse can be explained like the prophecy of Isaiah – world peace will precede the ingathering of the exiles, and this is why it says, "God will give His people strength," meaning that in the future the Creator will give His people Israel strength, that is, eternal revival, and then "God will bless His people with peace." He will bless his people Israel first with a blessing of peace of the whole world. "And then God will set His hand for the second time to recover the remnant of His people," etc.

ומתהפך מתוך מכאוביו האנושים לבלי סבול על כל צדדיו שכבר האנושות השליכה את עצמה לימין קיצוני כמעשה גרמניא או לשמאל קיצוני כמעשה רוסיא ולא בלבד שלא הקלו לעצמם את המצב אלא עוד החמירו המחלה והכאב, והקולות עד לשמים, כידוע לכלנו.

הרי שאין להם עצה אחרת זולת לבא בקבלת עולו ית' בדעת את ה', דהיינו שיכוונו מעשיהם לחפץ ה' ולמטרתו ית', כמו שחשב עליהם בטרם הבריאה, וכשיעשו זאת, הרי הדבר גלוי לכל, שעם עבדותו ית' תמחה זכר הקנאה והשנאה מהאנושות, כמו שהראתי בעליל באמור עד כאן, כי אז כל חברי האנושות יתלכדו לגוף אחד בלב אחד המלאה דעת את ה'. הרי ששלום העולם ודעת ה' הם דבר אחד, ותיכף אחר זה אומר הנביא, "והיה ביום ההוא יוסיף ה' שנית ידו לקנות את שאר עמו וכו', ונפוצות יהודה יקבץ מארבע כנפות הארץ".

ונמצאנו למדים, אשר שלום העולם הוא מוקדם לקיבוץ גלויות, ובזה נבין דברי חז"ל בסוף מסכת עוקצין "לא מצא הקב"ה כלי מחזיק ברכה לישראל אלא השלום, שנאמר ה' עוז לעמו יתן ה' יברך את עמו בשלום, לכאורה יש לתמוה על המליצה "כלי מחזיק ברכה לישראל". וכן כיצד מוציאים סברה זו מהכתוב הזה? אולם הכתוב הזה מתבאר להם כמו נבואת ישעיהו, אשר שלום העולם מוקדם לקיבוץ גלויות, וע"כ אומר הכתוב "ה' עוז לעמו יתן" פירוש, אשר לעתיד כשהשי"ת יתן לעמו ישראל עוז, דהיינו, תקומה נצחית, אז "ה' יברך את עמו בשלום", כלומר, שיברך את עמו ישראל מקודם בברכת השלום של העולם כולו, ואח"ז יוסיף ה' שנית ידו לקנות את שאר עמו וכו'.

This is our sages' explanation of the verse. Therefore the blessing of peace of the whole world precedes "strength" – the Redemption – since "God did not find a better vessel to contain the blessing for Israel than peace." As long as self-love and egotism are rampant among the nations, the Children of Israel will not be able to do the work of the Creator purely in terms of sharing with others, as is shown by the explanation of the verse: "... and you will be for Me a priestly kingdom" in the "Article on Responsibility." We see this from experience, because the ingathering to Israel and the building of the Temple were not able to survive and receive the blessings which the Creator promised to our forefathers.

And this is the meaning of "God did not find a vessel to contain the blessing for Israel." Meaning, so far, the Children of Israel have not had a vessel to contain the blessings of the forefathers; therefore, the promise that we will inherit the blessing of the Holy Land forever has not been fulfilled yet, since world peace is the only vessel which will enable us to receive the blessing of our forefathers, as mentioned in the prophecy of Isaiah.

וזהו שאמרו ז"ל בטעם הכתוב, דע"כ ברכת השלום של העולם כולו קדמה לעוז דהיינו, להגאולה, משום "שלא מצא הקב"ה כלי מחזיק ברכה לישראל אלא השלום", כלומר, כל זמן שהאהבה עצמית והאגואיזם שוררים בין האומות גם בני ישראל לא יוכלו לעבוד את ה' על צד הטהרה בדבר השפעה לזולת, כמ"ש בביאור הכתוב, ואתם תהיו לי ממלכת כהנים, במאמר הערבות. ודבר זה אנו רואים מפי הנסיון, שהרי ביאת הארץ ובנין ביהמ"ק לא יכלו להחזיק מעמד ולקבל הברכות אשר נשבע ה' לאבותינו.

וזהו שאמרו "לא מצא הקב"ה כלי מחזיק ברכה", כלומר, עד כאן עדיין לא היה לבני ישראל כלי המחזיק ברכת האבות, וע"כ עוד לא נתקיימה השבועה שנוכל לרשת ברכת הארץ לנצחיות, כי רק שלום העולם הוא הכלי היחיד המאפשר אותנו לקבלת ברכת האבות, כנבואת ישעיהו.

Article on Freedom

"Engraved on the tablets" (Exodus 32:16) – should be read as 'freedom' (cherut), and not 'engraved' (charut). This is to teach us that they achieved freedom from the Angel of Death." (Shemot Rabba 41:7)

This passage demands an explanation, because what does the receiving of the Torah have to do with the releasing of mankind from death? And moreover, once they have attained, through the receiving of the Torah, an eternal body through the receiving of the Torah, where death does not apply, how did they lose it again – can the eternal become absent?

Freedom of Will

In order to understand the lofty concept of "freedom from the Angel of Death," we must first understand the meaning of freedom as it is normally understood by mankind.

Generally speaking, freedom is considered to be a natural law which applies to all living things, as we can see with animals that are in our care that die when we deprive them of their freedom. And this is clear proof that Providence does not permit the enslavement of any living thing. It is not for nothing that mankind has fought over the past centuries for the freedom of the individual to a certain degrees.

But still, this concept which is expressed by the word "freedom" is very unclear to us, and if we delve into the deeper meaning of this word, nearly nothing will remain of it. Because before you can understand the freedom of the individual, you must assume that every individual has the trait called "freedom," that is, he can act according to his own free will.

163

מאמר החרות

"חרות על הלוחות" (שמות, ל"ב, ט"ז) אל תקרי חרות אלא חירות מלמד שנעשו חירות ממלאך המוות (שמות רבה, מ"א)

מאמר זה צריך באור, כי מה ענין קבלת התורה לשחרורו של האדם ממיתה? ועוד, אחר שהשיגו על ידי קבלת התורה גוף נצחי, שאין המוות חל עליו, א"כ איך חזרו ואבדו אותו, האם יוכל הנצחי להיהפך לבחינה של העדר?

חרות הרצון

אולם כדי להבין את המושג הנעלה "חירות ממלאך המוות", צריכים מתחילה להבין מושג החרות במובנו הרגיל כפי הבנת האנושות.

הנה בהשקפה כללית יש לחשב את החרות לחוק טבעי, הפרוס על כל החיים, כפי שאנו רואים, שבעלי החיים הנמצאים תחת ידינו, מתים כשאנו עושקים מהם את החופש. וזאת עדות נאמנה, שההשגחה אינה מסכימה לשעבודה של שום בריה. - ולא לחנם לחמה האנושות במאות שנים האחרונות עד שהשיגו חרות היחיד בשיעורים מסוימים.

אבל בכל זאת המושג הזה המתבטא במלה "חרות" מטושטש אצלינו מאד, ואם נחדור לתוך תוכיותה של המלה הזאת, כמעט ולא ישאר ממנה כלום. כי בטרם שאתה מבין חירותו של היחיד, עליך להניח שיש בו אותה היכולת הנקראת חרות, ז"א, שיכול לפעול על פי בחירתו לרצונו החופשי.

Pleasure and Pain

When we observe the actions of the individual, we find that these are a must and are imposed on the individual, and the individual has no choice but to do them. This is like food in a pot on the stove that has no choice but to cook, since Providence has bound all living things with two reins – pleasure and pain.

Animals have no free will to choose pain or to reject pleasure. And the superiority of mankind over Animal is that mankind can look toward a distant goal. He can choose to accept a certain degree of suffering through his choice of the pleasure or benefit that will come to him in the future.

But the truth is that this is nothing but mere accounting, which seems to be a business like. We estimate the future pleasure or benefit as to whether it has advantage over the grief and pain we suffer; that we agreed to take upon ourselves to go through in the meantime. It is just a matter of subtracting the grief and suffering from the hoped-for pleasure, and some extra is left over.

After all, we are attracted only by pleasure. And thus it happens that sometimes we cause ourselves to suffer when the hoped-for pleasure is not greater than the pain we suffered for it. Therefore, we are "in deficit," everything is as merchants do.

In the final analysis, there is no difference between mankind and animals, and therefore there is no conscious free choice. Rather, there is a force which attracts one to an available pleasure in whatever form and repels one from pain. And through the power of these two forces, Providence guides us wherever it wants without asking our permission. Moreover, even the nature of the pleasure or the benefit is not entirely determined by the individual's free choice and free will, but rather, by the will of

התענוג והמכאוב

אולם כשנתבונן במעשיו של היחיד, נמצא אותם כהכרחיים. ובעל כרחו יעשה אותם, מבלי בחירתו. והוא דומה בזה, לתבשיל השפות על כירה, שאין לו כל בחירה, שבין רוצה או לא רוצה, הוא מוכרח להתבשל, כי ההשגחה חבשה את כל החיים בשני מוסרות, שהם התענוג והמכאוב.

ואין לבעל החיים שום בחירה חפשית, שיוכל לבחור ביסורים, או לדחות העונג. ומותר האדם על בעל החיים הוא: שהאדם יכול להסתכל למטרה רחוקה, זאת אומרת: להסכים לקבל עתה שיעור ידוע של מכאובים, מתוך בחירתו את העונג, או התועלת שעתידה לאחר זמן לבא אליו.

אבל באמת, אין כאן יותר מחשבון. מסחרי. כלומר, שמעריכים את התענוג או את התועלת העתידים לבא. שיש בהם עדיפות ויתרון, על הצער שהם סובלים מהמכאובים, שהסכימו לקבל עליהם עתה. ורק ענין של נכיון יש כאן שמנכים את הצער והיסורים מתוך התענוג המקווה. ונשאר להם עודף מסוים.

הרי שנמשך בהכרח רק התענוג. וכן קורה לפעמים, שמתענים, היות שלא ימצאו בתענוג שהשיגו, שיהוה את העודף המקווה, לעומת היסורים שסבלו. ונמצאים על כן בגרעון, הכל כמנהג הסוחרים.

ואחרי הכל אין בזה הבדל בין האדם לבעלי החיים, ואם כן אין כלל בחירה חופשית מדעת. אלא כח מושך, המושכם אל התענוג המזדמן להם באיזה צורה שהיא - והמבריח אותם מסבות המכאיבות. ובכח שתים אלה ההשגחה מוליכה אותנו לכל המקומות הרצויים לה, מבלי שאלת פינו כלל. ולא עוד, אלא אפילו קביעת האופי של התענוג והתועלת, אינה לגמרי מתוך בחירתו ורצונו החפשי של היחיד, אלא

others: He does not want it, they do. For example, I sit. I get dressed. I talk. I eat.

I do all these things not because I want to sit this way, dress this way, talk this way or eat this way.

But because others want me to sit or dress or talk or eat this way. All of this is determined by the will and taste of society, not by my free will. Moreover, I usually do these things against my will, because I would prefer to behave in simplicity, with no burdens or limitations, but I am enslaved in fetters of iron in all of my actions, through the tastes and manners of others, who are society. The individual has no desire or way through which he can claim his freedom. Anything he desires is because of the manners and taste of others, who are society.

If this is so, then tell me where is my free will? And on the other hand, if we assume that there is no free will, then every one of us is nothing but a kind of machine which is controlled by external forces that force us to act a certain way. That means that each one of us is imprisoned in the prison of Providence, which through its two fetters of pleasure and pain, pulls and pushes us wherever it likes according to its will, so that there is no selfishness in the world. This is because there is no one who is free and owns himself – I am not responsible for my actions and I am not the one who does them because I want to, rather I am forced to do them against my will. The conclusion is that reward and punishment cease to exist.

This is rather peculiar, not only to religious people who believe in Divine Providence and who anyway have certainty and trust that God does all this for a good and desired purpose. But it is even stranger to those who believe in Nature, whereby each of us is imprisoned by the fetters of blind Nature, where there is no awareness and no calculated plan. And we, the highest of beings, who have wisdom and knowledge, are like

על פי רצונם של אחרים, שהם רוצים ולא הוא. למשל, אני יושב, אני מתלבש, אני שח, אני אוכל.

כל זאת - לא משום שאני רוצה לשבת כך, ואני רוצה להתלבש כך, ולדבר כך, ולאכול כך.

אלא מכיוון שאחרים רוצים שאשב ואתלבש ואדבר ואוכל בצורה זו. כל זה לפי רצונם וטעמם של החברה - ולא רצוני החפשי. יתר על כן, אני עושה כל אלה על פי רוב בנגוד לרצוני, כי יותר נח לי להתנהג בפשטות בלי שום עול, אלא שאני משועבד בכל תנועותי, בכבלי ברזל, בטעמים ונמוסים של אחרים, שהם החברה. שאין ליחיד שום רצון ושום צורה, שיוכל לתבוע עליה את חירותו, כי כל מה שתובע, נבחן שתובע בשביל טעמים ונימוסים של אחרים, שהם החברה.

אם כן אמרו נא לי, היכן חרות הרצון שלי? ומצד שני אם נניח שאין חרות לרצון וכל אחד מאתנו אינו אלא כמין מכונה הפועלת ויוצרת על ידי כוחות חיצוניים, המכריחים אותה לפעול כן. זאת אומרת שכל אחד חבוש בבית האסורים של ההשגחה, אשר על ידי שני מוסרותיה התענוג והמכאוב, מושכת ודוחפת אותנו לרצונה, למקומות הנרצים לה. באופן שאין כלל "אנכיות" בעולם. כי אין כאן כלל בן חורין ועומד ברשות עצמו. אין אני בעל המעשה, ואין אני העושה, משום שאני רוצה לעשות, אלא משום שעובדים אתי בעל כרחי ושלא מדעתי, אם כן יוצא לפי זה חלף לו השכר ועונש.

ומוזר הדבר בתכלית, לא רק לדתיים המאמינים בהשגחתו ית', ויש להם על כל פנים לבטוח ולסמוך עליו ית' שיש לו בכל המנהג הזה מטרה טובה ורצויה. אלא הדבר מוזר עוד יותר למאמיני הטבע, אשר לפי האמור, כל אחד אסור במוסרות הטבע העיוור, שאין לו, לא דעת, ולא חשבון. ואנו

toys in the hands of blind Nature that leads us captive, to who knows where.

The Law of Causality

We should take the time to understand this important concept. That is, how do we exist in this world as an entity of selfishness whereby each of us feels that he is a special being who acts according to his own will, independent of external, unknown forces, and how does this entity of selfishness reveal itself in our mind?

It is true that there is a general connection through all of the details of reality that is set before us, which goes according to the Law of Causality, through Cause and Effect. Just as this is true in general, it is also true of every individual in particular. That is, every Creation in the world, of every kind – Inanimate, Vegetable, Animal and Speaking – is subject to the Law of Causality, through Cause and Effect.

Moreover, every individual form and type of behavior of the Creation, as long as it exists, is motivated by preceding causes which compel it to behave that way and not otherwise. And this is obvious to anyone who observes the systems of nature purely scientifically without any personal involvement. We must examine this thoroughly in order to observe it from all aspects and angles.

The Four Causes

Know that everything that comes into being to the Creations of the world is a result not of "ex nihilo" – "something from nothing" – but of "something from something." That is, through an actual being that has removed its previous form and taken on its current form.

מובחר היצורים, בני הדעה והשכל, נעשינו כמשחק בידי הטבע העור, המוליך אותנו שולל. ומי יודע להיכן?

חק הסבתיות

כדאי לנו לקחת לנו זמן, להבין דבר חשוב כזה. דהיינו, איך אנחנו קיימים כן בעולם מבחינת ישות של "אנכיות", שכל אחד מאתנו מרגיש את עצמו כהויה מיוחדת, הפועלת על דעת עצמה, ובלתי תלוי בכחות חיצונים זרים, בלתי ידועים, ובמה מתגלה הישות הזה של אנכיות אלינו?

והן אמת שיש קשר כללי בכל פרטי המציאות שלפנינו, שהוא פוסע והולך על פי חק הסבתיות, בדרך גורם ונמשך קדימה, וכמו הכלל כולו, וכן כל פרט ופרט לעצמו. זאת אומרת, כל בריה ובריה מבריות העולם, מארבעת הסוגים: דומם, צומח, חי, מדבר, נוהג בה חק הסבתיות, בדרך גורם ונמשך.

ולא עוד, אלא אפילו כל צורה פרטית, מהנהגה פרטית, שהבריה אוחזת במשך רגעי קיומה בעולם, היא נדחפת על ידי גורמים קדומים, שהכריחוה לקבל את אותו השינוי שבאותה הנהגה, ולא אחרת, בשום פנים. וזה ברור וגלוי, לכל המסתכל בסדרי הטבע, מבחינת המדע הטהור, ובלי תערובת של פניות עצמיות. אכן אנחנו צריכים לנתח הדבר, כדי לאפשר לעצמנו, להסתכל עליו מכל צדדיו ונקודותיו.

ארבעה גורמים

דע שבכל התהוות הנפעלת בבריות העולם, צריך להבין אותה, שאינה נמשכת בבחינת יש מאין, אלא יש מיש. דהיינו על ידי מהות ממשית, שפשטה צורתה הקודמת, ולבשה הצורה המתהוית עתה.

Thus we must understand that everything in the world has Four Causes as it is coming into being. All four together determine its being, and they are called:

a) **The Foundation**
b) **The ways of Cause and Effect which are associated with the traits of the Foundation and that do not change.**
c) **Its internal ways of Cause and Effect—that changes through contact with external forces.**
d) **The ways of Cause and Effect through external forces that influence from outside.**

I will explain these one by one.

a) The First Cause: The Foundation, First Matter

The "foundation" is the First Matter related to this being, since "there is nothing new under the sun." (*Ecclesiastes 1:10*) And every being which occurs in our world is not "something from nothing" but "something from something." So that it is a being which has undressed its previous form and taken on a different form, different from the way it was previously.

And this same being which has undressed its previous form is defined by the word "Foundation," which contains the potential form which will be revealed in the future and also the final form of the given being will be determined. Therefore, it must be considered the First Cause in relation to the being.

לפיכך יש לנו להבין, אשר בכל התהוות שבעולם, משותפים ארבעה גורמים, שמארבעתם יחד יצאה ונקבעה אותה ההתהוות, ונקראים בשם:

א) המצע
ב) דרכי הגורם ונמשך, המיוחס לתכונת המצע, מצד עצמו, שאינם משתנים
ג) דרכי הגורם ונמשך הפנימים שלו, המשתנים מסבת מגע עם כחות זרים
ד) דרכי הגורם ונמשך של דברים זרים הפועלים עליו מחוץ

ואבארם אחת אחת.

א) סבה א': המצע, חומר ראשון

ה"מצע", פירושו, חומר הראשון המיוחס להתהוות הזאת כי "אין כל חדש תחת השמש" (קהלת, א', י'). וכל התהוות אשר יקרה בעולמנו, אינה "יש מאין", זולת "יש מיש". אלא שאיזה ישות, פשטה צורתה הקודמת, ולבשה צורה אחרת, משונה מהקודמת.

ואותה המהות, שפשטה צורתה הקודמת, היא מוגדרת בשם "מצע", שבו טמון הכח העתיד להתגלות, ולהקבע בגמר הצורה של אותה ההתהוות, ועל כן, ודאי הוא נחשב לבחינת הגורם העיקרי אליה.

b) The Second Cause: Cause and Effect through the traits of its Foundation

This is the system of Cause and Effect which relates to the traits of the Foundation, in and of itself, which does not change; for example a grain of wheat which has decomposed into the earth and becomes a planted seed. This state of decomposition is called "Foundation."

That is to say that the essence of the grain of wheat has undressed from its previous form, which is the form of a grain of wheat, and taken on a new form, that of a decomposed grain of wheat, which is the seed called the "Foundation," which is formless. After it decomposes in the ground it is capable of assuming another form, that of a wheat stalk which can grow out of the Foundation, which is the seed.

It is known to all that this Foundation will not take on the form of any other grain, like oats but only that which correlates to its previous form which it has undressed from - that of a grain of wheat. Although it may differ in certain ways in terms of quality or quantity in terms of flavor or beauty - where in its previous form it was just one grain of wheat, and now it is a wheat stalk with ten grains of wheat - the basic form, that of wheat, does not change.

We have here a system of Cause and Effect that relates to the traits of the Foundation in and of itself and never changes, since wheat will not produce oats, as we have explained. And this is called the Second Cause.

ב) סבה ב': הגורם ונמשך מצד עצמו

הוא סדר של גורם ונמשך, המיוחס לתכונת המצע, מצדו עצמו, ואינו משתנה. למשל, חטה שנרקבה באדמה, ובאה לבחינת זריעה של חטים. הרי המצב הרקוב הזה, מכונה בשם "מצע".

כלומר, שיש להבין כאן שמהות של חטה, פשטה צורתה הקודמת שהיתה לה, דהיינו, צורת החטה. וקבלה בחינה חדשה, בתמונת חטה רקובה, שהוא הזרע הנקרא "מצע", הערום מכל צורה. שעתה, אחר שנרקבה באדמה, נעשית ראויה ללבוש צורה אחרת, דהיינו, צורה של חטים, הראויים לצמוח, ולצאת מאותו המצע שהוא הזרע.

זה גלוי וידוע לכל, שהמצע הזה, אינו עתיד להתלבש, בצורות של דגן, ולא בשבולת שועל, אלא רק בהשואה, אל אותה הצורה הקודמת, שהסתלקה ממנה, שהיא, החטה היחידה, ואף על פי שמשתנית בשיעורים מסוימים, הן בכמות והן באיכות, כי בצורה הקודמת היתה חטה יחידה, ועתה עשר חטים, וכן בטעם ויופי. אולם עיקר הצורה, של החטה, אינה מקבלת שינוי.

הרי שיש כאן סדר של גורם ונמשך, המיוחס לתכונת המצע מצדו עצמו, ואינו משתנה לעולם, שמחטה לא יצא דגן כמבואר. וזהו המכונה סבה ב'.

c) The Third Cause: Internal Cause and Effect
of the Foundation

This is the system of the internal Cause and Effect of the Foundation, where change occurs due to contact with external forces in its environment.

For example, we may find that a grain of wheat which has decomposed in the ground produces many grains of wheat, some of which may be even bigger and finer than the original grain of wheat.

It follows that here we have additional environmental forces which take part and combine with the potential hidden in the Foundation. This Cause changes in quality and quantity, which did not exist in the previous form of the grain of wheat. These are the fertilizers and minerals in the soil, the rain, the sun, all of which act on it by giving of their power to the potential imbued in the Foundation itself, which through ways of Cause and Effect bring about the proliferation of quality and quantity in this manifestation.

We must understand that this Third Cause combines with the Foundation internally, because the potential imbued in the Foundation is the stronger, so that in the end all of the changes do not apply out of the realm of the wheat, meaning that the changes only apply to the species of wheat and no other species. Therefore, we define them as "internal causes," and they are different from the Second Cause which does not change in any way. This is not true of the Third Cause, which changes in terms of quantity and quality.

d) The Fourth Cause: Cause and Effect through
External Forces

This is the system of Cause and Effect through external forces which act on it from outside. This means that they have no direct relation to the grain of wheat like the sun or the rain. These are foreign things, such as other plants near it, or external occurrences such as hail, wind, etc.

175

ג) סבה ג׳: גורם ונמשך הפנימיים

הוא סדר דרכי "הגורם ונמשך", הפנימיים של המצע, שמשתנים, מסבת המגע ופגישה עם כחות הזרים שבסביבתו, שעמהם בא במגע.

פירוש, כי אנו מוצאים שמחטה אחת הנרקבת באדמה, יוצאות ונולדות הרבה חטים, ולפעמים עוד גדולות ומשובחות, ממה שהיתה החטה בטרם שנזרעה.

הרי בהכרח, שיש כאן תוספת של גורמים, שהשתתפו והתחברו עם הכח הטמון מהסביבה, דהיינו "המצע", שמשום זה נגלו ויצאו כל אותם ההוספות בכמות ואיכות, שלא היו כלל בצורת החטה הקודמת. שהם, החומרים והמלחים שבאדמה, והגשם, והשמש, אשר כל אלה פעלו עליה, מתוך שהפרישו מכחותיהם והתחברו אל הכח הטמון במצע עצמו, אשר בדרך קודם ונמשך, והוציאו את הרבוי של כמות ואיכות, להתהוות ההיא.

ויש להבין שהגורם הג׳ הזה, מתחבר עם המצע בפנימיותו, מכיון שהכח הטמון במצע שולט עליהם, שסוף סוף השינויים הללו לא יצאו מגדר של החטה עצמה, כלומר שהשינויים הללו שייכים כולם למין החטים, ולא למין אחר. ולפיכך אנו מגדירים אותם לגורמים פנימיים, אלא שנבדלים מגורם הב׳ הבלתי משתנה, משום בחינה שהיא. מה שאין כן גורם הג׳ המשתנה בכמות ואיכות.

ד) סבה ד׳: גורם ונמשך מדברים זרים

הוא סדר גורם ונמשך מדברים זרים, הפועלים עליו מבחוץ. פירוש, שאין להם יחס ישר אל החטה, כמו המלחים והגשם והשמש. אלא מדברים זרים אליה, כמו השכנים הנמצאים בשכנותה, ומקרים חיצונים כמו הברד והרוח וכד׳.

Thus, we find that these Four Causes combine in the grain of wheat throughout its growth. And every individual state the grain of wheat goes through is determined by all four. The quality and quantity of the wheat are determined by them. Just as with the wheat we have described, so the law applies to every kind of manifestation in the world, even thoughts and consciousness. For example, if we describe a person's state of mind, such as a religious person, or a secular person, whether he is extremely religious or extremely secular, or in between, we understand also that this state is determined by the abovementioned Four Causes.

Inherent Properties

The First Cause is the Foundation, which is the First Matter. Since a person is created "something from something" that is, from the fruit of the minds of his parents, we find a certain degree of similarity or duplication, like the duplication of a book. That is to say that nearly every trait found in the parents and from his parents' parents is duplicated in the child.

However, the difference is in the undressing of form. Just as the grain of wheat is not ready to sprout until it decomposes in the ground and undresses its previous form, so the drop of semen from which a person is born has none of the form of his parents – only hidden potential forces.

The mental traits of the parents become mere tendencies, which are called instincts, or habits, and the person does not even know why he behaves as he does, because these are in fact hidden forces which he inherited from his parents. Not only are our physical properties inherited from our parents, we also inherit spiritual properties from them. We inherit our parents' spiritual and intellectual ideas, which pass from generation to generation.

והנך מוצא, אשר ארבעה גורמים מתחברים בחטה בכל משך זמן גדולה. אשר כל מצב ומצב הפרטי החטה מקבלת במשך הזמן ההוא, נעשה מותנה מארבעתם. שהכמות והאיכות שבמצב, נקבע על ידיהם. וכמו שציירנו בחטה, כן החק בכל מיני התהוות שבעולם. ואפילו במחשבות ומושכלות. למשל, אם נצייר איזה מצב במושכלות מאיזה אדם שהוא, דהיינו, מצב אדם דתי, או לא דתי, אם חרדי קיצוני, או לא דתי קיצוני, או בינוני - נבין גם כן שאותו המצב התהווה ונקבע באדם, על ידי ארבעת הגורמים האמורים.

הקנינים התורשתים

גורם סבה הא' הוא המצע, שהוא החומר ראשון שלו. כי האדם נברא יש מיש, דהיינו, מפרי מוחותיהם של מולידיו. ולפיכך נמצא בשיעור מסויים, כמו העתקה, המעותקת מספר לספר. כלומר, שכמעט כל הענינים שהיו מקובלים ומושגים באבותיו ואבות אבותיו, באים ונעתקים גם בו.

אלא ההבחן הוא, שנמצאים בבחינת הפשטת הצורה, בדומה לחטה הנזרעת, שאינה ראויה לזרע, אלא אחר שנרקבה ופשטה צורתה הקדומה, כן הטפה הזרעיית שממנה נולד האדם, אין עוד בה כלום מהצורות של אבותיו, רק כחות נעלמים בלבד.

כי אותם המושגים שהיו באבותיו בבחינת מושכלות, נעשו בו בבחינת סתם נטיות, הנקראים: אינסטינקטים, או כהרגלים, מבלי לדעת אפילו למה הוא עושה כך. שהמה אמנם בחינת כחות נעלמים שירש מאבותיו, באופן שלא לבד הקנינים הגשמיים, באים לנו בירושה מאבותינו, אלא גם הקנינים הרוחניים, וכל המושכלות שאבותינו עסקו בהם, מגיעים אלינו בירושה, דור דור.

From this comes all kinds of tendencies which we find among people, such as the tendency to believe or to criticize; the tendency to be satisfied with a materialistic life or to be attracted to spiritual ideas and to reject life that is not desired; or to be miserly or indulgent; or bold or shy.

All of these traits seen in people are not properties which they acquired by themselves – they are simply traits that they happened to inherit from their parents and ancestors. As psychologists know, there is a special place in the human mind that houses these inherited traits, it is called the medulla oblongata, or the subconscious, where all of these tendencies are revealed.

However, since our parents' consciousness, which come from their experiences, come to us as mere tendencies, they are like the grain of wheat which undresses from its previous form and is left naked, and only its potential forces are ready to take on new forms.

In our case, the traits can take on the form of consciousness, which are considered to be the First Matter, and the First Cause which we call the Foundation, containing all of the tendencies which are inherited from the parents. This is called parental heritage.

Know that of all of these tendencies, some come in a negative form. That is, as the opposite of their manifestation in the parents. For this reason, it is said that that which is hidden in the heart of the father is revealed in the son openly. And the reason for this is that the Foundation undresses from its previous form in order to take on a new form. Therefore, it can be very close to losing the forms of the consciousness of the parents, like the grain of wheat which decomposes in the ground and undresses from all of the form it had as a grain of wheat. Yet all this is dependent on the other Three Causes, as I mentioned above.

ומכאן מתגלים ויוצאים, כל מיני נטיות שונות שאנו מוצאים בין האנשים, כגון: נוטה להאמין, או לבקרת, נוטה להסתפק בחיים חומריים, או מתאוה רק לאדיאות, ומואס בחיים שאין בהם חפץ, קמצן, ותרן, עז פנים, ביישן.

כי כל אלו התמונות המתראים באנשים, אינם מרכושם עצמם אשר רכשו, רק ירושה פשוטה, שנפלה בחלקם מאבותיהם ואבות אבותיהם. כידוע, לחכמי הפסיכולוגיה, שבמוח האדם יש מקום מיוחד שהירושות הללו שורים שם, ונקרא "מוח המאורך", או סובקונשינס (תת מודע), שכל הנטיות הללו מתגלים שם.

אולם מתוך שמושכלות אבותינו, מפרי נסיונותיהם, נעשו בנו לנטיות בעלמא. על כן, נחשבים כמו החטה הנזרעת שפשטה צורתה הקודמת ונשארה עירומה, ורק כחות טמונים בה, הראויים לקבל צורות חדשות.

שבנידון שלנו ראויים הנטיות, לקבל צורות של מושכלות. שזהו נחשב ע"כ לבחינת חומר ראשון והוא גורם העקרי הנקרא "מצע", שבו כלול כל הכוחות לנטיות המיוחדות שירש ממולידיו, והם מוגדרים בשם מורשה אבהית.

ודע, שכל הנטיות הללו, יש מהם שבאים דוקא בבחינת שלילה. כלומר, להפך ממה שהיו נמצאים באבותיו. ומכאן אמרו כל מה שיש בלב האב בסתר, מתגלה אצל הבן בגלוי. וטעם הדבר הוא, מפני ש"המצע" עומד בבחינת פושט צורה קדומה, כדי ללבוש צורה חדשה. ולפיכך, נמצא קרוב לשלילת צורות המושכלות של אבותיו. כמו החטה הרקובה באדמה, שמאבדת מעצמה כל הצורה שהיתה בחטה. ועם כל זה תלוי הדבר בשאר ג' הגורמים כמו שכתבתי לעיל.

Environmental Influence

The Second Cause is the system of Cause and Effect that directly relates to the properties of the Foundation itself, and which does not change. This means, returning to our analogy of the grain of wheat which decomposes in the ground, the Foundation is subject to environmental forces such as the earth, minerals, rain, the air, and the sun, as we have explained above. These all act upon the seed through a long, gradual process of Cause and Effect, state after state, until the wheat ripens.

Then the Foundation once again takes on its previous form, that of wheat, although besides differences in quality and quantity; in general terms, there is no change – the wheat does not become oats or rye. But certain individual changes occur in quantity, that is, one grain of wheat grows ten or twenty grains, and also in quality; the wheat may be better or worse than the parent grain of wheat.

In the same way, the individual as a Foundation is determined by the environment, that is, society, and he is necessarily influenced by it just as the grain of wheat is influenced by its environment. The Foundation is only his basic form, and therefore, through ongoing contact with his environment and society, he is influenced by them gradually, through a series of situations, one after another by the order of Cause and Effect.

At this time, the tendencies which are part of his Foundation change and take on conceptual aspects. For example, if he inherited the tendency to be miserly from his parents, when he grows up he builds himself a system of thoughts and ideas which allow him to draw the conclusion that it is good to be a miser. We already know that even if his father was indulgent, he can still inherit the opposite tendency and become miserly, since the opposite is also inherited just like the trait itself. Or he may inherit the tendency to be a free-thinker, and he builds himself a system of thoughts through which he draws the conclusion that it is good for a person to be free.

השפעת הסביבה

סבה הב' הוא סדר "גורם ונמשך" באורח ישר, המיוחס לתכונת המצע מצדו עצמו שאינו משתנה. פירוש, על דרך שנתבאר בחטה הרקובה הנתונה באדמה, אשר הסביבה שהמצע נתון בהם כמו האדמה, המלחים, הגשם, האויר והשמש, כמו שנתבאר לעיל, היא פועלת על הזריעה בסדר ארוך של גורם ונמשך במהלך אטי הדרגתי, מצב אחר מצב עד שמתבשלים.

והמצע חזר ולבש צורתו הקדומה, דהיינו, צורת החטה, אולם בשינויים של כמות ואיכות, שחלקם הכללי אינו משתנה כלום, שלא יצמחו דגן או שבולת שועל, אלא בחלקם הפרטי משתנים בכמות, דהיינו, שמחטה אחת נעשו עשר או עשרים חטים, וכן באיכות, שהמה משובחות או גרועות מצורת החטה הקדומה.

על דרך זה כאן, האדם בתור "מצע" נתון בתוך הסביבה, דהיינו, בתוך החברה, והוא מושפע ממנה בהכרח, כמו החטה מסביבתה, כי המצע הוא רק צורה גלמית, וע"כ מתוך המגע ומשא התמידי שלו עם הסביבה והחברה, הרי הוא מתפעל על ידיהם במהלך הדרגתי, של סדר מצבים בזה אחר זה גורם ונמשך.

ובזמן הזה מתהפכים בו הנטיות הכלולים במצע שלו, ומקבלים בחינות של מושכלות, למשל, אם ירש מאבותיו נטיה להיות קמצן, הנה כשגודל, הולך ובונה לעצמו שכליות ועיונים, אשר כולם מסיקים לו החלטות אמיתיות, שטוב לאדם להיות קמצן. וכבר ידעת שאף על פי שאביו היה ותרן יכול הוא לרשת ממנו נטיה שלילית להיות קמצן, כי השלילה היא גם כן ירושה גמורה ממש כמו הקיום. או שירש מאבותיו נטיה להיות חפשי בדעות, הולך ובונה לעצמו עיונים, ומסיק מהם מסקנות, שאך טוב לאדם להיות חפשי.

Then where does he get his statements and ways of discussion and debate? He gets all of these from his environment unintentionally, since they influence his opinions and tastes through a gradual series of Cause and Effect in such a way that the person thinks they are his personal inclinations which he acquired through free thought. But this is also like the grain of wheat. There is one general part of him that does not change from being the Foundation; that is, in the end he keeps the tendencies that he inherited. These are the same as they were in his parents, and this is called the Second Cause.

Habit Becomes Second Nature

The Third Cause is that of direct Cause and Effect, which the Foundation goes through and by which it changes. Because the inherited tendencies are changed by the environment into ideas, they act in the same directions that are determined by these ideas. For example, a born miser whose tendency is changed by his environment into an idea understands miserliness according to some conceptual definition. Let us say that by that conceptual definition he assumes that he protects himself through this habit so as not to be dependent on others. In doing so, he achieves a scale to his miserliness, and now he is able to give it up when the reality of that fear is not present.

We find that, from the trait he inherited from his parents, he has changed for the better. So sometimes he can uproot a bad tendency from within himself completely - through habit - which has the capacity to become a second nature. In this manner, the power of a human being is stronger than that of plants, since the only change a grain of wheat can go through is in terms of the details of its traits. This is not true of a human being, who has the ability to use the power of the Cause and Effect of his environment and uproot a tendency and turn it into its opposite.

אולם מאין הוא נוטל אותם המשפטים ודרכי ההקש ומשא ומתן? - כל זה הוא נוטל מהסביבה שלא מדעתו, כי המה משפיעים לו דעותיהם וטעמם, בבחינת גורם ונמשך הדרגתי. באופן שהאדם מחשיבם שהם רכושו עצמו, אשר רכש אותם בדרך עיונו החפשי. אמנם גם כאן כמו בחטה, יש חלק אחד כללי בלתי משתנה מגדרו של "המצע", דהיינו, שסוף סוף נשארים לו הנטיות שירש, עומדים אצלו בעינם כמו שהיו מצויים באבותיו, וזהו המכונה גורם הב'.

הרגל נעשה לטבע שני

סבה הג' הוא סדר גורם ונמשך באורח ישר, העובר על המצע ומשתנה על ידיהם. כי מתוך אשר הנטיות המורשות נתהפכו באדם בסבת הסביבה, לבחינות מושכלות, לפיכך נמצאות פועלות באותם הכוונים, אשר השכליות הללו מגדירות אותם. למשל, הקמצן מטבעו, אשר על ידי הסביבה נתהפכה אצלו הנטיה של הקמצנות למושכל, ומבין את הקמצנות על פי איזה גדר שכלי. נניח שמגן על עצמו במנהגו זה שלא יצטרך לבריות, הרי שהשיג בחינת קנה מדה לקמצנות שיכול לוותר בזמן שלא יהיה לו מציאות מהפחד הזה.

נמצא שהשתנה הרבה לטובה, מהמדה שירש מאבותיו, וכן לפעמים מצליח לעקור נטיה רעה מתוכו לגמרי, והוא על ידי הרגל, אשר כוחו יפה להעשות לו טבע שני. אשר בזה יפה כח האדם מכח הצומח, כי החטה לא תוכל להשתנות רק בחלקה הפרטי כאמור לעיל, מה שאין כן האדם שיש לו יכולת להשתנות מכח ה"גורם ונמשך" של הסביבה, אפילו בחלקים הכללים, דהיינו, להפוך נטיה שלמה ולעקור משרשה אל ההפכיות שלה.

External Causes

The Fourth Cause is that of Cause and Effect which affects the Foundation through completely foreign things and acts on it from the outside. This means that these things have nothing to do with the system of growth of the Foundation directly and affect it only indirectly. For example, finance or trouble or winds, etc., which have within themselves a slow, gradual series of states of Cause and Effect, that cause a person's ideas to change for the better or for the worse.

I have now laid out the Four Natural Causes which every thought and idea of every human being is merely result of. And even if a person sits and studies something for an entire day, he cannot add to or change what these Four Causes provide him with. Anything he adds is in terms of quantity, depending whether his mental powers are big or small. This is not true in terms of quality, in which he cannot add anything, since these causes determine for us the character and form of mind and conclusions without our volition, without asking us at all. In this way we are subject to these Four Causes, just like clay in the hands of the potter.

Freedom of Choice

However, when we examine these Four Causes, we find that although we are too weak to challenge the First Cause, which is the Foundation, we still have the ability and the freedom of choice to protect ourselves from the other Three Causes, through which the Foundation changes in terms of particular detail and sometimes also in general. That is, it is by habit through which we acquire a second nature, as explained above.

גורמי חוץ

סבה הד' הוא סדר גורם ונמשך העובר על המצע מדברים הזרים לו לחלוטין, ופועל עליו מבחוץ. פירוש, שאותם הדברים אין להם שום שייכות לסדר הגידול של המצע, לפעול עליו באורח ישר, אלא שפועלים באורח בלתי ישר, למשל, הכלכלה וטרדות, או הרוחות, וכדומה, אשר יש להם לעצמם סדר שלם הדרגתי ואטי, של מצבים מ"גורם ונמשך", הגורמים שנויים במושכלות האדם לטובה או לרעה.

הנה ערכתי לעיניכם ארבעת הגורמים הטבעיים, אשר כל מחשבה, וכל שכל המופיע בנו, אינם רק פירותיהם בלבד. ואפילו ישב אדם ויעיין באיזה דבר יממה שלמה, לא יוכל להוסיף או לשנות, על מה שארבעת הגורמים הללו נותנים לו. וכל הוספה שיכול להוסיף היא במדת הכמות, אם שכל גדול, או שכל קטן. מה שאין כן באיכות לא יוסיף אף משהו, כי המה הם הקובעים לנו, את האופי והצורה של השכל ושל המסקנה בעל כרחנו, בלי שאלת פינו כלל. באופן שאנו מסורים בידיהם של ארבעה גורמים הללו, ממש כחומר ביד היוצר.

בחירה חפשית

אולם כשאנו מסתכלים בארבעה הגורמים הללו, אנו מוצאים אשר למרות שכחותינו חלשים מלעמוד כנגד גורם הראשון, שהוא ה"מצע", עם כל זה, יש לנו היכולת והבחירה החפשית, להגן על עצמנו משאר שלשת הגורמים, שעל פיהם משתנה המצע בפרטיות, ולפעמים גם בחלקו הכללי, דהיינו על ידי הרגל, שקונה טבע שני כמו שנתבאר לעיל.

The Environment as a Cause

The meaning of this protection is that we can always change our environment – our friends, books, teachers, and so on. In the same way, if a person inherits a bushel of wheat from his father, he can grow dozens of bushels from it, that is, only by choosing a proper environment for the "Foundation" – rich earth which has all of the minerals and elements which can provide the wheat and help it to grow plentifully.

This is also true of a person's work – by improving environmental conditions so that they are conducive to growth. A wise man can do this intentionally and choose the best conditions, and he will find blessing. Whereas a fool will accept everything that happens to come to him and his sowing will be a curse and not a blessing.

All of this improvement and prosperity depends on choosing the environment when sowing the seed. But once the seed is sown in the chosen place, the ultimate form of the wheat is already determined by the level of influence of the environment.

Thus it is regarding our subject, since it is true that there is no freedom of will because everything is acted upon by the abovementioned Four Causes. And we are forced to think and reflect on matters according to them, with not even an iota of power to correct or change, just like the grain of wheat which has been sown in its given environment.

However, we do have the freedom of will to choose an environment from the start, through books and guides which influence us with good ideas. And if we are not willing to do this, and we accept any environment that comes along, and read any book we happen to find, we will certainly find ourselves in a negative environment or waste our time on useless books, which are more plentiful and available. Through this, bad and evil ideas are forced upon us leading us to sin and commit evil deeds for

הסביבה כגורם

והגנה זו משמעותה שאפשר לנו תמיד להוסיף בדבר בחירת הסביבה שלנו, שהם החברים, הספרים, המורים, ודוגמתם. בדומה, לאחד שירש כור חטים מאביו, אשר יוכל לעשות ממדה קטנה הזו, עשרות רבות, דהיינו, רק בבחירת הסביבה בשביל ה"מצע" שלו, שהיא אדמה פוריה, שיש לה כל המלחים והגלמים המכלכלים את החטה במדה מלאה בשפע.

כמו כן בעבודה, לשבח את התנאים שבסביבה, שיתאימו לצרכי הגדול והצמיחה, כי החכם יעשה בדעת ויבחור אליו כל התנאים הטובים, וימצא ברכה. והסכל יקח הכל מהמזדמן לפניו, ועל כן יהפך לו הזריעה לקללה ולא לברכה.

הרי שכל שבחו ורווחיו תלויים בבחירת הסביבה לזריעת החטה, אבל לאחר הזריעה במקום הנבחר, כבר נקבעת בחטה הצורה המוחלטת, בהתאם לאותו השיעור שהסביבה מוכשרת לתת.

כן הנדון שלנו, כי אמת הדבר, שאין חירות לרצון, אלא מתפעל מארבעה הגורמים האמורים, ומוכרח לחשוב ולעיין כמו שהם מציעים לו, בלי שום כח לבקורת ושנוי כמלא נימא. כדוגמת החטה שכבר נזרעה בסביבה.

אולם יש חירות לרצון לבחור מלכתחילה בסביבה כזו, בספרים ומדריכים כאלו שמשפיעים לו שכליות טובות. ואם לא יעשה זאת, אלא מוכן לבוא בכל סביבה המזדמנת לפניו, ולקרוא בכל ספר שמזדמן לפניו. שמשום זה ודאי יפול בסביבה רעה, או יבלה זמנו בספרים שאין בהם תועלת, שהם מרובים ויותר נוחים לפניו. שמתוך זה נעשה מוכרח להשכלות גרועות ורעות, המביאים אותו לחטא ולהרשיע, ודאי ענש

which we will certainly be punished, not because of our evil thoughts and deeds, regarding which we have no choice, but because we haven't chosen a good environment, since we certainly do have a choice about this, as we have explained.

Therefore one who makes an effort to always choose a good environment is worthy of praise and reward. Here too, this is not because of one's thoughts and deeds, regarding which one has no choice, but because of one's efforts in acquiring a good environment which brings one to good thoughts and deeds. This is why Rav Yehoshua Ben Perachia said, "Make yourself a Rav and buy yourself a friend." (*Avot, Chapter 1*)

The Imperative of Choosing a Good Environment

Through this you can understand the words of Rav Yosi Ben Kisma (*Avot, chapter 6*), who replied to a man who asked him to come and live in his town, for which he would pay him thousands upon thousands of gold dinars. Rav Yosi Ben Kisma answered him, "Even if you gave me all the silver and gold and precious stones and jewels in the world, I would live nowhere but in a place of Torah."

It may seem like these words are beyond our simple comprehension. How could he pass up thousands upon thousands of gold dinars for such a small thing just because he didn't want to live in a city where there were no Torah scholars, when he himself was a great sage and didn't need anyone to learn from? This is a great wonder.

However, this is a very simple thing, and it should apply to each and every one of us. Because even though each of us has a "Foundation" of his own, our potentials manifest only through our environment, just as the seed which is sown in the ground manifests its potential only through its environment which is the soil, the rain, and sunlight.

יענש, לא מטעם המחשבות והמעשים הרעים, שאין לו בחירה עליהם - אלא מטעם שלא בחר להיות בסביבה הטובה, כי בזה וודאי יש בחירה כמבואר.

לכן, המתאמץ בימי חייו, ובוחר בכל פעם בסביבה טובה יותר - הרי הוא ראוי לשבח ולשכר. וגם כאן, לא מטעם מחשבותיו ומעשיו הטובים, הבאים לו בהכרח בלי בחירתו, אלא מטעם התאמצותו לרכוש לו סביבה טובה המביאתו לידי המחשבות והמעשים האלו. וזה שאמר רבי יהושע בן פרחיא "עשה לך רב וקנה לך חבר" (אבות, פרק א', משנה ו').

החיוב בבחירת סביבה טובה

באמור תבין דברי רבי יוסי בן קסמא (אבות, פרק ו') שהשיב לאדם שביקש ממנו שידור במקומו, ויתן לו עבור זה אלף אלפי אלפים דינרי זהב. ענה לו רבי יוסי בן קסמא: "אם אתה נותן לי כל כסף וזהב ואבנים טובות ומרגליות שבעולם, איני דר אלא במקום תורה".

לכאורה הדברים נשגבים מדעתנו הפשוטה, אשר, איך ויתר על אלף אלפי אלפים דינרי זהב, בשביל דבר קטן כזה, שלא רצה לדור בעיר שאין שם בני תורה, בה בשעה שבעצמו היה מוסמך וחכם גדול, ואינו צריך ללמוד ממי שהוא? - פלא גדול.

אולם במבואר, הרי הדבר הזה פשוט מאד, וראוי שיקויים בכל אחד ואחד מאתנו. כי הגם שיש לכל אחד בחינת "מצע משלו", מכל מקום אין הכוחות מתגלים בפועל זולת על ידי הסביבה שהוא נמצא בה, - דומה לחטה הנזרעת באדמה, שאין כוחות החטה מתגלים בפועל, זולת על ידי הסביבה שלה - שהיא האדמה, הגשם, ואור השמש.

Thus, we see that Rav Yosi Ben Kisma was right in assuming that if he left his good environment which he chose, and went to a bad and harmful environment, meaning to a city without Torah, not only would his previous wisdom deteriorate, the remaining powers inherent in his Foundation which were not manifested yet, would remain hidden. They would no longer be in an appropriate environment which would bring them from potentiality to actuality. As we explained above, only through the choice of environment can a person govern his life, for which he deserves his reward or punishment.

Therefore, there is no wonder about a sage like Rav Yosi Ben Kisma, who chose the good and rejected the bad, and was not enticed by material things, as is concluded, "When a man dies, he is not escorted by silver or gold or precious stones or jewels, but only by Torah study and good deeds."

And thus the sages instructed us: "Make yourself a Rav and buy yourself a friend." This is also true of books. For only this is to one's advantage or disadvantage, that is, one's choice of environment. However, once one has chosen an environment, one is subjected to it like the clay in the hands of the potter.

The Mind's Control over the Body

There are many modern scholars who, after examining the matter mentioned above and seeing how man's mind is like a fruit which grows out of life's experiences, as we explained before, have come to the conclusion that the mind has no control over the body whatsoever. Only life's experiences which are recorded in the physical neurons of the brain control and activate the person. And the mind of a person is like a mirror which receives the images placed before it. And even though the mirror contains these images, it has no power to act on the images reflected in it in any way.

לפיכך, יפה שיער רבי יוסי בן קסמא, אשר אם יעזוב את הסביבה הטובה שלו, אשר בחר, ויבוא לסביבה רעה ומזיקה, דהיינו, בעיר שאין בה תורה, לא זו בלבד אשר דעותיו הקודמות ישתבשו, אלא גם כל יתר הכוחות הטמונים במצע שלו, שטרם הספיק לגלותם בפועל, ישארו בהעלמם. כי לא תהיה להם עוד הסביבה המתאימה, שתוכל להפעיל אותם מהכוח אל הפועל, וכמבואר לעיל, אשר רק בענין בחירת הסביבה, משוער כל ענין ממשלתו של האדם על עצמו, אשר בשבילה הוא ראוי לשכר או לעונש.

לכן אין כל פלא על חכם כרבי יוסי בן קסמא, שבחר בטוב, ועזב את הרע. ולא התפתה בדברים וקנינים חומריים, כמו שמסיק שם: "שבשעת פטירתו של אדם, אין מלוין לו, לאדם, לא כסף ולא זהב ולא אבנים טובות ומרגליות, אלא תורה ומעשים טובים בלבד".

וכן הזהירו חז"ל: "עשה לך רב וקנה לך חבר". וכמו כן הבחירה בספרים כנודע. כי רק בדבר הזה יש להועיל לאדם או לגנותו, דהיינו, בבחירת הסביבה, אולם לאחר שבחר הסביבה, הוא מוטל בידיהם כחומר ביד היוצר.

שליטת השכל על הגוף

ויש מהחכמים המודרנים החיצונים, אשר לאחר שהתבוננו בענין הנזכר לעיל, וראו איך ששכלו של האדם, אינו אלא בחינת פרי הצומח ויוצא ממאורעות החיים, - על דרך שהבאנו לעיל - באו למסקנה, שאין שום שליטה לשכל, לפעול על הגוף במדת מה, אלא רק מאורעות החיים בלבד, הנרשמים בגידים הגשמיים של המוח, המה השולטים ומפעילים את האדם. ושכלו של האדם, דומה למראה המקבלת צורות הנמצאות לנגדה, שאף על פי שהמראה היא הנושא לצורות הללו, מכל מקום אינה יכולה להפעיל ולהניע את הצורות הנשקפות בה כלל.

Thus, also is the mind. Although life experiences, through all the aspects of Cause and Effect, are perceived and known by the mind, the mind itself does not control the body and cannot move it. That is, it cannot bring it closer to that which benefits itself nor distances it from that which damages it, since the spiritual and the physical are as far from one another as can be. And there is no means to bring them together so that the spiritual mind can act upon and control the body, which is physical, as they have expanded and spoken at length about.

But their strong point is also their stumbling block, since a person's imagination serves the mind just as a microscope serves the eyes. Without a microscope, the eye cannot see a thing because it is so tiny. But once the negative entity is seen through the microscope, the human being can avoid that harmful germ.

Thus, we see that the microscope and not the senses cause a person to act by avoiding the germ, because the senses could not detect the germ. In the same way, the mind does control the body completely and distances it from the bad and brings it closer to the good. It does that in every instance where the body is too weak to recognize the beneficial or damaging thing. Only the mind can do this.

Moreover, as one recognizes the existence of the mind that draws him to the right conclusions through experience, he is also able to acquire knowledge from another, trusted person and to accept it as a fact, even if his life experiences are not sufficient to reveal it to him. This is like asking a doctor's advice – one listens and accepts his advice, even though one understands, with his own mind, nothing about it. Thus, one uses the minds of others and is helped by them no less than by one's own mind.

כן השכל, אף על פי שמאורעות החיים, בכל בחינותיהם של הגורם ונמשך, מתראים וידועים בשכל, מכל מקום אין השכל עצמו שולט כלל על הגוף שיוכל להביאו לידי תנועה. דהיינו, לקרבו למועיל, או להרחיקו מהמזיק, משום שהרוחני והגשמי רחוקים זה מזה בתכלית, ולא יצוייר כלל שום אמצעי מכשיר ביניהם, באופן שיוכל השכל הרוחני להניע ולפעול על הגוף שהוא גשמי, כמו שהרחיבו בו והאריכו בזה.

אולם במקום חריפותם, שם שיבושם, כי הדמיון שבאדם משמש עם השכל, לא פחות מהמיקרוסקופ לעינים, אשר בלי המיקרוסקופ אינו רואה שום דבר מזיק מחמת קטנותו. אולם אחר שרואה את הבריה המזיקה, על ידי המיקרוסקופ, הרי האדם מתרחק מאותו המזיק.

נמצא אשר המיקרוסקופ, מביא את האדם לידי פעולה להרחיקו מהנזק, ולא החוש. כי החוש לא הרגיש במזיק. ובשיעור הזה, ודאי שהשכל שולט על גוף האדם בשליטה גמורה, להרחיקו מהרע, ולקרבו אל הטוב. דהיינו, בכל אותם המקומות, אשר תכונת הגוף, חלשה להכיר שם את המועיל או המזיק, ורק להשכלתו של השכל הוא צריך.

ולא עוד, אלא שמתוך שהאדם מכיר את השכל, שהוא מסקנה נאמנה מנסיונות החיים, על כן, הוא מסוגל לקבל שכל ובינה מהאדם הנאמן לו, ולקבל אותו בדמות חוק, אף על פי שמאורעות חייו, לא הספיקו לגלות לו שכל כזה. בדומה לשואל בעצת הרופא - שהאדם מקבל ושומע לעצתו, אף על פי שאינו מבין בשכלו עצמו ולא כלום. הרי שמשתמש בשכל של אחרים, ונעזר על ידם, לא פחות מבשכלו שלו עצמו.

This is what we explained above – that there are two ways of Providence which ensure that a human being comes to the ultimate good goal, which are:

The Way of Suffering and The Way of Torah

We learn that all the clarity we have explained above, which is in The Way of Torah, comes from those wisdoms and clarity that are being revealed and manifested and recognized by the eye, after a long chain of events in the lives of the prophets and men of name and can be used by everyone to their full extent and achieve the benefit in doing this, as if they were events that are part of his own life. Thus, it is clear that through this, one need not suffer and go through all the bitter experiences necessary to develop for himself a clear mind. So a person is spared from chaos and he also saves time.

This is like a patient who does not want to follow his doctor's advice until he understands for himself how this advice will heal him. So he starts to study medicine, and he might die of his illness before he manages to learn and understand the art of medicine.

Thus is The Way of Suffering as opposed to The Way of Torah. For anyone who doesn't believe in and accept the ideas that the Torah and the prophecies suggest, without understanding them, can only arrive at the same ideas through a series of Causes and Effects from life experience. This hastens one's ability to develop a sense of recognition of that which is bad, not through choice, as we have explained, but through one's efforts to acquire a good environment which enables one to have these thoughts and deeds.

וזהו שביארנו לעיל, שיש ב' דרכים לדרכי ההשגחה, להבטיח לאדם שיבוא אל המטרה הטובה התכליתית. שהם:

דרך יסורים, דרך תורה

אשר כל הבהירות שאמרנו שם, שנמצא בדרך התורה, נובע מזה, משום שאותם שכליות הבהירות, שנתגלו ויצאו והוכרו לעין, אחר שלשלת גדולה וארוכה ממאורעות החיים של הנביאים ואנשי השם, הנה האדם בא ומנצל אותן בכל מדתן, ומוציא תועלת על ידיהן, כאילו אותן השכליות היו ממאורעות חייו עצמו. הרי לעיניך שנפטר האדם מתוך זה מכל אותם הנסיונות המרים המחויבות לו לעבור עליו עד שיתפתח בו עצמו אותו השכל הבהיר, ואם כן נפטר מיסורים, וגם מרויח זמן.

ואפשר לדמות הדבר לחולה שאינו רוצה לשמוע לעצתו של הרופא, בטרם שיבין בעצמו איך עצתו תרפא אותו. ועל כן מתחיל בעצמו ללמוד חכמת הרפואה, הרי יוכל למות מחליו, בטרם יספיק להבין חכמת הרפואה.

כן דרך היסורים, לעומת דרך התורה. כי מי שאינו מאמין למושכלות, שהתורה והנבואה מיעצים לו לקבלם בלי הבנה עצמית, הרי מוכרח בעצמו לבוא לאותם השכליות, והיינו רק על דרך ביאתו בשלשלת הסיבה והמסובב ממאורעות החיים, שהן נסיונות מזרזות מאד המסוגלות לפתח בהם את חוש הכרת הרע, כמו שנתבאר בלי בחירתו, אלא מטעם התאמצותו לרכוש לו סביבה טובה, המביאה לידי המחשבות והמעשים האלו.

Freedom of the Individual

Now we have come to understand the freedom of the individual in its precise form. This only applies to the First Cause – the "Foundation" – which is the First Matter of every person. That is, in terms of the tendencies we inherit from our parents and ancestors, which distinguish one person from another.

You can see that even among thousands of people who live in the same environment in which the Three other Causes act upon them to the same degree, you will not find two who have the same trait.

The reason for this is that each of them has his own unique Foundation, according to its own essence, which is like the Foundation of the grain of wheat; even though it is affected significantly by the Three last Causes, it still retains its previous form of a wheat and can never take on the form of another species.

It is the same in this case. Every Foundation that loses the previous form of its parents, and takes on a new form through the Three Causes which affect it and change it significantly, still retains the general form of its parents and does not lose them, and will never take on the form of another person to be similar, just as a grain of barley cannot be similar to the form of wheat.

Thus, we see that every single Foundation has a long generational history of a few hundred generations. And each Foundation is comprised of the consciousness of all of them together, but they are not manifested in the same form in which they are found in one's parents, that is in the form of consciousness, therefore unclothing their form.

חרות היחיד

ועתה באנו לידי הבנה, גם בחירות היחיד, על תוכנו המדויק. אשר זה אמור, רק על בחינת גורם הראשון - שהוא "המצע", שהוא בחינת חומר הראשון של כל אדם. דהיינו, על כל בחינות הנטיות הבאות אלינו בירושה מאבותינו ואבות אבותינו. אשר באלה נבדל האחד ממשנהו.

כי תראה אשר אלפי אנשים, שסביבה אחת לכולם, גם באופן ששלושת הגורמים האחרונים פועלים כולם במדה שוה. עם כל זה לא תמצא ביניהם שני אנשים שיהיה להם תכונה אחת.

והוא מטעם, שכל אחד מהם, יש לו מצע מיוחד, לפי עצמו לבדו, שזה דומה כמו המצע של החטה, שאף על פי שמשתנית הרבה מכוח שלושת הגורמים האחרונים, עם כל זה תשאר עליה צורת החטה הקדומה, ולעולם לא תקבל צורת מין אחר.

כן הדבר הזה, אשר כל "מצע" שפשט הימנו הצורה הקדומה של המולידים, ולבש צורה חדשה, המותנית מכחות ג' גורמים שנוספו אליה, ומשתנית הרבה על ידיהם - עם כל זה הצורה הכללית של המולידים לא תאבד הימנו, ולעולם לא יוכל לקבל צורה של אדם אחר, שדומה בערכו, כשם שהשעורה לא תדמה בערכה החטה.

שהרי כל מצע ומצע יש לו לעצמו שלשלת דורות ארוכה, מכמה מאות דורות, אשר אותו המצע כלול מהמושכלות שבכולם, אלא שאינם מגולים בו, באותן הצורות שהיו נמצאות באבותיו. דהיינו, בצורות של מושכלות, אלא רק מבחינת פושט צורתם.

Thus, one only retains the basic forms, which are called tendencies and instincts, without knowing why one acts a certain way, as explained above. So it is inconceivable that two people have the same traits.

The Necessity of Keeping the Individual's Freedom

Know that this is the individual's true possession, so it must not be harmed nor changed. Because all of the tendencies contained in the "Foundation" will eventually be acted on and receive consciousness forms, when the individual matures and has his own mind, as explained above.

And through the power of the Law of Development, which governs this entire chain of Cause and Effect, which compels it always forward, as explained in the "Article on Peace," we find that every single tendency eventually transforms into a very lofty, important and invaluable consciousness.

Thus, we find that anyone who destroys and uproots a tendency from an individual causes a lofty and wonderful idea, which was destined to emerge and evolve, to be lost. Since this tendency cannot ever occur again in any other person but him.

Here we must understand that when a tendency changes and takes on the form of a consciousness, differences of good and bad can no longer be recognized in it since these differences are only apparent while the tendencies or consciousness are not yet ripe, and nothing of them is recognizable when they take on the form of the true consciousness. This will be explained in the next articles with full reasons and arguments.

From this, we understand the terrible damage the nations cause when they force their dominion on minorities and take away their freedom, not allowing them to carry on their way of life according to their tendencies,

ועל כן עומדים בו, רק בצורות של כוחות פשוטים שנקראות נטיות ואינסטינקטים, מבלי שיודע טעמם למה עושה כן כנ"ל. ולפיכך לא יצוייר לעולם, שיהיו שני אנשים בתכונה שוה.

חיוב השמירה על חרות היחיד

ודע שזהו הרכוש האמיתי של היחיד, שאסור לפגוע בו, או לשנותו. כי סופם של כל אלו הנטיות הכלולות ב"מצע", להתפעל ולקבל צורות מושכלות, כשיגדל אותו היחיד ויעמוד על דעתו. כמבואר לעיל.

ומכח חוק ההתפתחות השולט בכל השלשלת ההיא הדוחף אותה תמיד קדימה, כמבואר במאמר השלום. נמצא עוד, שסופם של כל נטיה ונטיה, להתהפך למושכלות מאד גבוהות וחשובות לאין ערוך.

נמצא שכל מי שמשחית איזו נטיה מהיחיד, ועוקר אותה ממנו, הריהו גורם שיאבד מהעולם השכלה נשגבה ונפלאה ההיא, שעתידה לצאת בה באחרית השלשלת. משום שנטיה ההיא, לא יארע עוד לעולם, בשום גוף אחר זולתו.

כאן צריכים להבין, שבשעה שאיזו נטיה מתהפכת ומקבלת צורת מושכל, אין עוד יותר להכיר בה הבדלות של טוב ורע. כי הבדלות אלו ניכרות רק בזמן היותן נטיות או מושכלות בלתי בשלות, ובשום פנים לא יוכר שמץ מהם, בעת שמקבלות צורת מושכלות אמיתיות. ודבר זה יתבאר במאמרים הבאים, בכל טעמו ונמוקו.

מזה מובן לנו, גודל החמס, שעושים אלו האומות, המטילים מרותם על המיעוטים ועושקים את חרותם, מבלי לאפשר להם להמשיך את דרך חייהם, על פי נטיותיהם, שהגיעו אליהם במורשה מאבות אבותיהם,

which they inherited from their forefathers – they are considered to be like murderers of souls. And even those who don't believe in religion and purposeful Providence can understand the imperative of protecting the freedom of the individual through their understanding of the ways of nature.

That is because we have seen how every nation that has fallen to ruin throughout the generations fell through imposing itself on minorities and on individuals. By doing so, they overcame them and destroyed them. Thus, it is clear to all that there is no way to attain peace in the world if we don't take into account the freedom of the individual, for without this, peace will not last and destruction will only get worse.

We have clearly explained and precisely defined the entity of the individual, excluding everything that comes from the community. Now the question is, where is the individual himself? Because everything we have said so far in terms of the individual can only be understood in terms of the individual's properties which is the legacy inherited from his ancestors.

Who is the one who inherits and owns these possessions? The one who is demanding to preserve his possessions? Because after all the things we have already explained, we have not yet found the point of "self" of the human being, that point of which we can examine as an independent unit. And what is the significance of the First Cause, which is a long series of thousands of people, one after another from generation to generation, which combine to determine the character of the individual as an inheritor?

And what is the significance of the Three other Causes who are the thousands of people existing next to each other in a single generation, when in the end each individual is to be judged in terms of a single communal machine which is always ready to serve the needs and desires of the community?

כי כרוצחי נפשות נחשבים. וגם הבלתי מאמינים בדת ובהשגחה מטרתית, יוכלו להבין את החיוב השמירה, על חרות היחיד, מתוך מערכות הטבע.

כי עינינו רואות איך כל האומות שנפלו ונהרסו מדור דור, לא היה זה, אלא מתוך הכבדת עולם על המיעוטים, ועל היחידים. אשר על כן התגברו עליהם והרסו אותם. אם כן ברור לכל, שאין אפשרות להעמיד השלום בעולם, אם לא נתחשב עם חירות היחיד, כי זולת זה, לא יהיה השלום בן קיימא. והחורבן יאמיר.

הנה גדרנו היטב את ישותו של היחיד, בתכלית הדיוק, אחרי הנכיון מכל מה שמגיע אליו מהצבור כמבואר. אולם, הועמדה השאלה סוף סוף איה הוא היחיד עצמו? כי כל האמור עד הנה בגדר היחיד, הוא מובן רק מבחינת רכושו של היחיד, שהוא המורשה שהנחילו לו אבותיו.

אולם, איה הוא היחיד עצמו, דהיינו, היורש והנושא של אותו הרכוש, התובע לפנינו על שמירת רכושו? כי מכל המבואר עד כאן, עדיין לא מצאנו, את הנקודה האנכית של האדם, שיהיה עומד לעינינו בתור יחידה עצמית, ומה לי הגורם הראשון - שהוא שלשלת ארוכה, של אלפי בני אדם בזה אחר זה, מדור דור, שקבענו עמהם דמותו של היחיד בתור יורש.

ומה לי שאר שלושת הגורמים - שהם אלפי האנשים עומדים בזה אצל זה בדור אחד - סוף סוף נבחן כל יחיד, רק בדמות מכונה צבורית, העומדת תמיד הכן לרשות הצבור לתשמישם, לחפצם.

This means that the individual is subject to two types of community. In terms of the First Cause, one is subject to the massive community of previous generations which came one after another. And in terms of the Three other Causes, one is subject to the community in which one lives with at that particular generation.

This is truly a world-wide question, and for this reason there are many people who oppose the aforementioned natural approach, even though they well recognize the truth of it. And they choose metaphysical or dualistic or transcendental approaches in order to visualize a spiritual entity and how it lies within the human body as "the human soul," which is intelligent and operates the body, which is the essence of the human himself and his self or ego.

All of these explanations should be sufficient, but the problem is that they have no scientific explanation for how a spiritual thing can have any kind of contact with the spiritual and physical atoms of the body and thereby cause any kind of motion. All of their wisdom is of no use to them in finding anything sufficient to bridge this wide and deep gap between the spiritual and the physical. Thus, science has gone nowhere with all of these metaphysical approaches.

The *Desire to Receive* – "Something from Nothing"

In order to take a step forward with this scientific approach, only the wisdom of Kabbalah will suffice, since all of the wisdoms in the world are included in the wisdom of Kabbalah. And as I have explained (in my commentary *Panim Masbirot* in the issue of "Spiritual Lights and Vessels" in the book *The Tree of Life, branch 1*), anything new in terms of God's creation, ex nihilo, "something from nothing," only applies to one concept, which is defined as the *Desire to Receive*.

דהיינו, שנעשו סביל לשני מינים של צבור. מצד הגורם הראשון נעשה סביל לצבור גדול מדורות שעברו, שהיו נמצאים בזה אחר זה, ומצד שלושת הגורמים האחרים נעשה סביל לצבור הנמצאים עמו בדור אחד.

וזוהי אמנם שאלה כלל עולמית, ומשום זה נמצאים הרבה המתנגדים לשיטה הנ"ל הטבעית, אף על פי שמכירים היטב אמיתותה, ובוחרים ביותר בשיטות מטפיזיות או בדואליזם, או בטרנסצנדנטליות, לצייר לעצמם איזה עצם רוחני, איך שהוא יושב בפנימיות הגוף, בתור נפש האדם. אשר הנפש הזאת היא המשכלת, והיא המפעלת את הגוף וכו', שהיא עצם האדם וה"אנכי" שלו.

ואולי היה בכל הפירושים הללו, כדי להניח את הדעת, אבל הצרה בזה, שאין להם כל פתרון מדעי, איך אפשר לעצם רוחני, שיהיה לו איזה מגע כל שהוא, עם האטומים הגשמיים בגוף, שיוכל לגרום לו איזה תנועה. וכל חכמתם, לא הועילה להם, למצוא כאן איזה גשר מספיק, לעבור על הבקע הרחב והעמוק הזה, הנמצא מעצם רוחני, לאטום גשמי. ולפיכך לא הרויח המדע ולא כלום, בכל השיטות המטפיזיות הללו.

הרצון לקבל - יש מאין

וכדי להוסיף כאן איזה פסיעה קדימה בדרך מדעית - רק לחכמת הקבלה אנו צריכים, כי כל החכמות שבעולם כלולות בחכמת הקבלה. ונתבאר אצלינו, בענין "אורות וכלים הרוחניים" (בפרושי "פנים מסבירות" לספר "עץ החיים", ענף א'), אשר כל עיקר החידוש מבחינת הבריאה שברא ית' יש מאין, אינו חל רק על ענין אחד בלבד, המוגדר תחת השם "רצון לקבל".

No other thing in Creation can be defined as "new" since they are not "something from nothing" but rather "something from something." That is, they derive directly from God's essence like the light is derived from the sun – there is nothing new about it; that which is contained in the essence of the sun goes out from it.

This is not true of the abovementioned *Desire to Receive*, which is totally new. That is, before Creation there was no such reality, because the Creator has nothing to do whatsoever with the *Desire to Receive*. After all, the Creator preceded everything, and from what or who would the Creator receive? Therefore, this *Desire to Receive*, which the Creator created ex nihilo, can be considered as an entirely new thing.

This is not true of anything besides this; nothing else can be considered "new" that can be called a "creation." Therefore, all of the vessels and objects, whether spiritual realities or physical worlds, are considered to be spiritual or physical material whose nature is the *Desire to Receive*.

The Two Forces of the *Desire to Receive*: Attraction and Repulsion

Furthermore, within the power which we call the *Desire to Receive*, we can distinguish between two separate powers which are called "attraction" and "repulsion." The reason for this is that every vessel or object which is defined by the *Desire to Receive* is limited in terms of the quantity and quality of what it can receive.

Since this is so, we find everything that is beyond the object or vessel's capacity to receive in terms of quantity or quality is considered to be against its nature, and because of this it repels them. By definition it is *Desire to Receive*. Even though it means power of attraction, in this case, out of necessity, it becomes also power of repulsion - understand this well.

וכל שאר הענינים הנמצאים בכל הבריאה, אינם בבחינת חידוש כלל, שאינם מבחינת יש מאין, אלא, יש מיש. כלומר, שנמשכים בהמשכה ישרה ממהותו ית' עצמו, כמו האור הנמשך מהשמש - שאין שם כל חידוש, שמה שנמצא במהות השמש מתפשט ויוצא לחוץ.

מה שאין כן, בענין "רצון לקבל" האמור, זהו חידוש לגמרי, כלומר, שמטרם הבריאה לא היה דבר זה במציאות, שהרי הוא ית' אינו כלול ולא כלום, מבחינת רצון לקבל, להיותו קדמון לכל דבר ממי יקבל? ולכן נבחן הרצון לקבל הזה, שהוציאו ית' בבחינת יש מאין בחידוש גמור.

מה שאין כן כל היתר מזה אינו כלול בבחינת חידוש שיתכן לכנותם בשם בריאה. ולפיכך, כל הכלים וכל הגופים, הן מעולמות הרוחניים, והן מעולמות הגשמיים, הם נבחנים לבחינת חומר רוחני או גשמי שטבעו הוא "לרצות לקבל".

ב' כוחות ברצון לקבל: כח המושך, כח הדוחה

וצריך שתבחין עוד, אשר בבחינת הכח הזה המכונה "רצון לקבל", אנו מבחינים בשני כוחות הנקראים: "כוח המושך" ו"כח הדוחה" והטעם, כי כל כלי או גוף, שגדרו הוא רצון לקבל, נמצא אמנם מוגבל, דהיינו, כמה שיקבל, ואיזה איכות שיקבל.

וכיון שכן, נמצאים כל אלו הכמות והאיכות שהם מחוץ לגבולו, כמו נגד הטבע שלו. ומתוך כך הוא דוחה אותם, הרי שבגדר הזה שנקרא רצון לקבל, אף על פי שמובנו רק כח המושך בלבד, מכל מקום, בהכרח נעשה גם כן לכח הדוחה. והבן זה היטב.

One Law for all of the Worlds

Although the wisdom of Kabbalah does not speak of our physical world at all, all of the worlds are subject to one law (see the article on "The Essence of the Wisdom of Kabbalah" beginning with "The Law of Root and Branch").

Thus, we also find that any one of all the physical essences which are to be found in our world—that is, everything that is in this space, be it Inanimate, Vegetable, Animal, spiritual substance, or material substance—when we come to determine the "self" and individuality of each one of them in terms of what makes them different from the others even to the smallest particle, it is nothing more than the abovementioned *Desire to Receive*. This is its entire individual form in terms of renewed creation, and which limits it in terms of quantity and quality as mentioned above, and through that derives its powers of attraction and repulsion.

But anything which contains more than these two powers is considered to be the abundance from His essence, and this abundance is equal among all creations. There is nothing new about that abundance in terms of Creation, since it is "something from something" and it cannot be considered to be an individual unit, but rather something that is common to all creations, great and small. Because each one receives from this abundance according to the limitations of its *Desire to Receive*, this limitation becomes that which distinguishes one individual thing from another.

Thus, I have clearly defined in a purely scientific manner the "I" or ego of every individual through scientific logic that cannot be disproved or criticized, even according to methods of extreme automatic materialism.

חוק אחד לכל העולמות

ואף על פי שחכמת הקבלה, אינה מדברת כלום מעולמנו הגשמי, עם כל זה יש להם לכל העולמות חוק אחד (כמ"ש במאמר "מהות חכמת הקבלה", ד"ה העולמות נחתמים זמ"ז).

ולפיכך נמצא גם כן, אשר כל מיני מהותים הגשמיים שבעולמנו, דהיינו, כל מה שנמצא בתוך החלל הזה, יהיה מה שיהיה, דומם, צומח, חי, עצם רוחני, עצם גשמי, אם באנו להבחין את בחינת היחידית והאנכיית של כל אחד מהם, במה שנבדל מכל האחרים, ואפילו בפרודה היותר קטנה, הרי היא לא יותר מבחינת "רצון לקבל" הנ"ל, שהוא כל צורתו הפרטית מצד הבריאה המחודשת, המגביל אותה בכמות ואיכות כנ"ל, שמכוח זה נמצא בה כוח המושך וכוח הדוחה.

אבל כל מה שנמצא בה יותר משני הכוחות האמורים, הרי זה נחשב לבחינת השפע ממהותו ית', אשר השפע הזה הוא שוה לכל הברואים, ואין בה משום חידוש המיוחס לבריאה כלל, להיותה נמשכת יש מיש, ולא יתכן ליחס את זה לבחינת יחידה פרטית. רק לדברים משותפים לכל חלקי הבריאה הקטנים עם הגדולים. שכל אחד מקבל מהשפע הזה, לפי גבול הרצון לקבל שלו, ובגבול הזה נעשית ההגדרה בין כל יחיד ויחידה.

הרי הוכחתי בעליל מבחינה מדעית טהורה, את "האנכי" (האיגו) של כל יחיד, בשיטה מדעית מוגנת לחלוטין בכל צרכיה מעין הבקורת. ואפילו לשיטת המטריאליסטים האוטומאטיים הקיצונים.

Now we have no need for all of the faulty methods seasoned with metaphysics. Clearly, it makes no difference whether this power – the *Desire to Receive* – comes from the material discovered through chemistry or whether the material comes from this power - since we understand the point that only this power, which is inherent in every creature and atom as the *Desire to Receive* according to its limitations, is the only thing in which it is separate and recognizable to among all of its fellows. This also applies to both an individual atom and a group of atoms which form a body.

And all other aspects in which we find more than this power have nothing to do with this molecule or group of molecules in terms of individuality, except in general, which is the abundance that comes to them from the Creator. This is what all parts of the Creation have in common, and this is not a matter of individual bodies, as we have explained.

Now we can understand the concept of the freedom of the individual in terms of the definition included in the First Cause, which we have called the "Foundation," in which all of the previous generations, who are the ancestors of this individual, have imbued their nature, as we discussed earlier. According to this explanation the definition of the word "individual" is nothing but the limitation of the *Desire to Receive* inherent in its group of molecules.

Thus, you can see that all of the tendencies which the individual has inherited from his ancestors are nothing but the limitation of its *Desire to Receive*, in terms of either the power of attraction within it or the power of repulsion within it. We see these as tendencies to indulgence or miserliness; or to mix in with others or to be alone.

And since this is so, these are manifested as the ego, which fights for its right to exist. Thus, if we destroy some tendency of a given individual, it is as if we have severed one of its limbs, and this is truly a loss to all

ומעתה אין אנו צריכים יותר לכל השיטות הצולעות, המתובלות במטפיזיקה. וכמובן שאין כאן כל הפרש, אם הכוח הזה - של רצון לקבל, הוא פרי ותוצאה של המטריה (חומר) שהוציאתו בדרך הכימיה, או המטריה, הוא פרי ותוצאה של הכח הזה, כי העיקר ידענו, אשר רק הכח הזה - המוטבע בכל בריה ואטום של "הרצון לקבל" בגבולותיו, הוא בחינת היחידה, שבו הוא נבדל וניכר לעצמו, מתוך שאר חברי סביבתו, שזה נוהג הן באטום יחידה, והן בחבורה של אטומים - שנקראים גוף.

וכל יתר הבחינות, שנמצא בהם עודף על הכח הזה, אינם מיוחסים בכל שהוא לאותה הפרודה, או לאותה החבורה של פרודות מבחינת האנכיית שבה, אלא רק מבחינה כללית, שהוא השפע הנמשך אליהם מהשי"ת, שהוא ענין המשותף לכל חלקי הבריאה יחד, ואין בהם ענין של גופים נבראים יחידים, כמבואר.

ועתה יתבאר לנו ענין "חירות היחיד", מבחינת ההגדרה הנכללת בגורם הראשון, שקראנו אותו בשם "מצע", שכל הדורות הקודמים, שהם אבותיו ואבות אבותיו של אותו היחיד, הניחו טבעיהם שמה, כמו שהארכנו בזה לעיל. ועל פי המבואר, שכל עיקרו של המובן במלת יחיד אינו אלא הגבולים של "הרצון לקבל" המוטבע בחבורת הפרודות שבו.

הרי לעיניך, שכל אותם הנטיות שירש מאבותיו ואבות אבותיו, הם אמנם רק בחינות גבולים של "הרצון לקבל" בלבד. או מבחינת כח המושך שבו, או מבחינת כח הדוחה שבו, שהמה מתראים לעינינו בדמות נטיות לותרנות, או לקמצנות, להתערב בין הבריות, או להיות מתבודד כנ"ל.

וכיון שכן, הנה הם ממש בחינת האנכיית שבו (האיגו) העומד ולוחם על זכות קיומו. באופן שאם אנו משחיתים איזו נטיה מאותו היחיד, הרי אנו נחשבים לקוצצים אבר אמיתי מהעצמות שלו, וגם הוא נחשב

of creation, since there is not and there never will be another like it, as we have explained above.

Now that we have clearly explained the individual's justifiable right to freedom according to the Laws of Nature, let us see how it is possible to uphold this in practice, without violating the Laws of Ethics or diplomacy, and most importantly, how we uphold it according to our holy Torah.

The Rule of Following the Majority

It is written: "Following the Majority" (*Exodus 23:2*) which means that wherever there is a difference of opinion between an individual and a group, we must decide according to the will of the group. It is clear that the group has the right to violate the freedom of the individual.

However, this brings up another, more difficult question. Because it seems that this law would lead to the regression, not the advancement of civilization, since most people are less advanced and the advanced are in the minority. And if we always make decisions according to the majority, who are less advanced and hasty, we find that the opinions and desires of the wise and advanced people among society, who are always in the minority, will not be heard or counted. Thus, we condemn civilization to regression and it cannot take even one small step forward.

We have explained in the "Article on Peace," in the paragraph beginning with: "The necessity to be careful concerning the Laws of Nature," that since we are obligated by Divine Providence to live among society, we are therefore required to uphold all of the laws relating to the maintenance of society. If we are even a little bit lenient, Nature will take its revenge in its own way, regardless of whether we understand the reasons for these laws or not - read that carefully.

אבידה אמיתית לכלל הבריאה, משום שלא נמצא ולא יהיה עוד בכל העולם דוגמתו, כמבואר לעיל.

ואחר שבררנו היטב את הזכות המוצדקת של חירות היחיד להלכה על פי חוקים הטבעיים. נפנה ונראה עד כמה שאפשר לקיימו למעשה, מבלי לפגוע בתורת המוסר, ובתורת המדיניות. והעיקר - כיצד מקויימת הזכות הזאת, על פי תורתנו הקדושה.

אחרי רבים להטות

והנה הכתוב אומר: "אחרי רבים להטות" (שמות, כ"ג, ב'), זאת אומרת, שבכל המקומות שיש לנו מחלוקת בין יחיד לרבים, אנו מחויבים להכריע הדבר, לפי רצונם של הרבים. הרי מפורש שיש זכות לרבים להפקיע את חירותו של היחיד.

אולם יש לנו כאן שאלה אחרת, עוד יותר חמורה, כי לכאורה, החוק הזה עומד להחזיר את האנושות לאחור ולא לפנים, כי בעת שרוב חברי האנושות, המה בלתי מפותחים, והמפותחים המה תמיד מיעוט הקטן, ואם אתה מכריע תמיד כרצונם של הרבים, שהם הבלתי מפותחים, ונמהרי הלב, נמצא שדעתם וחפצם של החכמים והמפותחים שבחברה, שהם תמיד המיעוט, לא הישמע ולא יפקד. הרי אתה חותם את האנושות על נסיגה לאחור. כי לא יוכלו להתקדם אפילו פסיעה קטנה אחת קדימה.

אמנם כפי המתבאר במאמר השלום ד"ה חיוב הזהירות בחוקי הטבע, שמתוך שנצטוינו מפי ההשגחה לחיות חיי חברה, אם כן נעשינו מחויבים לקיים כל החוקים הנוגעים לקיום החברה, ואם אנו מקילים בשיעור מה, ינקום הטבע בנו ויטול נקמתו מאתנו כדרכו, בלי שום הבדל, אם אנו מבינים טעמי החוקים אם לא, עש"ה.

We can see that there is no order to life among society without the Rule of Following the Majority, which covers every argument and mishap within society. This law is the only means to maintaining society's right to exist.

As a result we understand this law to be part of the natural precepts of Providence, and we must accept them and uphold them stringently regardless of our understanding of them, just like the rest of the precepts of the Torah, which are all Laws of Nature and of Divine Providence, and which come to us "from Above to Below."

I have already explained (in the article, "The Essence of the Wisdom of Kabbalah," beginning with: "The Law of Root and Branch") that all of the stubbornness apparent in the ways of nature in this world is only because they derive from the laws and rules of the spiritual Upper Worlds. Through this, you can also understand that the precepts of the Torah are nothing but the laws and rules of the Upper Worlds, which are the roots of all of the ways of Nature in this, our world. Therefore, the Laws of the Torah and the Laws of Nature in this world are always as alike as two drops of water. And thus we have proven that the Rule of Following the Majority is a law of both Providence and Nature.

The Way of Torah and the Way of Suffering

With all of that, our dilemma concerning the regression which comes as a result of this law is still not reconciled with these words. It is our role to care and find ruses how to fix it. However, Providence does not lose out by this, since it encompasses mankind in two ways: The Way of Torah and The Way of Suffering, in such a way that it ensures the development of mankind and its continual advancement toward the goal. And there's nothing that can hinder it (as explained in the "Article on Peace" under "Everything is Given on Collateral"). However, upholding this law is a natural obligation, as we have explained.

ועינינו הרואות שאין לנו שום סדור לחיות בתוך החברה, זולת על פי החוק של "אחרי רבים להטות", המסדר לנו כל ריב וכל פגע שבתוך החברה, באופן שהחוק הזה הוא המכשיר היחידי הנותן זכות קיום לחברה.

ולפיכך נבחן משום זה, בין המצוות הטבעיות של ההשגחה, ואנו מוכרחים לקבלו עלינו ולשמרו בכל הזהירות בלי כל התחשבות בהבנתנו - והוא דומה לשאר המצוות שבתורה, שהמה כולם חוקי הטבע והשגחתו ית', אשר נתונים ובאים אלינו "מעילא לתתא".

וכבר ביארתי (במאמר מהות חכמת הקבלה ד"ה חוק שורש וענף) אשר כל העקשנות הנראית בדרכי הטבע שבעולם הזה, אין זה אלא משום שנמשכים ונרשמים כן מחוקים והנהגות שבעולמות העליונים הרוחניים. ועם זה תבין גם כן, אשר המצוות שבתורה, אינם אלא חוקים והנהגות הקבועים בעולמות העליונים, שהמה השורשים לכל דרכי הטבע שבעולמינו הזה. ולפיכך מתאימים תמיד חוקי התורה לחוקי הטבע שבעולם הזה, כמו שתי טפות מים. וזהו שהוכחנו אשר החוק של "אחרי רבים להטות", הוא חוק ההשגחה והטבע.

דרך תורה ודרך יסורים

ועם כל זה קושיתנו בדבר הנסיגה אחורנית שצמחה מהחוק הזה, עדיין אינה מיושבת בדברים אלו. ואכן זו היא דאגתנו אנו להמציא תחבולות איך לתקן את זה. אבל ההשגחה מצדה, אינה מפסידה מזה, כי כבר הקיפה היטב את האנושות בשני דרכים: באופן, שהיא בטוחה בהתפתחות האנושות ובהתקדמות תמידית אל המטרה. ושום מורא לא יעלה עליה (כמ"ש במאמר "השלום" במשנה הכל נתון בערבון). אמנם קיום החוק הזה הוא התחייבות טבעית הכרחית כמבואר.

The Right of the Majority to Violate
the Freedom of the Individual

Furthermore, we must ask whether these things only apply to matters between a person and his fellow man, in which we can accept the Rule of Following the Majority, out of the obligation to Providence, which demands that we constantly concern ourselves with the livelihood of others, as we have explained.

However, the Torah obligates us to follow this Rule of Following the Majority in disagreements regarding issues that concern the relationship between a human being and the Creator as well, although it may seem as though this has nothing to do with the maintenance of society. This brings us back to the question: How can this law be justifiable if it obligates us to accept the opinion of the majority, which as we have said, is not advanced, and to reject the opinions of advanced people, who are always a small minority?

According to what we have proven (in the article: "The Essense and Purpose of Religion" beginning with "Aware development and Unaware development"), the entire Torah and its precepts were only given in order to purify us, that is, in order to develop in us the recognition of that which is bad which is inherent in us from birth and defined in general terms as self-love, and to come to pure good, defined as love of others. This is the only and unique path to the love of the Creator. And this brings the precepts concerning a human being and the Creator to be the powerful means distancing man from self-love, which is damaging to society.

Thus, it is clear that also cases of disagreement regarding issues that concern the relationship between a human being and the Creator have something to do with the problem of society's right to exist. Therefore, they also are subject to Rule of Following the Majority.

זכות הרבים להפקיע חרות היחיד

ויש אמנם לשאול עוד, כי הדברים מוצדקים רק בדברים שבין אדם לחברו, אשר אז מקובל עלינו החוק של "אחרי רבים להטות", מתוך חובת ההשגחה, המטילה עלינו לפקח תמיד על קיומם ואושרם של החברים, כמבואר.

אולם החוק הזה של "אחרי רבים להטות", חייבה אותנו התורה, גם במחלוקת בנושאים שבין אדם למקום, שלכאורה, אין לדברים שום נגיעה ושייכות לענין קיומה של החברה. אם כן חזרה השאלה למקומה: איך יוצדק החוק הזה, המחייב לקבל הדעות של הרוב, שהוא כאמור, הבלתי מפותח, ולדחות ולבטל דעות המפותחים, שהמה בכל המקומות רק מיעוט קטן?

אולם, לפי מה שהוכחנו (במאמר "מהות הדת ומטרתה", ד"ה התפתחות מדעת והתפתחות שלא מדעת) שכל התורה והמצוות לא ניתנו אלא לצרף בהם את ישראל, שפירושו, לפתח בנו חוש הכרת הרע, המוטבע בנו מלידה, שבכללותו הוא מוגדר לנו בדבר אהבה עצמית שלנו - ולבוא לידי הטוב הנקי בלי בר. המוגדר בשם: אהבת זולתו, שהוא המעבר היחיד והמיוחד אל אהבת השי"ת. ולפי זה נבחנים גם המצוות שבין אדם למקום שהמה מכשירים סגוליים המרחיקים את האדם מאהבה עצמית, המזיקה לחברה.

נמצא מאליו, שגם נושאי המחלוקת בעניני מצוות שבין אדם למקום נוגעים לבעיית זכות קיומה של החברה, לפיכך, גם הם נכנסים לתוך המסגרת של "אחרי רבים להטות".

From this, we can understand the practice of distinguishing between *Halacha* (Laws of the Torah) and *Aggadah* (biblical stories) - because only in *Halacha* do the laws apply: Between the individual and the majority, the ruling goes according to the majority, and this is not so of the *Aggadah*. Things found in the *Aggadah* are higher than things pertaining to society's existence, because they speak of the ways of people in matters between a human being and the Creator which have no influence on the existence and material happiness of society.

Therefore, the majority has no justification or right to reject or nullify the opinion of the individual. This is not true in *Halacha* which pertains to the fulfillment of Torah and its precepts, all of which apply to existence of society. Since there is no way to maintain law and order except through the rule of Following the Majority, as we have explained.

Societal Life has a Law: Following the Majority

Now that we have clarified matters concerning the freedom of the individual, there is an important question to ask: Where does the majority get the right to violate the freedom of the individual and to take away his most precious asset – freedom – when it seems as though this can only be described as physical oppression?

However, we have already explained clearly that this is a natural law and an obligation to Providence. And since Providence obligates us to live among society, we must conclude that every single individual is obligated to uphold the existence and happiness of society. This cannot happen unless law and order are upheld through Rule of Following the Majority, wherein the individual's opinion is not heard or counted.

Thus, it is clear that this is the origin of the right and justification of the majority to violate the freedom of the individual against his will and to subjugate him. Therefore, it follows that in all matters that do not

בזה מובן טעם הנוהג להבחין בין הלכה לאגדה. כי רק בהלכות נוהג החוק: יחיד ורבים - הלכה כרבים, ולא כן בדברי אגדה. משום שדברי אגדה המה ענינים הנמצאים עומדים למעלה מכל הדברים הנוגעים לקיום חיי החברה. כי הם מדברים בדיוק בענין הנהגת אנשים בדברים שבין אדם למקום ית'. באותו החלק שאין שם שום תוצאות לקיום ולאושר הגופני של החברה.

ולפיכך, אין שום זכות והצדקה לרבים, לבוא ולבטל דעת היחיד, וכל איש הישר בעיניו יעשה. מה שאין כן ההלכות הנוגעות לקיום מצוות התורה, אשר כולם נכנסים תחת פקוח של קיום החברה, שלא תתאפשר השלטת סדר, זולת החוק של "אחרי רבים להטות" כמבואר.

לחיי החברה החוק: אחרי רבים להטות

עתה באנו לידי ברור דברים בהבנת המשפט של חרות היחיד, כי באמת קיימת שאלה גדולה: מאין לקחו הרבים את הזכות להפקיע את חרותו של היחיד, ולשלול ממנו את היקר לו בחיים, שהוא החרות, שלכאורה אין כאן יותר מכח הזרוע בלבד?

אולם כבר הטבנו לבאר, אשר הוא חוק טבעי ומצוות ההשגחה, שמתוך שההשגחה חייבה לכל אחד מאתנו לחיות חיי חברה - נמצא מאליו, שכל יחיד ויחיד נעשה משועבד לשמור על קיומה ואשרה של החברה. וזה לא יקויים, זולת על ידי השלטת הסדר של "אחרי רבים להטות" ודעת היחיד לא ישמע ולא יפקד.

הרי לעיניך בעליל, שזה מקור כל הזכות והצדקה שיש לרבים, להפקיע את חרותו של היחיד בעל כרחו, ולשעבדו תחת ידיהם. ולפיכך מובן מאליו, אשר בכל אותם העניינים שאינם נוגעים לקיום החיים החומריים

concern the maintenance of society's material life; the majority has no right or justification whatsoever to take away the individual's freedom. And if they do so, they are thieves and violators who prefer physical force to rights and justice in the world. In this case, the obligation to Providence does not apply to the individual, forcing him to be subjugated to the will of the majority.

In Spiritual Life, the Rule is: "Following the Individual"

We see that in terms of spiritual life, the individual is not obligated by Natural Law to be subject in any way to society – on the contrary, in this case Natural Law obligates the majority to subjugate itself to the individual. And as is explained in the "Article on Peace," there are two ways in which Providence binds and surrounds us in order to bring us to the ultimate goal: The Way of Suffering – which causes us to develop not being aware of, and The Way of Torah and Wisdom – which causes us to develop being aware of, with no need for suffering - read that carefully.

Since the more advanced people in a given generation are always in the minority, we find that when the majority gets to the point where it wishes to rid itself of terrible suffering and take on the aspect of development, being aware of and willing, which is The Way of Torah, it must subjugate itself and its physical freedom to the discipline of the individual and follow the individual's orders and instructions.

Thus, you can see that in spiritual matters the majority's right becomes its obligation. From this derives the Rule of Following the Individual Rule, which refers to the advanced individual. For it is obvious to all that advanced and educated people are always a small minority within society. And we find that the success and spiritual happiness of society are dependent on this minority - understand this well.

של החברה - אין שום רשות והצדקה לרבים, לגזול ולעשוק את חרותו של היחיד בכל שהוא. ואם יעשו כן - הם גזלנים וחמסנים, המעדיפים את כח הזרוע על כל זכות וצדק שבעולם. כי כאן לא חל חיוב ההשגחה על היחיד, שישתעבד לרצונם של הרבים.

בחיים הרוחניים החוק: "אחרי היחיד להטות"

המתבאר, שלענין חיים רוחניים, אין שום חוב על היחיד מצד הטבע, שיהיה מחוייב מבחינת מה אל החברה, אלא ההפך יש כאן חוב טבעי על הרבים, להשתעבד ולהכנע תחת היחיד, והוא מובן על פי המבואר במאמר השלום, שיש שני דרכים שההשגחה חבשה והקיפה אותנו, כדי להביאנו אל המטרה התכליתית, שהם: דרך יסורים הגורם אלינו התפתחות הזאת שלא מדעתנו. דרך תורה וחכמה, הגורמת אלינו התפתחות הזאת מדעתנו, בלי שום הכרח ויסורים עש"ה.

ומתוך שהיותר מפותח של הדור הוא ודאי אך היחיד, נמצא בעת שהרבים באים לידי הכרה לפטור את עצמם מהיסורים הנוראים, ולקבל עליהם בחינת התפתחות, מדעתם ורצונם. שהיא דרך התורה - הנה אז צריכים ומחוייבים, להכניע את עצמם ואת חרותם הגופני תחת המשמעת של היחיד. ולקיים פקודותיו וסגולותיו שיציע להם.

הרי לעיניך, שבענינים רוחניים, מתהפך זכות הרבים - לחובתם. ויוצא החוק: אחרי היחיד להטות. כלומר ההיחיד המפותח. כי דבר גלוי הוא לכל אדם, אשר המפותחים והמשכילים, הם תמיד מיעוט קטן מאד בתוך כל החברה. ונמצא כל הצלחת החברה ואושרה הרוחני - צרורה וחתומה בידי המיעוט. והבן זה היטב.

Thus, the majority is obligated to carefully uphold the opinions of these individuals so that they are never violated. They must know for sure with absolute certainty that these more advanced and true opinions are never held by the ruling majority, but by the weaker sector of society, which is the invisible minority.

The nature of all wisdom and everything precious is to come into the world in small amounts. Thus, we are instructed to uphold the opinions of all the individuals, since the majority is incapable of distinguishing between them.

Criticism as a Means to Success – Lack of Criticism as a Means to Degeneration

We should add to the aforementioned that reality places before us a total contradiction between material things and matters of opinion and ideas concerning this subject. Since societal unity, which can be the source of all happiness and success only applies to material and bodily things in people, the disunity between them is the source of all trouble and evil occurrences.

However, in matters of opinion and thoughts - which is the polar opposite because unity and lack of criticism are the source of all failure and get in the way of all advancement and intellectual fertility. The drawing of correct conclusions is based on argument and differences based on multiplicity of opinion.

The more opposition, contradiction, and criticism there is, the more wisdom and understanding can proliferate, and things become clear and easier to understand. All failure and degeneration of understanding comes as a result of insufficient criticism and argument.

ומתוך זה, מתחייבים הרבים בזהירות יתרה, לשמור בעיניים פקוחות על כל הדעות של היחידים, שלא יתבטלו מהעולם, כי עליהם לדעת בבטחה, בוודאות מוחלטת, אשר הדעות היותר מפותחות והיותר אמיתיות - אינם נמצאים לעולם ברשות הרבים השולטים - אלא דווקא ברשות החלשים ביותר, דהיינו, דווקא במיעוט שאינו ניכר לעיניים.

כי כל חכמה וכל יקר - דרכה לבוא לעולם בכמות מועטה. לפיכך נעשינו מוזהרים לשמור על הדעות של כל היחידים, משום חולשת היכולת של הרוב השולט, לבוא לברר ביניהם.

הבקורת כגורם הצלחה - אי הבקורת כגורם להתנוונות

ויש להוסיף עוד על האמור: כי המציאות מציעה לעינינו הפכיות קיצונית בין הדברים הגופניים - לדברים שבדעות והשכלות בנוגע לנדון, כי ענין האחדות החברתית, העשויה להיות מקור לכל אושר ולכל הצלחה, נוהג ביחוד רק בין הגופים ועניני הגוף בבני אדם. שהפרוד ביניהם, הוא המקור לכל פורענות ומקרים רעים.

אולם ענינים שבדעות והשכלות - הוא להפך מקצה אל הקצה. כי האיחוד ואי הבקורת, נבחן בהם למקור כל הכשלונות, והמפריע את כל ההתקדמות, וכל ההפריה השכלית, כי השגת המסקנות המוצלחות, עומדות ביחוד על רבוי המחלוקת והפרוד, היוצא והמתגלה בין הדעות.

שכפי רבוי הנגוד, והסתירה, וגדלות כח הבקורת - כן מתרבה הדעת והתבונה. והענינים נעשים מוכשרים להתברר ולהתלבן ביותר. וכל כשלונה והתנוונותה של התבונה, אינה באה רק ממעוט הבקורת ומיעוט המחלוקת שבעניניה.

Thus, it is clear that the entire basis for material success is the unity of society. And the basis for ideas and intellectual success is disunity and disagreement.

We see that when mankind attains its goal in terms of physical success, which is the complete attainment of the level of love of others, then all of the bodies of everyone in the world will unite as one body and one heart (as explained in the "Article on Peace"), for only then will all of the hoped-for happiness of mankind be revealed. Therefore, on the other hand, we must be careful not to let the opinions of mankind become so similar that argument and criticism of the wise and scholars disappear, since physical love naturally causes similarity of opinion. And if argument and criticism disappear, all ideas and intellectual advancement will cease, and the source of wisdom will, as we understand, dry up from the world.

This is a clear proof of the obligation to protect the freedom of the individual in terms of thoughts and opinions because all advancement of wisdom and knowledge is based on this freedom of the individual. Therefore, we are warned to protect this right very carefully; to protect every single form among us which we call the individual, that is, the personal power of the individual person, which in general terms is called the *Desire to Receive*.

Ancestral Heritage

This is true of all of the components as well, which are included in the *Desire to Receive*, where we defined them by the term "Foundation" or "First Cause," which refers to all of the tendencies and habits, etc. that one inherits from one's parents and ancestors. We see this as a long chain of thousands of people who lived in their own time and stand one below the other. Every one of them is the essence of their parents, and through this essence everyone inherits the spiritual properties of their

הרי הדבר גלוי לעיניים, אשר כל בסיס של הצלחה גופנית, הוא שיעור האיחוד של החברה. והבסיס של הצלחת ההשכלה והדעות הוא הפירוד והמחלוקת שבהם.

לפיכך הדין יוצא, אשר בעת שהאנושות תגיע למטרתה, בדבר הצלחת הגופות, דהיינו, על ידי ביאתם לדרגה השלמה באהבת זולתו, שאז יתלכדו כל גופות בני העולם לגוף אחד, ולב אחד (כמ"ש במאמר "השלום"), אשר רק אז יתגלה כל האושר המקווה לאנושות על שיא גובהו - הנה לעומת זה צריכים אז להזהר, שלא יתקרבו הדעות של חברי האנושות כל כך, באופן שתתבטל המחלוקת והבקורת בין החכמים והמלומדים. משום שאהבת הגופים, מביא בטבע גם קרבת הדעות. ואם תתבטל המחלוקת והבקורת - תתבטל כל התקדמות בדעות והשכלות, ויתיבש מקור הדעת מהעולם, כמובן.

ומכאן הוכחה מוחלטת, על חיוב הזהירות בחרות היחיד, בנוגע לעניני דעות והשכלות. משום שכל התפתחות החכמה והדעת, מיוסדת על חרות היחיד הזה. ולפיכך אנחנו מוזהרים לשמור עליה בשמירה מעולה, באופן שכל צורה וצורה שבתוכנו, שאנו קוראים לה בשם יחיד, דהיינו, בחינת הכח הפרטי של האדם היחיד - שנקרא בכללות בשם "רצון לקבל".

מורשת אבות

גם כל הפרטים מהתמונות, אשר הרצון לקבל הזה כוללם, שגדרנו אותו תחת השם "מצע", או סיבה א', שמשמעותו כוללת, כל אותם הנטיות והמנהגים וכדומה, שירש מאבותיו ואבות אבותיו, המצוירים לנו כמו שלשלת ארוכה של אלפי בני אדם, שהיו מצויים בשעתם, ועומדים זה תחת זה, - שכל אחד מהם הוא טפה תמציתית ממולידיו, שבטפה הזאת,

parents through the subconscious in such a way that the given individual has all of the thousands of spiritual inheritances from every individual in the chain of parents and ancestors that led to them.

Therefore, just as every individual's face is different, his opinions are different. There are no two people anywhere who have the same opinions, since each has his own lofty, great properties which he inherited from his thousands of ancestors, and others have not one iota of these.

Therefore, all of these properties are considered the individual's properties, which society is instructed to protect so that they are not distorted by the environment, but rather each individual retains his complete inheritance. Then the opposition and contradiction between them will remain forever, in order to ensure that criticism and the advancement of wisdom remain with us forever. That is all what makes humanity superior with all of its true and eternal yearnings.

Now that we have recognized to a certain extent the concept of human egotism, which we have defined in terms of potential and as the *Desire to Receive*, and the point of individuality of all living things, we can also clearly understand to its full scale, the level and the unique properties of every individual, which we have defined as "ancestral heritage." This refers to all of the tendencies and traits we inherit through our "Foundation," which is the First Matter of every person, that is, the seed of his parents. We will explain now the two aspects of the *Desire to Receive*.

I have now found the opening to understand the intention of the sages when they said "that because of the receiving of the Torah, they became free from the Angel of Death ..." But we need a deeper understanding in the matter of egotism and the above mentioned ancestral heritage. Now we will explain the two aspects of the *Desire to Receive*.

הגיע לכל אחד כל הרכוש הרוחני של מולידיו, לתוך המוח המארך שלו שנקרא סובקונשינס. באופן, שהיחיד הנמצא לפנינו, יש לו כל אלפי הירושות הרוחניות, מכל היחידים המוצגים באותה השלשלת, שהם מולידיו ואבותיו.

ולפיכך, כשם שפרצופיהם של כל יחיד ויחיד, משונה זה מזה - כן דעותיהם משונות זו מזו. ואין לך שני בני אדם בעולם שיהיו דעותיהם שוות זו לזו. כי לכל אחד יש רכוש גדול ונשגב, אשר הורישו לו אלפי אבותיו, ולאחרים אין אף שמץ מה.

אשר על כן, כל הרכוש הזה, נבחן לרכושו של היחיד, שהחברה מוזהרת לשמור על טעמו ורוחו, שלא יטשטש בסיבת הסביבה שלו. אלא, כל יחיד ישאר עם שלמות מורשתו. ואז, הנגוד והסתירה שביניהם ישאר קיים לנצח, כדי להבטיח לנו לתמיד את הבקורת, ואת התקדמות החכמה, שהיא כל יתרון האנושות וכל מאויה האמיתיים הנצחיים.

ואחר שבאנו לידי הכרה, במדה מסויימת, בדבר האנכיות של האדם אשר גדרנו אותו במובן של בחינת כח, ו"רצון לקבל", שהיא בחינת הנקודה העצמית של בעל החיים במערומו - גם נתברר לנו היטב על כל גבוליו מדת רכושו המקורי של כל גוף יחיד, אשר הגדרנו אותו במובן של "מורשת אבות", שפרושו הוא, כל כח הנטיות והתכונות שהגיעו לו בירושה לתוך בחינת ה"מצע", שהוא חומר ראשון של כל אדם, דהיינו טפה הזרעיית של מולידיו. נבאר עתה את ב' הבחינות שברצון לקבל.

הנה עתה מצאני הפתח לפתור כוונת חז"ל במה שאמרו, שבסיבת קבלת התורה נעשו בני חורין ממלאך המוות.... אולם להבנה יתרה אנו עוד צריכים, בעניין האנוכיות, ובעניין מורשת אבות האמורה.

Two Aspects of the *Desire to Receive*: Potentiality and Actuality

First, we must understand that although this selfishness, which we have defined as the *Desire to Receive*, is the basis of the essence of the human being, it is impossible to say that it has any real existence even for a moment. Because what we define as "potentiality," that is, before the potential becomes actual, only exists in thought, that is, we can only determine it through thought.

However, we cannot imagine any real force when it is at rest and not in action, since the force only exists when and to what level it manifests as action. Just as we cannot say that a baby is very strong when it can't even lift a light weight, but we can say, we know that when the baby grows up he will be very strong. Yet we can say that the might and strength we see in a person once he has grown up was apparent in his limbs and body when he was a small baby, but this strength was then hidden, and not manifest in actuality.

It is true that it was possible to determine (the powers which would eventually be manifested) in thought, since the mind demands this. However, in the baby's actual body certainly no power or might exist at all, since no actual strength was manifest in the baby's actions. The same applies to appetite. This power does not manifest in one's actual body when one's organs are not able to eat, that is, when one is satiated.

However, even when one is satiated, the appetite exists in potential, but it is concealed in the body, and later, after digestion, it manifests again, and goes from potentiality to actuality.

ב' בחינות: א' ב"כח" ב' ב"פועל"

בתחילה צריכים להבין, אשר האנוכיית הזו, שגדרנו בשם כח של "רצון לקבל", אף על פי שהוא כל עיקר עצמותו של האדם - מכל מקום לא יצוייר כלל שיהיה לו קיום במציאות ממשית אפילו רגע אחד. כי דבר זה שאנו מכנים אותו "כח", דהיינו, בטרם שיתגלה מכח אל הפועל, הוא אמנם רק דבר שבמחשבה, כלומר, שרק במחשבה, אפשר לקבוע אותו.

אולם למעשה לא יצוייר כלל שימצא איזה כח ממשי בעולם בה בשעה שהוא נח לעצמו ואינו פועל כלום, משום שהכח אינו קיים במציאות, אלא בזמן ובמידה המגולה בפעולה, כשם שלא יתכן לומר על איזה תינוק, שהוא בעל כח גדול, שעה שאינו יכול להגביה אפילו משא קל. אלא אפשר לומר, שמכירים באותו תינוק, אשר בשעה שיגדל - יתגלה בו כח גדול. ומכל מקום אנו אומרים, אשר אותו כח וגבורה שאנו מוצאים באדם בעת גדלותו, היה כלול באבריו וגופו של התינוק גם בקטנותו. אלא שהכח הזה, היה בו בהעלם. ולא היה מגולה בפועל.

והן אמת שבמחשבה אפשר היה לקבוע (את הכחות העתידים להתגלות). כן, משום שהשכל מחייב כן - אולם בממשיות גופו של התינוק - בוודאי שלא קיים אצלו שום כח של גבורה ולא כלום, להיות ששום כח אינו מתגלה בפעולות של התינוק. כמו כן כח התאבון, כח זה לא יופיע במציאות ממשית בגופו של אדם, בשעה שהאברים אינם מסוגלים לאכול, דהיינו, בעת השביעה.

אולם, אפילו בעת השביעה נמצא כח התאבון, אלא שהוא בהעלם, בתוך גופו של האדם ואחר כך, לאחר העיכול, הוא חוזר ומתגלה, ויוצא מהכח אל הפועל.

However, this statement (concerning potentiality which has not manifested in actuality) applies to the ways of thoughts of the mind, although it does not actually exist. When we are satiated we feel it, and it is clear to us that our appetite has vanished. When we look for it, it is gone.

Thus we see that we cannot conceive of a force as an object which carries, stands, rests or exists in and of itself, but rather it is conceived as a subject, that is, when the action takes place in reality the force manifests through action.

Although conceptually speaking we necessarily have two things here, the object and the subject - that is, the potential and the actual, such as the appetite, which is the object, and the imagination of the food to be eaten, which is the subject and the actuality; in reality they manifest as one thing.

It can never happen that the force of appetite manifests in a person unless he imagines something to eat, since these are two halves of one thing. The power of appetite must enclothe itself with that image—and understand this well—the object and the subject manifest at the same time and disappear at the same time.

From this, it is clear that by the *Desire to Receive*, which we have presented as selfishness, we do not mean that there exists in the human being a force that craves and desires to receive as a passive subject. Rather it means that this is an object; that is, it takes on the image of something worth eating and its action is manifested as a image of fulfillment of food. This action is called: desire the power of appetite that manifests through the action of the image of fulfillment.

Thus it is with our subject – the *Desire to Receive* in general – which is the core and essence of the human being. It manifests and exists only when

אולם משפט זה (של הבחנת הכח שעדיין לא בא לידי גילוי בפועל), שייך לדרכי ההשכל של המחשבה. אכן, אין לו שום קיום במציאות ממשית. כי בעת השביעה אנו מרגישים, וברור לנו, שכח התאבון חלף הלך לו. והביט על מקומו, ואיננו.

המתבאר, שאי אפשר כלל להציג לעינינו כח, כבחינת נושא, העומד, ונח, וקיים לעצמו. אלא כבחינת נשוא, כלומר, בה בשעה שהפעולה מתקיימת במציאות - באותה שעה מתגלה ה"כח" בתוך הפעולה.

ואם כי בדרכי ההשכלה בהכרח יש כאן ב' דברים, נושא ונשוא, דהיינו כח ופועל, כמו כח התאבון שהוא הנושא. והדמיון של הדבר הנאכל, שהוא הנשוא, ובחינת הפעולה, אולם במציאות באים כדבר אחד.

ולא יקרה לעולם שיתגלה באדם כח תאבון, בלי שיצטייר במוחו דמיון של דבר הנאכל, באופן שהם שני חצאים מדבר אחד שכח התאבון מוכרח להתלבש באותו הדמיון הזה. - והבן זה היטב, אשר הנושא והנשוא מוצגים בבת אחת, ונעדרים בבת אחת.

ובזה מובן, אשר ה"רצון לקבל" הזה, שהצגנוהו בתור האנוכיות. אין הכוונה שקים כן באדם בבחינת כח החושק, ורוצה לקבל בבחינת נשוא נח. - אלא הכוונה, רק מבחינת נושא, כלומר, שמתלבש בדמיון של הדבר הראוי לאכילה ופעולתו מתגלה, בדמיון הצורה הנאכלת, ובה הוא מתלבש לפעולה זו אנו קוראים חשק, דהיינו, כח התאבון, המתגלה בפעולת הדמיון.

וכן בנידון שלנו, ברצון לקבל הכללי, שהוא מהותו ועצמותו של האדם. הוא מתגלה וקיים, רק בהתלבשות בתוך הצורות של הדברים העשויים להתקבל. כי אז הוא מקויים בבחינת הנושא, ולא זולת. ופעולה זו אנו

it takes on the form of the things it is likely to receive. Only then and at no other, does it exist as an object. We refer to this action as "life," which is "the life-essence of the human being," meaning that the *Desire to Receive* manifests and acts through the things it wishes to receive. And the degree to which this action manifests is the degree to which the person is alive, just as we said about the action we called "desire."

Two Creations: A) Adam (The Human Being); B) The Living Soul

From this explanation we can clearly understand the Biblical passage: "And God created Adam from the soil of the earth and He filled his nostrils with the soul of life, and Adam became a living soul." (*Genesis 2:7*) We find here two Creations – Adam and Living Soul, separately.

This passage informs us that Adam had first been created as soil from the earth, that is, the combination of a certain number of molecules which include the essence of the human being, that is, his *Desire to Receive*.

This *Desire to Receive* is imbued in all of the molecules of existence, as we have explained above, and from them all four types of existence were created: Inanimate, Vegetable, Animal and Speaking. And in terms of this, the human being is not superior to the other types of Creation. This is the meaning of the words "soil from the earth."

However, as we have already explained, this force which we call the *Desire to Receive* has no existence unless it manifests and acts through the things that are desired. This action is called "life," and thus we find that before Adam attained the forms of receiving of human pleasure, which are different from those of the other creations, he was considered to be a dead, lifeless person, since his *Desire to Receive* had no way to manifest and reveal his actions, which is the manifestation of life, as we have said.

קוראים "חיים", דהיינו, "החיות של האדם", שמשמעותו - שכח ה"רצון לקבל" מתלבש ופועל בתוך הדברים הרצויים לו להתקבל. שמדת הגילוי של הפעולה הזאת - היא מדת חייו. על דרך שאמרנו בפעולה שאנו קוראים לה "חשק".

שתי יצירות: א' האדם. ב' נפש חיה

מהמתבאר מובן לנו היטב הכתוב: "וייצר ה' אלקים את האדם עפר מן האדמה ויפח באפיו נשמת חיים ויהי האדם לנפש חיה" (בראשית, ב', ז'). כי אנו מוצאים כאן שתי יצירות שהם: - האדם לבד, - נפש חיה לבד.

והכתוב משמיענו, שמתחילה נברא האדם בבחינת עפר מהאדמה, דהיינו, קיבוץ מספר מסויים של פרודות, שבתוכם כלול עצמותו של האדם, דהיינו, ה"רצון לקבל" שלו.

אשר כח הרצון לקבל הזה, שרוי בכל הפרודות שבמציאות, כמו שביארנו לעיל, שמהם נבראו ויצאו כל ד' הסוגים: דומם צומח חי מדבר. ובדבר הזה, אין שום יתרון לאדם על יתר חלקי הבריאה. וזה שמשמיענו הכתוב במילים: "עפר מן האדמה".

אולם, כבר נתבאר, שאין מציאות לכח הזה, שנקרא רצון לקבל, שיתקיים בלי התלבשות ופעולה בדברים הרצויים להתקבל. אשר פעולה זו נקראת "חיים", שלפי זה נמצא, שבטרם שהגיעו לו לאדם צורות קבלת ההנאה האנושית, השונות מצורות של שאר בריות - הרי הוא נבחן עוד לאדם מת בלי חיים, שהרי הרצון לקבל שלו, לא היה לו מקום שיתלבש, ויגלה שם פעולותיו שהם גילוי החיים כאמור.

This is why it says: "... and He filled his nostrils with the soul (nishmat) of life," which is the combination of the forms of receiving, which apply to the human being. The word *nishmat* (soul) comes from the word *"shamin"* the land, meaning to evaluate or appraise. (The origin of the word *"neshama"* can be understood from the passage: "The spirit of God has made me, and the soul of the Almighty has given me life." (*Job 33:4*) - see the commentary by the *Malbim*). And the word *"neshama"* is a passive verb like "to be counted," "to be evaluated," "to be blamed" etc.

And this passage teaches us that "... and He filled his nostrils" means that God injected inside Adam's internality the evaluation and sizing of "life," which means the sum total of all of the forms which are worthy of being desired through Adam's *Desire to Receive*. And then this force of *Desire to Receive*, which was contained in his molecules, found a place in which to enclothe and act, that is, through the same forms of receiving which the Creator gave him. This action is called "life," as explained above.

This is why the passage ends with: "... and Adam became a living soul." So once the *Desire to Receive* began to act within him according to the levels of these forms of receiving, immediately life manifested in him and he became a living soul. This was not so before he received the forms of receiving. Even though he was already imbued with the force of the *Desire to Receive*, he was still considered to be a dead body without life, since it had no place to be seen and to come within him as a manifestation of an action, as we have explained.

As explained above, even though the essence of a human being is the *Desire to Receive*, this is only one half of it, since it needs something actual to manifest through something actual; and therefore, the desire and the image of that which it desires are one and the same. The desire cannot exist even for a moment without the desired image, as we have explained.

וז"ש: "ויפח באפיו נשמת חיים", שהוא כללות הצורות של קבלה, הראויות למין האדם. - ומילת נשמת - היא מלשון "שמין" לו את הקרקע, שהוראתה כמו "ערך" (ומקור השם של "נשמה" תבין מהכתוב איוב ל"ג, "רוח אל עשתני ונשמת שדי תחייני, ועיין פרוש המלבי"ם שם) ונשמה היא מבנין נפעל, כמו השם, נפקד, נאשם, נאשמה.

ושיעור הכתוב הוא: "ויפח באפיו" כלומר, שהביא לתוך פנימיותו ותוכיותו נשמה והערכה של חיים, שמשמעותו כל סכום הצורות הראויים להתקבל אל "הרצון לקבל" שלו כנ"ל. ואז, אותו הכח של הרצון לקבל שהיה צרור בפרודות שלו, מצא המקום שיוכל להתלבש ולפעול שם. דהיינו, באותן הצורות של קבלה שהשיג מהשי"ת. אשר פעולה זו, נקראת "חיים", כמבואר לעיל.

וזהו שסיים הכתוב: "ויהי האדם לנפש חיה", כלומר, כיוון שהתחיל הרצון לקבל לפעול על פי המדות של אותן צורות של קבלה - תיכף נגלה בו החיים והיה לנפש חיה. מה שאין כן בטרם שהשיג הצורות של קבלה, אף על פי שכבר הוטבע בו אותו הכח של "רצון לקבל" - מכל מקום נחשב עוד כגוף מת בלי חיים, משום שאין לו המקום להתראות, ולבוא בתוכו לידי גילוי הפעולה, כמבואר.

וכפי שנתבאר לעיל אשר אע"פ שעיקרו של האדם הוא רק ה"רצון לקבל" מ"מ הוא מובן כמו חצי דבר להיותו מוכרח להתלבש באיזו מציאות המזדמנת לו, אשר ע"כ הוא ותמונת הקנין שמצייר הם יחד ממש דבר אחד, כי אין לו זכות קיום על רגע קטן זולתו כמבואר.

Thus, when the body is at the height of its powers, which is in the middle of its life-span, and its ego is at its full height as inherent from birth, this is when it feels the *Desire to Receive* to its full extent and full strength. That is to say, it wishes to attain great wealth and honor and everything it sees. This is because of the completion of the person's ego, which attracts to itself the forms of structures and concepts in which to manifest and thereby exist.

However, as middle-age passes, the days of decline begin, and its essence is days of death, for a person does not die all at once, just as he does not acquire his final living form all at once, but rather his "candle," that is his, ego, goes out gradually and together with it, the images of the things he wishes to receive fade away. He begins to give up on the things he dreamed of in his youth, and more and more he gives up on the intensity of things as he approaches old age, until he is very old and the shadow of death hangs over him to its full extent. At this point in time, he lives in days of no desire at all, since the *Desire to Receive*, which is his ego, gradually fades and goes out until all that is left is a small, hidden spark, that is, in the manifestation of some object. And therefore, in these days he has no desire or hope of any image of receiving.

Thus, we have proven that the *Desire to Receive* and the image of the object that one desires are one and the same, where the manifestation is the same, and the degree of life is the same, and the measurement are the same. However, there is an important distinction as far as the form of concession that occurs at the end of one's lifetime. This concession is not because a person is satiated from eating, and is giving up any desire to eat, but rather out of hopelessness.

That is to say, that the ego, when one begins to die in the days of one's decline, feels its own weakness and death approaching, and therefore one grows hopeless and gives up on the dreams and hopes of his youth. Examine well the difference between concession out of satiety, which

ולפיכך בשעה שמכונת הגוף על היכנה ועל מלואה דהיינו עד אמצע שנותיו הרי "האגו" שלו עומד בכל קומתו המוטבע בו מלידתו שמשום זה מרגיש בעצמו רצון לקבל במדה גדולה וחזקה. דהיינו, שרוצה להשיג עשירות מרובה וכבוד גדול וכל המזדמן לנגד עיניו, והוא מטעם השלמות של ה"אגו" של האדם, אשר הוא מושך לעצמו צורות של בנינים ומושגים שהוא מתלבש בהם ומתקיים על ידיהם.

אולם כעבור אמצע שנותיו אז מתחילים ימי ירידה אשר לפי תוכנם המה ימי מיתה, כי אין האדם מת ברגע אחד כמו שאינו מקבל גמר צורת החיים ברגע אחד, אלא נרו, דהיינו ה"אגו" שלו הולך וכבה לאט לאט ויחד עם זה הולכים ומתנונים תמונות הקנינים שרוצה לקבל, כי מתחיל לותר על הרבה קנינים שחלם עליהם בנערותו וכן נעשה להולך ומותר על גדלות הקנינים כפי שני השקיעה של החיים, עד שבימי זקנה האמתיים שצלה של המיתה כבר מרחפת על כל קומתו. נמצא האדם בימים שאין בהם חפץ לגמרי, כי הרצון לקבל שלו שהוא ה"אגו" נכבה והלך לו ולא נשאר בו רק ניצוץ קטן ממנו הבלתי מגולה לעינים, דהיינו בהתלבשות של איזה קנין, לכן אין בימים אלו שום רצון ותקוה אל איזה תמונה של קבלה.

והנה הוכחנו אשר הרצון לקבל עם תמונת החפץ שמצטייר לו להתקבל הם ממש דבר אחד, אשר גילויים שוה וקומתו שוה ושעור חייהם שוה, אולם יש כאן הבחן חשוב בצורת הויתור שאמרנו בימי שקיעת החיים, שהויתור הזה אינו מחמת שביעה כמו האדם שמוותר על דברי אכילה בשעת שביעתו אלא הם מחמת יאוש.

כלומר שה"אגו" כשמתחיל למות בימי הירידה הוא עצמו מרגיש חולשתו ואת מיתתו, וע"כ הוא הולך ומתיאש ומוותר על חלומותיו ותקוותיו של ימי השחרות. והתבונן היטב בהבחן הויתור מחמת שביעה

causes no grief and cannot be called a "partial death," but rather is an action which has been completed.

But concession out of hopelessness is full of grief and pain, and therefore, can be called "partial death" - understand this well.

Freedom from the Angel of Death

Now, based on everything we have stated, we find an opening to understand correctly the words of the sages who taught: "Engraved on the tablets – do not read 'engrave' (*charut*), but rather 'freedom' (*cherut*)," which refers to the freedom from the Angel of Death.

For as we explained in the articles on "The Giving of the Torah" and "Article on Responsibility," before they were given the Torah, they took it upon themselves to give up all private property to the degree expressed by the phrase "kingdom of priests." And they accepted the goal of all Creation - cleaving to the Creator through affinity of form to that of the Creator, who shares and does not receive. This was so that they will only share and did not receive, which is the ultimate level of cleaving as expressed by the phrase "holy nation," as stated at the end of the "Article on Responsibility."

I have already brought you to realize that the essence of a person's individuality, that is, his ego, defined as the *Desire to Receive*, is only half of the matter, and it cannot exist without manifesting in some image of possession or hope of possession, for only then and no other, can it be called a person's individuality.

We find, therefore, that the Children of Israel merited the ultimate cleaving at that Holy Event. Their vessel to receive was completely empty of all possessions and they cleaved to Him in total affinity, meaning that they had no desire to possess for themselves except to the degree that would

שאין זה גורם שום צער ולא יתכן לכנותו בשם מיתה חלקית, אלא כפועל שגמר פעולתו.

אכן הויתור מחמת יאוש הוא מלא צער ומכאובים וע"כ יתכן לכנותו מיתה חלקית והבן זה היטב.

חרות ממלאך המות

ועתה אחר כל המבואר מצאנו פתח להבין את דברי חז"ל על היכנם במה שדרשו "חרות על הלוחות אל תקרי חרות אל חירות" שנעשה חירות ממלאך המוות.

כי נתבאר במאמרים "מתן תורה" ו"ערבות", אשר בטרם מתן תורה קבלו עליהם לבטל כל קנין פרטי בשעור המתבטא בהמלות "ממלכת כהנים" ואת המטרה של הבריאה כולה, דהיינו, להדבק בו בהשואת הצורה אליו ית' כמו שהוא ית' משפיע ואינו מקבל כן יהיו המה משפיעים ולא מקבלים שהוא דרגה האחרונה של דביקות המתבטא במלים "גוי קדוש" כמ"ש בסוף מאמר הערבות.

וכבר הבאתיך לידי הכרה, שעיקר עצמותו של האדם דהיינו האנוכיות שלו המוגדר ברצון לקבל אינו אלא חצי דבר, ואין לו זכות קיום זולת בהתלבשו באיזה תמונה של קנין או תקוה של קנין, כי אז נשתלם ענינו שיתכן לקרותו בשם עצמות האדם ולא זולת.

נמצא, אשר בני ישראל שזכו לתכלית הדבקות במעמד הקדוש היה כלי קבלה שלהם בהתרוקנות גמורה מכל קנינים שבעולם והיו דבוקים בו בהשואת הצורה, שמשמעותה שלא היה להם שום רצון של קנין לעצמם אלא רק בשעור של השפעת נחת רוח שיוצרם יהנה מהם. וכיון שהרצון

give pleasure to the Creator. And since their *Desire to Receive* manifested in this image of possession, it manifested in it and joined it to comprise one complete being. Therefore, they were certainly made free from the Angel of Death, since death is necessarily the absence and opposite of the existence of any given thing. This is only possible when there remains some spark of Desire for the Self Alone. We can say about this spark that it stopped to exist, for it disappeared and died.

This is not so if a human being has none of these sparks mentioned above, but all of the sparks of his individuality manifest through giving pleasure to the Creator, and can neither be missing nor dead. Since even when the body concedes, it only concedes in from the aspect of the selfish desire. The *Desire to Receive* is manifested in it and it cannot exist otherwise.

However, when one attains the Purpose of Creation and the Creator has pleasure from him that the Creator's will is being done, we find that one's essence manifests through that pleasure of the Creator and by that he gains absolute eternity like the Creator and therefore merits freedom from the Angel of Death.

This is the meaning of the *Midrash*: "... freedom from the Angel of Death," (*Shemot Rabba 41:7*) and the *Mishnah*: "Engraved on the tablets..."(*Avot 6*) Do not read 'engrave' (*charut*), but rather 'freedom' (*cherut*)." For no one is free except the one who applies himself to Torah study.

לקבל שלהם התלבש בתמונה של קנין הזה הרי התלבש בה והתחבר עמה לעצמות אחד שלם, א"כ ודאי שנעשו בני חורין ממלאך המוות, כי המוות בהכרח הוא בחינת העדר ושלילת הקיום של דבר מה, וזהו יתכן בעוד שיש איזה ניצוץ הרוצה להתקיים לקנינו עצמו, יתכן לומר עליו שהניצוץ הזה אינו מתקיים כי נעדר ומת.

מה שאין כן אם לא נמצא באדם שום ניצוץ כזה אלא כל ניצוצי עצמותו מתלבשים בהשפעת נ"ר ליוצרם וזהו לא נעדר ולא מת, כי אפילו כשהגוף מתבטל אינו מתבטל אלא מבחינת קבלה עצמית שהרצון לקבל מלובש בה ואין לו זכות הויה זולתה כנ"ל.

אולם כשבא על הכונה של הבריאה והשי"ת יש לו נ"ר ממנו שנעשה רצונו, נמצא העצמות של האדם שמתלבש בנחת רוחו ית' הזה וזוכה לנצחיות גמורה כמוהו ית', ונמצא שזכה לחירות ממלאך המוות.

וז"ש במדרש (שמות רבה, מ"א, ז') חרות ממלאך המוות. ובמשנה (אבות פרק ו') חרות על הלוחות אל תקרא חרות אלא חירות. שאין לך בן חורין, אלא מי שעוסק בתלמוד תורה.

Article for the Completion of the Zohar

Delivered at the special celebration meal for the completion of the publication of the Zohar with the Sulam Commentary in Meron, Israel, on Lag B'Omer, 1953 (The death anniversary of Rav Shimon bar Yochai)

We know that the desired result of the work of Torah and its precepts is cleaving to the Creator as it is written: "and to cleave to Him." (*Deuteronomy 11:22*) How can we, and we need to understand the meaning of cleaving to the Creator, if, after all, the mind cannot conceive of Him at all? In fact, the sages have preceded me in the argument they posed about the passage: "and to cleave to Him" – by asking the question of how is it possible to cleave to the Creator if He is "a consuming fire?" And they answered, "One must cleave to His qualities; just as He is merciful, you should be merciful; just as He is forgiving, you should be forgiving, etc." (Rashi on *Deuteronomy 11:22*) However, it is difficult to see how the sages understood this from the simple meaning of the passage, since the passage clearly states, "and to cleave to Him." And if this in fact means "to cleave to His qualities," the passage should say, "and to cleave to His ways," so why does it say, "and to cleave to Him?"

The explanation is that on the physical reality that involves space, we understand "cleaving" as being physically close, whereas separation means being physically distant. However, on the spiritual level, where there is no matter of physical space, cleaving and separation cannot be understood as either near or far; rather, we understand the similarity (affinity) of form between two spiritual entities as "cleaving" and the difference of form between two spiritual entities as "separation." And just as an axe cuts and divides a material thing in two by separating and distancing the two parts from each other, so the difference of form divides the spiritual in two. And if the difference of form is small, we say that the distance between the parts is small, and if the difference of form is great, we say that the parts are very far away from each other, and if the forms are opposites, we say that the distance between them is absolute.

מאמר לסיום הזהר

נאמר לרגל סיום הדפסת ספר הזהר עם פירוש "הסולם"

נודע כי התכלית הנרצית מהעבודה בתורה ובמצוות היא להדבק בהשם ית', כמ"ש ולדבקה בו (דברים, י"א, כ"ב). ויש להבין מה הפירוש של הדביקות הזאת בהשם ית'. הלא אין המחשבה תופסת בו כלל, אכן כבר קדמוני חז"ל בקושיא זו שהקשו על הכתוב ולדבקה בו ואיך אפשר להדבק בו הלא אש אוכלה הוא, והשיבו, הדבק במידותיו מה הוא רחום אף אתה רחום מה הוא חנון אף אתה חנון וכו' (רש"י על דברים, י"א, כ"ב). ולכאורה קשה איך הוציאו חז"ל את הכתוב מפשוטו. הלא כתוב במפורש ולדבקה בו. ואם היה הפירוש הדבק במידותיו היה לו לכתוב ולהידבק בדרכיו, ולמה אומר ולדבקה בו.

והעניין הוא כי בגשמיים התופשים מקום מובנת לנו הדביקות בקירוב מקום, והפירוד מובן לנו בריחוק מקום. אבל ברוחניים שאינם תופשים מקום כלל, אין הדביקות והפירוד מובנים בהם בקירוב מקום ובריחוק מקום, שהרי אין תופשים מקום כלל, אלא השואת הצורה שיש בין שני רוחניים מובנת לנו כדביקות, ושינוי הצורה בין שני רוחניים, מובן לנו כפירוד. וכמו שהגרזן מחתך ומבדיל בדבר גשמי לחלקו לשנים ע"י שמרחיק החלקים זה מזה, כך שינוי הצורה מבדיל את הרוחני ומחלק אותו לשנים. ואם שינוי הצורה בהם הוא קטן, נאמר שרחוקים הם זה מזה בשיעור מועט, ואם שינוי הצורה הוא גדול נאמר שרחוקים הם בהרבה זה מזה, ואם הם בהפכיות הצורה, נאמר שרחוקים הם זה מזה מן הקצה אל הקצה.

For example, when two people hate each other, we say that they are as distant from each other as East and West. And if they love each other, we say that they fuse and cleave together as one body. And this does not refer to their physical distance, but rather to their similarity (affinity) of form or difference of form. Because when two people love each other, it is because they have a similarity or affinity of form. When one person loves everything his friend loves and hates everything his friend hates, this makes them cleave and fuse with each other and love each other. But if there is a difference of form between them, that is, if one loves something even though his friend hates it, the level of this difference makes them hate each other and separates and distances them from one another.

And if they are opposite, in that everything one loves the other hates; we say they are as distant as East and West. So we see that difference of form on the spiritual level acts like the axe that separates the physical level. And thus, the degree of distance and separation between them is proportionate to the degree of difference of form between them. And the degree of cleaving or fusion between them is proportionate to the degree of similarity or affinity between them.

From this, we can understand how right the words of the sages are in saying that cleaving to the Creator means "cleaving to His qualities; just as He is merciful, you should be merciful and just as he is forgiving, you should be forgiving." In fact, they have not taken the quote out of the context of its simple meaning; on the contrary, this is the simple meaning of the quote, since spiritual cleaving cannot be described except in terms of the similarity or affinity of form. And thus, through taking on a form similar to the Creator's form, we cleave to Him. And this is what they meant by: "just as He is merciful" etc., that is, just as all of the Creator's actions are intended to benefit others without benefiting Himself at all. Just as the Creator has no lacks or shortcomings, or that need to be perfected and completed, and He has no one to receive from, all of your actions should benefit others, and thus you will make your form similar to the form of the Creator's qualities, and this is "spiritual cleaving."

למשל כשב' אנשים שונאים זה לזה, נאמר עליהם, שהם נפרדים זה מזה כרחוק מזרח ממערב. ואם אוהבים זה לזה, נאמר עליהם, שהם דבוקים זה בזה כגוף אחד. ואין המדובר כאן בקרבת מקום או ריחוק מקום, אלא המדובר הוא בהשואת הצורה או בשינוי הצורה. כי בהיות בני אדם אוהבים זה לזה, הוא משום שיש ביניהם השואת הצורה, כי מפני שהאחד אוהב כל מה שחבירו אוהב ושונא כל מה שחבירו שונא, נמצאים דבוקים זה בזה ואוהבים זה את זה, אבל אם יש ביניהם איזה שינוי צורה, דהיינו, שאחד אוהב איזה דבר אף על פי שחבירו שונא את הדבר ההוא וכדומה, הרי בשיעור שינוי הצורה הזו, הם שנואים זה על זה ונפרדים ורחוקים זה מזה.

ואם הם בהפכיות באופן שכל מה שהאחד אוהב נמצא שנוא על חבירו, נאמר עליהם שנפרדים ורחוקים הם כרחוק מזרח ממערב. והנך מוצא ששינוי הצורה פועל ברוחניות כמו גרזן המפריד בגשמיות. וכן שיעור הרחקת מקום, וגודל הפירוד שבהם, תלוי במידת שינוי הצורה שביניהם. ומדת הדביקות שביניהם תלויה במידת השואת הצורה שביניהם.

ובזה אנו מבינים מה צדקו דברי חז"ל, שפירשו הכתוב ולדבקה בו שהוא הדביקות במידותיו: מה הוא רחום אף אתה רחום, מה הוא חנון אף אתה חנון. כי לא הוציאו הכתוב מפשוטו, אלא להיפך, שפירשו הכתוב לפי פשוטו בתכלית, כי הדביקות הרוחנית לא תצוייר כלל בדרך אחרת אלא בהשואת הצורה. ולפיכך ע"י זה שאנו משוים צורתנו לצורת מידותיו יתברך, אנו נמצאים דבוקים בו. וזש"א מה הוא רחום וכו' כלומר, מה הוא יתברך כל מעשיו הם להשפיע ולהועיל לזולתו ולא לתועלת עצמו כלל, שהרי הוא יתברך אינו בעל חסרון שיהיה צריך להשלימו וכן אין לו ממי לקבל. אף אתה כל מעשיך יהיו להשפיע ולהועיל לזולתך, ובזה תשוה צורתך לצורת מידות הבורא יתברך שזו הדביקות הרוחנית.

This similarity of form has an aspect of mind and an aspect of heart; and applying ourselves to the Torah and its precepts in order to give pleasure to the Creator means making one's form similar in terms of mind. Because just as the Creator does not think of Himself, whether He is present or whether He is overseeing His creations, and so on, so one who wishes to make his form similar to the Creator's should not think of these things, since it is clear that the Creator does not think of them, as there is no greater difference than this. And thus, anyone who thinks these things is certainly in a state of separation from the Creator and will never attain similarity or affinity of form with Him. And this is what the sages meant by saying that all one's actions should be for the sake of Heaven, meaning, cleaving to Heaven – that one should not do anything which does not bring one closer to the goal of cleaving to the Creator. That is, all of your actions should be to share with and benefit others, and this will make your form similar to that of Heaven, and just as all of the Creator's actions are to share and benefit others, so all of your actions should are to share with and benefit others, and this is the complete cleaving or fusion.

And one might ask a question, how it is possible for a person to make all of his actions be for the benefit of others, since one must work for his own livelihood and the livelihood of his family? The answer is that all of the deeds one does out of necessity, such as receiving the minimum one needs in order to survive, is neither to be condemned nor praised, and it is not to be considered as if he were doing it for his own benefit.

And anyone who understands the depth of these things completely will certainly wonder how it is possible for a person to come to a point of complete similarity of form, where all of his actions are intended to benefit others, when all of a human being's existence and being is to receive for himself alone. And human being's inherent nature does not allow him to do even the slightest thing while benefiting others unless he expects that eventually he will get something valuable in return. And if he has any doubt that he will get something in return, he will not do the deed. So how is it possible that all of one's deeds be only for the benefit of others, and none for himself?

ויש בהשוואת הצורה האמורה בחי׳ ״מוחא״ ובחי׳ ״לבא״ ועניין העסק בתורה ובמצוות ע״מ להשפיע נ״ר ליוצרו, הוא השואת הצורה מבחינת מוחא. כמו שהשי״ת אינו חושב בעצמו, אם הוא נמצא או אם הוא משגיח על בריותיו וכדומה מהספיקות, אף הרוצה לזכות להשואת הצורה אסור לו לחשוב בדברים האלו שברור לו שהשי״ת אינו חושב בהם, כי אין לך שינוי צורה גדולה מזה. ולפיכך כל מי שחושב דברים אלו, נמצא בוודאי בפירודא ממנו יתברך. ולא יבוא לידי השואת הצורה לעולם. וזה מה שאמרו ז״ל, כל מעשיך יהיו לשם-שמים, דביקות בשמים, לא תעשה שום דבר שאינו מביא מטרה זו של הדביקות. דהיינו שכל מעשיך יהיו להשפיע ולהועיל לזולתך שאז תבוא להשואת הצורה עם השמים, מה הוא יתברך כל מעשיו להשפיע ולהועיל לזולתו אף אתה כל מעשיך יהיו רק להשפיע ולהועיל לזולתך שזו היא הדביקות השלימה.

ואין להקשות על זה איך אפשר שהאדם יעשה כל מעשיו לטובת זולתו, הרי הוא צריך בהכרח לעבוד לקיום עצמו ולקיום משפחתו. התשובה היא כי אותם המעשים שעושה מטעם ההכרח, דהיינו כדי לקבל המעט הנחוץ לקיומו, הנה ההכרח לא יגונה ולא ישובח ואין זה נחשב כלל שעושה משהו לעצמו.

והנה כל היורד לעומקם של הדברים בודאי יתפלא איך אפשר לאדם שיבוא להשואת הצורה הגמורה, שכל מעשיו יהי׳ להשפיע לזולתו בשעה שכל הויתו של האדם אינה אלא לקבל לעצמו. ומצד טבע בריאתו אינו מסוגל לעשות אפילו מעשה קטן לטובת זולתו, אלא בשעה שמשפיע לזולתו, הוא מוכרח לצפות שבסופו ישיג ע״י זה תמורה המשתלמת יפה, ואם אפילו מסופק בתמורה, כבר ימנע את עצמו מלעשות המעשה. ואיך אפשר שכל מעשיו יהיה רק להשפיע לאחרים ולא כלום לצרכי עצמו.

I, indeed, admit that this is a difficult question, since no one has the strength to change his inherent nature, which is to receive only for himself, not to mention changing his nature absolutely, that is, not doing anything for his own benefit but only for the benefit of others. But this is why the Creator gave us the Torah and its precepts to fulfill only in order to give pleasure to the Creator. And without applying ourselves to the Torah and its precepts for its own sake, that is, in order to give pleasure to the Creator, without benefiting one self, there is no ruse; nothing in the world that can help make us change our inherent nature.

From this, we can understand the imperative of applying ourselves to the Torah and its precepts for its own sake. Because if we apply ourselves to the Torah and its precepts, not for the sake of the Creator but for our own sake, not only will we not change our inherent nature which is to receive for ourselves, but on the contrary, our *Desire to Receive for the Self Alone* becomes even stronger than it is naturally, as I explained in the *Introduction to the Sulam Commentary in Volume 1 of the Zohar* (see Section 30 and 31, and this is not the place to expand on this).

What are the qualities of the person who has achieved cleaving to the Creator? They are not described in detail anywhere except in slight hints. But in order to clarify this in my article, I am forced to reveal a little bit "because there is a need for it" and explain this by way of analogy.

The body and its organs are one; the body as a whole exchanges thoughts and feelings with each of its individual organs. For example, if the body as a whole thinks that one of its organs will serve it and bring it pleasure, that organ knows this thought immediately, and brings about the pleasure that was thought of. And if an organ thinks and feels uncomfortable where it is, the body as a whole knows this immediately and moves it to another place where it will be comfortable.

אכן אני מודה שהוא דבר קשה מאד, ואין בכוחו של אדם לשנות טבע בריאתו שהוא רק לקבל לעצמו, ואין צריך לומר שיכול להפוך טבעו מקצה אל קצה. דהיינו שלא יקבל כלום לעצמו, אלא כל מעשיו יהיו להשפיע. אבל לפיכך נתן לנו השי"ת תורה ומצוות שנצטוינו לעשותן רק על מנת להשפיע נ"ר להקב"ה. ולולא העסק בתורה ובמצוות לשמה, דהיינו, לעשות בהם נ"ר ליוצרו, ולא לתועלת עצמו, אין שום תחבולה שבעולם מועילה לנו להפוך טבעו.

ומכאן תבין את גודל החומרה של העסק בתורה ומצוות לשמה. כי אם גם כוונתו בתורה ומצוות אינה לתועלת הקב"ה אלא לתועלת עצמו, הרי לא בלבד שלא יהפך טבע הרצון לקבל שבו, אלא אדרבה הרצון לקבל שבו הוא יהיה הרבה יותר ממה שיש לו מטבע בריאתו. כמו שביארתי בהקדמה לביאור הסולם בכרך הראשון עי"ש באות ל', ל"א ואין להאריך כאן.

ומה הן מעלותיו של אותו האדם שזכה לדביקות השי"ת? הן אינן מפורשות בשום מקום, אלא ברמזים דקים. אבל כדי לבאר הדברים שבמאמרי אני מוכרח לגלות קצת לפי מדת ההכרח ואסביר הדברים בדרך משל.

הגוף עם אבריו אחד הם. וכללות הגוף מחליף מחשבות והרגשים על כל אבר פרטי שלו. למשל, אם כללות הגוף חושב שאבר אחד ממנו ישמשו ויענג אותו, מיד אותו האבר יודע מחשבתו. וממציא לו התענוג שחושב. וכן אם איזה אבר חושב ומרגיש שצר לו המקום שהוא נמצא בו, מיד יודע כללות הגוף מחשבתו והרגשתו ומעבירו למקום הנוח לו.

And if an organ is severed from the body, it becomes a separate entity and the body as a whole does not know the needs of the organ which has been severed. And the organ does not know the thoughts of the body which it can serve and bring benefit to. And if a doctor reattaches the organ to the body the way it used to be, the organ once again is able to know the thoughts and needs of the body as a whole, and the body as a whole once again knows the needs of the organ.

Through this analogy, we can understand the distinction of a person who has merited cleaving to the Creator, because I have already proven this in my *Introduction to the Zohar, Volume 1, section 9*, (as well as in the *"Booklet for the Idra Zuta"* which I published especially for *Lag BaOmer*), that the soul is an illumination which derives and extends from the essence of the Creator, and this illumination has been separated from the Creator by the Creator clothing it with the *Desire to Receive*. The Creator's Thought of Creation to fulfill His creations, created in each soul the *Desire to Receive* pleasure, and this form of *Desire to Receive* separated that illumination from its essence of the Creator and made it a separate entity. See this in the original, since this is not the place to go into this.

From this, we learn that each soul was before Creation, included in the essence of the Creator, but through the process of Creation - that is, along with the nature of the *Desire to Receive* fulfillment that was instilled in it - it acquired a different form and was separated from the Creator, whose entire intention is to impart, since the difference of form causes spiritual separation just as an axe causes physical separation, as explained above. Thus, we find that the soul is just like the organ in the analogy which is severed from the body and separated from it, and although originally the organ and the body were one, and they exchanged thoughts and feelings, once the organ was severed they became two separate entities and one no longer knows the thoughts and needs of the other. So much more so is the soul, once it has been clothed in the body of this world – all of the connections it once had before it was separated from the Creator are terminated, and they become like two separate entities.

אמנם אם קרה ואיזה אבר נחתך מן הגוף, אז הם נעשים לשתי רשויות נפרדות וכללות הגוף כבר אינו יודע צרכיו של אותו האבר הנפרד. והאבר אינו יודע עוד מחשבותיו של הגוף שיוכל לשמש אותו ולהועיל לו. ואם יבוא הרופא ויחבר את האבר לגוף כמקודם לכן, הנה חוזר האבר לדעת מחשבותיו וצרכיו של כללות הגוף, וכללות הגוף חוזר לדעת צרכיו של האבר.

לפי המשל הזה יש להבין ג"כ מעלת האדם שזכה להידבק בהשי"ת, כי כבר הוכחתי בהקדמה שלי לספר הזהר (אות ט' שבכרך הא', וכן בחוברת להאדרא זוטא שהוצאתי ביחוד לכבוד ל"ג בעומר) שהנשמה היא הארה נמשכת מעצמותו ית' והארה זו נפרדה מאת השי"ת ע"י שהשי"ת הלבישה ברצון לקבל, כי אותה מחשבת הבריאה להנות לנבראיו בראה בכל נשמה רצון לקבל הנאה, ושינוי צורה זה של רצון לקבל הפריד אותה הארה מעצמותו ית', ועשה אותה לחלק נפרד ממנו. ותעיין שם במקור כי אין כאן המקום להאריך בזה.

היוצא מזה, שכל נשמה היתה מקודם בריאתה בכלל עצמותו ית', אלא עם הבריאה, דהיינו עם הטבע של רצון לקבל הנאה שהוטבע בה, קנתה שינוי צורה ונפרדה מהשי"ת, שכל ענינו רק להשפיע, כי שינוי הצורה מפריד ברוחניות כמו הגרזן בגשמיות, כמבואר לעיל. ונמצאת הנשמה דומה עתה לגמרי למשל האיבר הנחתך מהגוף ונפרד ממנו שאעפ"י שמקודם הפירוד היו שניהם האיבר עם כללות הגוף אחד, והיו מחליפים מחשבות והרגשות זה עם זה. אבל לאחר שנחתך האיבר מהגוף נעשו בזה שתי רשויות, וכבר אין אחד יודע מחשבותיו של השני וצרכיו של השני. ומכל שכן אחר שהנשמה נתלבשה בגוף של העוה"ז נפסקו כל הקשרים שהיו לה מטרם שנפרדה מעצמותו יתברך, וכמו שתי רשויות נפרדות הם.

From this, the distinction of a person who has merited cleaving to the Creator becomes obvious, meaning that he merits making his form similar to that of the Creator, through the power of the Torah and its precepts, he changed his inherent nature to receive, which separates him from the Creator into the desire to benefit others and directing all of his deeds toward the benefit of others by making his form similar to that of his Creator. We see that this is just like the organ which was severed from the body and then is reattached to the body, and once again, it knows the thoughts of the body as a whole, just as it did before it was severed from the body. The same is true of the soul; once it has attained similarity and affinity with the Creator, it again knows His thoughts just as it did before it was separated from Him through the change of form of the *Desire to Receive*, and it then manifests the passage "Know your father's God." (*Chronicles 1, 28:9*) For then the soul merits complete knowledge, which is Godly knowledge, and it merits receiving all of the secrets of the Torah, since the Creator's thoughts are the secrets of the Torah.

And this is what Rav Meir meant in saying, "Anyone who studies Torah for its own sake merits many things, and he merits the secrets and reasons of the Torah, and he becomes like an overflowing wellspring," etc. (*Pirkei Avot, Ethics of the Fathers, Chapter 6, Mishnah 1*) That is, as we have said, by applying himself to the Torah for its own sake, which means directing his actions toward giving pleasure to his Creator by applying himself to Torah for its own sake without personal benefit, he is sure of attaining cleaving to the Creator. This means attaining similarity and affinity of form, wherein all of his actions are directed toward the benefit of others and not toward his own benefit at all, just like the Creator, all of whose actions are for the benefit of others, and by doing so, one once again attains cleaving to the Creator, as the soul was before it was created.

ולפי זה מובנת מאליה מעלת האיש שזכה שוב להידבק בו, שפירושו שזוכה להשואת הצורה עם השי"ת עי"ז שבכח התורה והמצוות הפך את הרצון לקבל המוטבע בו, אשר הוא הוא שהפריד אותו מעצמותו ית', ועשה אותו לרצון להשפיע, וכל מעשיו הם רק להשפיע ולהועיל לזולתו שהוא השוה את הצורה ליוצרה, נמצא ממש בדומה לאותו אבר שנחתך פעם מהגוף וחזר ונתחבר שוב עם הגוף, שחוזר לדעת מחשבותיו של כללות הגוף, כמו שהי' יודע טרם שנפרד מהגוף. אף הנשמה כך, אחר שקנתה השואה אליו יתברך, הנה היא חוזרת ויודעת מחשבותיו יתברך כמו שידעה מקודם שנפרדה ממנו בסבת שינוי הצורה של הרצון לקבל ואז מקויים בו הכתוב, דע את אלוקי אביך (דברי הימים א', כ"ח, ט'). כי אז זוכה לדעת השלמה שהיא דעת אלוקית. וזוכה לכל סודות התורה, כי מחשבותיו יתברך הן סודות התורה.

וזה שאמר ר' מאיר, כל הלומד תורה לשמה זוכה לדברים הרבה ,ומגלים לו רזי וטעמי התורה ונעשה כמעיין המתגבר וכו' (פרקי אבות, פרק ו', משנה א'). דהיינו כמו שאמרנו שע"י העסק בתורה לשמה, שפירושו שמכוון לעשות נ"ר ליוצרו בעסקו בתורה ולא לתועלתו כלל, אז מובטח לו להידבק בהשי"ת, שפירושו שיבוא להשואת הצורה שכל מעשיו יהי' לתועלת זולתו ולא לתועלת עצמו כלל דהיינו ממש כמו הקב"ה, שכל מעשיו הם רק להשפיע ולהיטיב לזולתו שבזה חוזר האדם להידבק בהשי"ת כמו שהיתה הנשמה מטרם שנבראה.

And thus, one "merits many things and he merits the secrets and reasons of the Torah, and since he reconnected himself with the Creator he once again knows the Thought of the Creator, just as the limb that was cut off from the body and was reconnected. The Thoughts of the Creator are called "secrets and reasons of the Torah" and that is why when one is studying the Torah for its own sake he merits the revelation of the secrets and reasons of the Torah and becomes like an overflowing wellspring" through the removal of the walls which separated him from the Creator, and he once again becomes one with the Creator, as he was before he was created.

And it is true that the entire Torah, both concealed and revealed, is itself the Thoughts of the Creator, with no distinction. This is like a man drowning in a river whose friend throws him a rope to save him, and if the drowning man grabs the end of the rope near him, his friend can pull him out of the river and rescue him. So also is the Torah, which is nothing but the thoughts of the Creator; it is like the rope which the Creator throws to mankind to rescue them and draw them out of the *Klipot*. And the end of the rope, which is near all human beings, is the revealed Torah - which requires no intention or thought.

Not only this, but even if an unworthy thought accompanies the fulfillment of a precept, it is still accepted by the Creator, as it is written: "A person should always apply himself to the Torah and its precepts, even if he does so not for its own sake, for out of doing so **not** for its own sake he comes to do them for its own sake." (*Pesachim, page 50b*) And thus the Torah and its precepts are like the end of the rope, which no one in the world is incapable of grabbing on to. And if one holds it firmly - that is, if one merits fulfilling the Torah and its precepts for its own sake, thereby give pleasure to his Creator, and not doing so for his own benefit - then the Torah and its precepts bring him to similarity of with the Creator, which is the secret of "cleaving to Him" as mentioned above; he merits the understanding of all of the Creator's thoughts, that are called the secrets and reasons of the Torah, which are the rest of the rope, that one does not merit until one attains complete cleaving, as mentioned above.

ולפיכך זוכה לדברים הרבה וזוכה לרזי וטעמי התורה, כי כיון שחזר ונתחבר עם השי"ת הוא חוזר ויודעמחשבותיו של הקב"ה, כמשל האבר שחזר ונתדבק בגוף, ומחשבותיו של הקב"ה נקראות רזי וטעמי תורה, הרי שהלומד תורה לשמה זוכה שמתגלים לו רזי וטעמי התורה, ונעשה כמעיין המתגבר מחמת ביטול המחיצות שהפרידוהו מהשי"ת, שחזר להיות אחד עמו יתברך כמטרם שנברא.

ובאמת כל התורה כולה בין הנגלה ובין הנסתר, הם מחשבותיו של הקב"ה בלי הפרש כל שהוא. אלא הדבר דומה לאדם טובע בנהר שחברו זורק לו חבל כדי להצילו שאם הטובע תופס את החבל בחלקו הסמוך אליו, יכול חבירו להצילו ולהוציאו מן הנהר. אף התורה כן, שהיא כולה מחשבותיו של הקב"ה, היא בדומה לחבל שזרקו הקב"ה אל בני האדם להצילם ולהוציאם מן הקליפות. וקצהו של החבל סמוך לכל בני האדם, שהוא סוד התורה הנגלית שאינה צריכה שום כוונה ומחשבה.

ולא עוד אלא אפילו שיש במעשה המצוות מחשבה פסולה, הוא ג"כ מקובל להקב"ה, כמ"ש "לעולם יעסוק אדם בתורה ומצוות שלא לשמה, שמתוך שלא לשמה בא לשמה" (פסחים נ:). ולפיכך תורה ומצוות קצהו של החבל, שאין אדם בעולם שלא יוכל להחזיק בו. ואם תופס בו בחזקה, דהיינו שזוכה לעסוק בתורה ומצוות לשמה, דהיינו לעשות נ"ר ליוצרו, ולא לתועלת עצמו, אז התורה והמצוות מביאים אותו להשואת הצורה עם הקב"ה, שהוא סוד ולדבקה בו כנ"ל, שאז זוכה להשיג כל מחשבותיו של הקב"ה הנקראות רזי תורה וטעמי תורה, שהם כל שאר החבל, שאין זוכה בו אלא אחר שבא לדביקות השלימה כנ"ל.

And the reason we compare the Creator's thoughts, which are the secrets and reasons of the Torah, to a rope, is that there are many levels to making one's form similar to the Creator's, and therefore, there are many levels to the rope - that is, the comprehension of the secrets of Torah, since the degree of similarity of form to the Creator's is proportionate to the degree of comprehension of the secrets of Torah, which are the Creator's thoughts, and in general there are five levels: *Nefesh, Ru'ach, Neshama, Chaya, Yechida*. And each of these is comprised of all five levels and each contains all five levels, so all together there are at least one hundred and twenty-five levels.

And these are also called "worlds," as the sages said, "In the future God will give each righteous person 310 worlds." (*Yalkut Shimoni, Psalms Chapter 68*) And the reason why the levels of comprehension of the Creator are called worlds is that the word "world" (Heb: *Olam*, literally concealment) has two meanings: (1) All people who belong to each "world" are given the same ability to feel and sense, and everything one person of that "world" sees, hears and senses, everyone else of that "world" sees, hears and senses. (2) Everyone who belongs to that concealed world cannot know or comprehend anything of another world.

And thus, we also find two levels of comprehension: (1) Anyone who attains a given level knows and comprehends everything that all other people who have attained that same level throughout all the generations past and future know and comprehend, so they have a common comprehension since they are of the same world. (2) Anyone who has attained a given level cannot know or comprehend anything of another level, for instance, people of this world cannot know anything of the World of Truth. This is why the levels are called "worlds" (*Olamot*, concealment).

Thus, those who achieve spiritual comprehension can write books and deliver their comprehensions in hints and analogies, which can be

ומה שאנו מדמים מחשבותיו של הקב"ה דהיינו רזי התורה וטעמי התורה לחבל, הוא משום שיש הרבה מדרגות בהשואת הצורה עם השי"ת, ע"כ יש הרבה מדרגות בחלק החבל שבו, דהיינו בהשגת רזי התורה, שלפי מדתה של מדריגת השואת הצורה להשי"ת, כן מדת השגתו ברזי התורה. דהיינו בידיעת מחשבותיו יתברך, שבדרך כלל הן ה' מדרגות: נפש, רוח, נשמה, חיה, יחידה. שכל אחת כלולה מכולן ויש בכל אחת ה' מדרגות ונפרטות שבכל אחת מהן יש לכל הפחות קכ"ה מדרגות.

ומכונים ג"כ "עולמות" כמ"ש חז"ל, עתיד הקב"ה להנחיל לכל צדיק ש"י עולמות (ילקוט שמעוני, תהלים, פרק ס"ח). והטעם שהמדריגות בהשגתו יתברך נקראות עולמות, הוא משום ששתי משמעויות יש בשם עולם: א) שכל באי העולם ההוא מושפע להם חוש והרגש שוה, וכל מה שהאחד רואה ושומע ומרגיש, רואים ושומעים ומרגישים כל באי אותו העולם. ב) שכל באי אותו העולם ה"נעלם" לא יכולים לדעת ולהשיג משהו בעולם אחר.

וכן נמצאות אלו ב' הגדרות גם בהשגה: א.) שכל מי שזכה באיזו מדריגה, הוא יודע ומשיג בה כל מה שהשיגו באי אותה המדרגה בכל הדורות שהיו ושיהיו, ונמצא עמהם בהשגה משותפת כמו שנמצאים בעולם אחד. ב.)שכל באי אותה המדריגה לא יוכלו לדעת ולהשיג מה שהוא ממה שיש במדריגה אחרת, כמו באי בעולם הזה שלא יוכלו לדעת משהו במה שיש בנמצאים בעולם האמת. לפיכך נקראות המדרגות בשם עולמות.

ולפיכך יכולים בעלי ההשגה לחבר ספרים ולרשום השגותיהם ברמזים, ומשלים, ומובנים לכל מי שזכה לאותן המדרגות שבהם מדברים הספרים, ויש להם עמהם השגה משותפת. אבל מי שלא

perceived by anyone who has attained the same spiritual levels that the books speak of and they have mutual comprehension. But anyone who has not fully attained the level that the authors have attained cannot understand their hints, not to mention those who have not attained any level of spiritual comprehension, who will not understand a thing about them, since they do not have this common levels of comprehension.

And we have already stated that complete cleaving and complete comprehension divide into 125 inclusive levels, and because of this, before the coming of the Messiah it is impossible to attain all 125 levels. And there are two differences between the generation of the Messiah and all other generations: (1) Only in the generation of the Messiah can all 125 levels be attained. (2) In all generations, those who attain comprehension and cleaving are few, as the sages said about the passage: "I have found one man in a thousand; a thousand go into a room (of study) … and one goes out to teach," (*Vayikra Rabba 2:1*) that is, one attains cleaving and comprehension. But in the generation of Messiah, anyone and everyone can merit cleaving and comprehension as is written: "And the land will be filled with the knowledge of God…," (*Isaiah 11:9*) "and man will not teach his fellow man any more, and man will not teach his brother, saying 'know God,' for all will know Me, great and small." (*Jeremiah 31:33*)

Only Rashbi (Rav Shimon Bar Yochai) and his generation, the authors of the *Zohar*, attained all 125 levels completely, even though they were alive before the time of the Messiah. It is said of Rav Shimon and his students, "a wise man is better than a prophet." (*Yalkut Shimoni, Psalms, chapter 19*) And therefore, we find it written many times in the *Zohar* that there will be no generation like that of Rashbi until the generation of the King Messiah. This is why his great composition has made such a strong impression on the world. The secrets of the Torah within it encompass all 125 levels.

זכה בכל כמות המדרגה כאותם המחברים, לא יכול להבין רמזיהם. ואין צריך לומר אותם שלא זכו להשגה, שלא יבינו בהם כלום, משום שאין בהם השגות משותפות.

וכבר אמרנו שהדביקות השלימה וההשגה השלימה מתחלקת לקכ"ה מדרגות כוללות, ולפי זה מטרם ימות המשיח אי אפשר לזכות בכל קכ"ה המדרגות. ויש ב' הפרשים מכל הדורות לדורו של המשיח: א.) שרק בדורו של המשיח אפשר להשיג כל קכ"ה המדרגות ולא בשאר הדורות. ב.) שבכל הדורות בני עליה שזכו להשגה ולדביקות מועטים הם, כמ"ש חז"ל על הכתוב אדם אחד מאלף מצאתי, שאלף נכנסים לחדר וכו' ואחד יוצא להוראה (ויקרא רבה, פרשה ב', פסקה א'), דהיינו לדביקות ולהשגה, אבל בדורו של משיח יכול כל אחד ואחד לזכות לדבקות ולהשגה, כמו שאמרו ומלאה הארץ דעה את ה' וגו' (ישעיהו, י"א, ט'). ולא ילמדו עוד איש את רעהו ואיש את אחיו לאמר דעו את ה' כי כולם ידעו אותי למקטנם ועד גדולם (ירמיהו, ל"א, ל"ג).

חוץ מרשב"י ודורו, דהיינו בעלי הזהר, זכו לכל קכ"ה המדרגות בשלימות, אעפ"י שהיו לפני ימות המשיח. שעליו ועל תלמידיו ז"ל נאמר חכם עדיף מנביא (ילקוט שמעוני, תהלים, פ' צ'). וע"כ נמצא הרבה פעמים בזהר, שלא יהיה כדור הזה של רשב"י עד דורו של מלך המשיח. ולפיכך עשה חבורו הגדול רושם חזק כל כך בעולם, כי סודות התורה שבו תופסים קומת כל קכ"ה המדרגות.

And therefore, they said in the *Zohar* that the *Zohar* will only be revealed in the end of days – the time of the Messiah. As we have said, if the levels of the readers have not attained the full levels of the author, they will not understand his hints, since they are not on a common level of comprehension, and since the level of the authors of the *Zohar* encompassed all 125 levels, they cannot be comprehended until the time of the Messiah. Thus, we find that the generations preceding the time of the Messiah do not have a common comprehension with the authors of the *Zohar*, and therefore, the *Zohar* cannot be revealed to the generations which precede the generation of the Messiah.

This is clear proof that this generation is the generation of the Messiah, since we see that none of the previous commentaries on the *Zohar* managed to explain even ten percent of the difficult passages in the *Zohar*, and in the things they did explain, their words are nearly as impenetrable as the *Zohar* itself; whereas in our generation, we have merited *The Sulam* Commentary, which is a complete explanation of the *Zohar* in its entirety. And besides the fact that the Sulam leaves nothing in the *Zohar* unexplained, the explanations are based on simple analytical thought, which any average reader can understand. And since the *Zohar* has been revealed to this generation, this is clear proof that the time of the Messiah is here, and we are at the beginning of the generation about which was said, "and the land will be filled with the knowledge of God."

We must know that spiritual matters are not like material ones, in which giving and receiving are simultaneous, because on the spiritual level, the time of giving and the time of receiving are different. At first, that which is given by the Creator is given to the receiver, and by this, only the opportunity to receive is given, but nothing is received until the receiver sanctifies and purifies himself properly. Only then he merits receiving. This way, much time can pass between the time of giving and the time of receiving. We can see that what we have said – that this generation has attained "and the land will be filled with the knowledge of God" – applies only to the aspect of

ולפיכך אמרו בזהר שספר הזהר לא יתגלה, אלא באחרית הימים, דהיינו בימות המשיח. כי אמרנו שאם מדריגות המעיינים אינן בכל השיעור של מדריגת המחבר לא יבינו רמזיו משום שאין לשניהם השגה משותפת, וכיון שמדריגת בעלי הזהר היא בכל הגובה של קכ"ה מדרגות, אי אפשר להשיגם מטרם ימות המשיח. נמצא שבדורות שלפני ימות המשיח אין השגה משותפת עם בעלי הזהר, וע"כ לא היה יכול הזהר להתגלות בדורות שקדמו לדורו של המשיח.

ומכאן הוכחה ברורה שכבר הגיע דורנו זה לימות המשיח, כי עינינו הרואות שכל הביאורים על ספר הזהר שקדמו לנו, לא ביארו אפילו עשרה אחוזים מהמקומות הקשים בזהר, וגם באותו המקצת שכן ביארו, סתומים דבריהם כמעט כדברי הזהר עצמו. ובדורנו זה זכינו לפירוש "הסולם" שהוא ביאור מלא על כל דברי הזהר. ומלבד זה שאינו מניח דבר סתום בכל הזהר בלי לפרשו, אף גם הביאורים מיוסדים על פי השכל העיוני הפשוט, שכל מעיין בינוני יכול להבינם. ומתוך שנגלה הזהר בדורנו זה, הרי זו הוכחה ברורה שאנחנו נמצאים כבר בימות המשיח בתחילתו של אותו הדור שעליו נאמר ומלאה הארץ דעה את ה' וגו.'

ויש לדעת שענינים רוחניים אינם כענינים גשמיים שבהם הנתינה והקבלה באים כאחד. כי ברוחניות זמן נתינה לחוד וזמן קבלה לחוד. כי תחילה ניתן הדבר מהשי"ת למקבל, ובנתינה זו נותן לו רק הזדמנות לקבל, אבל עוד לא קיבל כלום. עד שיתקדש ויטהר כראוי ,אז זוכה לקבל הדבר, באופן שמזמן הנתינה עד זמן הקבלה יכול להתעכב זמן מרובה. ולפי זה מ"ש שהדור הזה כבר הגיע להכתוב ומלאה הארץ דעה את ה' וכו', הנה זה אמור מבחינת נתינה בלבד, אבל לבחינת קבלה ודאי לא הגענו עוד, עד שנטהר

giving, and we certainly have not yet attained the aspect of receiving, and not until we purify and sanctify ourselves and study and apply ourselves sufficiently will the time of receiving arrive, when the verse "and the land will be filled with the knowledge of God" will apply to us.

It is known that the Redemption and complete comprehension are dependent on one another, and the proof for it is that everyone who feels attracted to the secrets of the Torah is attracted to the land of Israel, and this is why the promise that "the land will be filled with the knowledge of God" only pertains to the end of days, that is, the time of Redemption.

Thus as far as complete comprehension, we see that just as we have not yet arrived at the time of receiving, but only the time of giving, through which we have the opportunity to attain complete comprehension, so is it with the matter of Redemption which we have not yet merited, except on the level of giving. Because the fact is that the Creator took our Holy Land away from others and gave it back to us, yet we do not yet possess the land since we have not yet arrived at the time of receiving, as we explained in reference to the matter of complete comprehension, since He has given but we have not yet received, because we are not economically independent, and there is no political independence without economic independence.

And moreover, there is no redemption of the body without redemption of the soul, and as long as the majority of the residents of Israel are caught up in the foreign cultures of the nations, and are not used to the Israelite law and Israelite spirit, the "bodies" are still under the foreign powers. And thus from this aspect, Israel is still in the hands of the others, and the amazing proof is that nobody is as excited about the Redemption as he should be after two thousand years of exile. And not only are the residents of exile not excited to come here and enjoy the Redemption, many people who have already been redeemed and live among us can't wait to rid themselves of this redemption and return to the Diaspora.

ונתקדש ונלמד ונתייגע בשיעור הרצוי, יגיע זמן הקבלה ויקויים בנו הכתוב ומלאה הארץ דעה את ה' וגו'.'

ונודע שהגאולה ושלימות ההשגה כרוכים זה בזה, והמופת הוא שכל מי שיש לו המשכה לסודות התורה יש לו המשכה לארץ ישראל, ולפיכך לא הובטח לנו ומלאה הארץ דעה את ה' וגו' אלא באחרית הימים, דהיינו בזמן הגאולה.

ולפיכך כמו שבשלימות ההשגה לא זכינו עוד לזמן קבלה אלא לזמן נתינה בלבד, שבכחה ניתנת הזדמנות לבוא לשלימות ההשגה, כן הוא בענין הגאולה שלא זכינו לה, אלא בבחינת נתינה בלבד. כי העובדה היא שהקב"ה הוציא ארצנו הקדושה מרשות הנכרים והחזירה לנו, ובכל זאת עדיין לא קבלנו הארץ לרשותנו מפני שעוד לא הגיע זמן הקבלה, כמו שביארנו בענין שלימות ההשגה, באופן שנתן ואנחנו עוד לא קבלנו. שהרי אין לנו עצמאות כלכלית, ואין עצמאות מדינית בלי עצמאות כלכלית.

ועוד הרבה יותר מזה, כי אין גאולת הגוף בלי גאולת הנפש, וכל עוד שרוב בני הארץ שבויים בתרבויות הזרות של האומות, ואינם מסוגלים כלל לדת ישראל ותרבות ישראל, הרי גם הגופות שבויים תחת הכוחות הנכרים. ומבחינה זו נמצאת עוד הארץ בידי הנכרים, והמופת הוא שאין שום אדם מתרגש כלל מן הגאולה כמו שהיה צריך להיות בזמן הגאולה אחרי אלפיים שנה. ולא בלבד שאין בני הגולה מתפעלים לבוא אלינו וליהנות מן הגאולה, אלא חלק גדול מאותם שנגאלו וכבר יושבים בתוכנו, מצפים בכליון עיניים להפטר מגאולה זו ולשוב לארצות פזוריהם.

For even though the Creator has taken the land of Israel from the hands of the nations and given it to us, we have not yet received it, and we do not yet benefit from it. By giving us the land, the Creator has given us the opportunity for redemption, that is, to purify and sanctify ourselves and accept the work of the Creator through applying ourselves to the Torah and its precepts for its own sake, and then the Temple will be rebuilt and we will receive the land, and then we will feel the great joy of the Redemption. But as long as we have not yet attained this, nothing has changed, and there is no difference between the rules of the Holy Land now and the way it was under foreign rule, in terms of law, economy, and the work of the Creator. And this is nothing but an opportunity for Redemption.

From this, we understand that this is the generation of the Messiah. And therefore, we have merited the Redemption of our Holy Land from the hands of others. And we have also merited the revelation of the *Zohar*, which is the beginning of the fulfillment of the passage, "and the land will be filled with the knowledge of God...," "... and man will no longer teach... for all will know Me, great and small." But of these two, we have only merited the giving from the Creator, whereas we have not yet received anything except the opportunity to begin to do the work of the Creator and to apply ourselves to the Torah and its precepts for its own sake. Once we do that then we will merit great success as promised to the generation of the Messiah, which none of the previous generations have known. And then we will merit the receiving of both "complete comprehension" and "complete redemption."

We have clearly explained the sages' answer to the question of how it is possible to cleave to the Creator, in which they answered, "cleave to His attributes," which is correct for two reasons: (1) Because spiritual cleaving is not a matter of physical closeness but of similarity and affinity of form; and (2) since the soul was only separated from the Creator because of the *Desire to Receive* which was instilled in it by the Creator. Once the soul is separated from the *Desire to Receive*, it returns to its previous state of cleaving to His Essence. This is all true in theory, but in practice we have not yet received an explanation of "cleave to

הרי שאעפ"י שהקב"ה הוציא הארץ מרשות האומות ונתנה לנו,
עכ"ז אנו עוד לא קבלנוה, ואין אנו נהנים מזה. אלא שבנתינה זו
נתן לנו הקב"ה את ההזדמנות לגאולה, דהיינו להיטהר ולהתקדש
ולקבל עלינו עבודת ה', בתורה ובמצוות לשמה, ואז יבנה בית
המקדש ונקבל הארץ לרשותנו, ואז נחוש ונרגיש בשמחת
הגאולה. אבל כל עוד שלא באנו לזה, שום דבר לא נשתנה, ואין
שום הפרש בין נמוסי הארץ עתה, מכפי שהיתה עדיין תחת ידי
זרים, הן במשפט, הן בכלכלה והן בעבודת ה'. ואין לנו אלא
הזדמנות לגאולה.

היוצא מדברינו, שדורנו זה הוא הדור של ימות המשיח. ולפיכך
זכינו לגאולת ארצנו הקדושה מידי הנכרים. גם זכינו להתגלות
ספר הזהר שהוא תחילת קיום הכתוב ומלאה הארץ דעה את
ה' וגו'. ולא ילמדו עוד וגו'. כי כולם ידעו אותי למקטנם ועד
גדולם. אבל בשתי אלה זכינו רק בבחינת נתינה מהקב"ה, אבל
אנו לידינו עוד לא קבלנו כלום, אלא שניתנה לנו הזדמנות בזה
להתחיל בעבודת השי"ת, לעסוק בתורה ובמצוות לשמה, שאז
נזכה להצלחה גדולה ככל המובטח לדורו של המשיח, מה שלא
ידעו כל הדורות שלפנינו, ואז נזכה לזמן הקבלה של שתי אלה:
"שלימות ההשגה" ו"הגאולה השלימה."

והנה ביארנו היטב תשובת חז"ל על הקושיה, איך אפשר להדבק
בו שאמרו שפירושו "הדבק במידותיו" שהוא צודק מב' טעמים.
א.) כי דביקות הרוחנית אינה בקירוב מקום אלא בהשואת
הצורה. ב.) כיון שלא נפרדה הנשמה מעצמותו ית' אלא בסבת
הרצון לקבל שהטביע בה הבורא ית', א"כ אחר שהפריד הרצון
לקבל ממנה חזרה מאליה בדביקות הקדומה בעצמותו ית'. אמנם
כל זה להלכה, אבל למעשה עוד לא תרצו כלום עם הפירוש הדבק

His attributes," which means that one has to separate from his inherent *Desire to Receive* and attain the *Desire to Share*, which is the opposite of human nature. And as we explained, since the drowning man has to hold on tightly to the rope, and until one applies oneself to the Torah and its precepts for its own sake to the point where one will never return to one's foolish ways, one is not considered to be "holding tightly to the rope." This brings us back to the question: Where does one find the "fuel" to make every effort with all his heart and with all his might to give pleasure to his Creator, since a human being cannot do anything without deriving some benefit to himself, just as a machine cannot function without fuel, and if one does not benefit oneself, one has no "fuel" for work.

And the answer is that for anyone who sufficiently comprehends the exaltedness of the Creator properly, whatever he shares with the Creator turns into receiving, as is written in *Tractate Kiddushin page 7a*, which refers to a spiritually important person – if the bride gives him the money and he accepts it, it is considered to be she who actually received the money from him, and thus, becomes married to him. And so it is with the Creator; if one comprehends His exaltedness there is no receiving more important to him than to give pleasure to his Creator and this is sufficient "fuel" for him to apply himself with all his heart, soul and might to give pleasure to the Creator. Yet it is clear that if one does not comprehend the exaltedness of the Creator sufficiently, the act of giving pleasure to the Creator is not only considered "receiving" to the extent that he devotes his entire heart and soul and might to the Creator.

And thus, every time one truly devotes oneself only to give pleasure to one's Creator and not for one's own benefit, one immediately and completely loses the power to work, since he becomes like a machine without fuel. A human being does not even move one limb unless he derives some benefit from doing so, let alone make a great effort and devote his entire soul and might, as the Torah obliges him to; for there is no doubt that he is incapable of doing so without deriving some benefit for himself.

במידותיו, שפירושו להפריד את הרצון לקבל המוטבע בטבע בריאתו, ולבא לרצון להשפיע שהוא היפך טבעו. ומה שביארנו שהטובע בנהר צריך להחזיק החבל בחזקה, ומטרם שעוסק בתורה ובמצוות לשמה באופן שלא ישוב לכסלו עוד, אינו נחשב שמחזיק החבל בחזקה, שוב הדרא קושי' לדוכתי', מאין יקח חומר דלק להתייגע בכל לבבו ומאודו רק כדי לעשות נ"ר ליוצרו, כי אין אדם יכול לעשות תנועה בלי שום תועלת לעצמו כמו המכונה שאינה יכולה לעבוד בלי חומר דלק ואם לא יהיה שום תועלת לעצמו אלא רק נ"ר ליוצרו אין לו חומר דלק לעבודה.

והתשובה היא שכל משיג רוממותו ית' כראוי, הרי ההשפעה שהוא משפיע אליו מתהפכת להיות קבלה כמו"ש במסכת קידושין (דף ז'.), באדם חשוב, שהאשה נותנת לו כסף, ונחשב לה לקבלה ומתקדשת, וכך הוא אצל השי"ת, שאם משיג רוממותו ית' אין לך קבלה יותר חשובה מנ"ר ליוצרו, והוא די מספיק לחומר דלק לעמול ולהתייגע בכל לבו ונפשו ומאודו כדי לעשות נ"ר אליו ית', אבל זה ברור שאם עוד לא השיג רוממותו ית' כראוי, הנה השפעת נ"ר להשי"ת לא נחשבת אליו לקבלה, בשיעור שימסור כל לבבו ונפשו ומאודו להשי"ת.

ולפיכך בכל פעם שיתכוון באמת רק לעשות נ"ר ליוצרו ולא לתועלת עצמו, יאבד תיכף כח העבודה לגמרי, כי נשאר כמו מכונה בלי חומר דלק כי אין אדם יכול להזיז אבר בלי שיפיק מזה איזה תועלת לעצמו, ומכש"כ יגיעה כ"כ גדולה כמידת מסירת נפשו ומאודו, כפי המחוייב בתורה, שאין ספק שלא יוכל לעשות זאת בלי שיפיק איזה קבלת הנאה לעצמו.

The truth is, it is not hard at all to comprehend the exaltedness of the Creator to the level where one's sharing turns into receiving, as in the case of a highly exalted person, since everyone is aware of the greatness of the Creator, who created everything and lasts beyond all everything and has no beginning nor end and His exaltedness is infinite. Rather, the difficulty is in that the degree of exaltedness is not dependent on the individual but on his surrounding environment; for example, even if one is full of good qualities, if his surrounding environment do not recognize these qualities and does not respect him for them, such a person will always be depressed and unable to be proud of his qualities, even though he himself does not doubt them. And in the opposite case, a person who has no qualities at all but is respected by his surrounding environment as if he were full of good qualities is filled with pride, since the degree of importance and exaltedness is completely dependent on the surrounding environment.

And when one sees that his surrounding society does not take the work of the Creator seriously and does not properly appreciate His exaltedness, one cannot overcome his surroundings and would not be able to comprehend the exaltedness of the Creator. He will not take the work of the Creator seriously, as they do not. And since he has no basis to achieve perception of the exaltedness of the Creator, it is obvious that he cannot work in order to give pleasure to his Creator, nor for his own benefit, since he has no "fuel" to make the effort. And "if one says he made no effort and still found what he was looking for, don't believe him," (*Pirkei Avot, Ethics of the Fathers*) one has no choice but to either work for his own benefit or not to work at all, since he can't feel like he is getting fulfillment or "fuel" by giving pleasure to his Creator.

ובאמת השגת רוממותו ית' בשיעור שההשפעה תהפך לקבלה כמו שאמרו באדם חשוב אינו דבר קשה כלל, והכל יודעים גדלות הבורא ית' שברא הכל ומבלה הכל בלי ראשית ובלי אחרית שלרוממותו אין קץ ותכלית, אלא הקושי שבדבר הוא כי ערך הרוממות אינו תלוי ביחיד אלא בסביבה, למשל, אפילו אם האדם מלא מעלות טובות, אם לא יחשבוהו הסביבה ולא יכבדוהו אדם כזה ימצא תמיד נכה רוח ולא יוכל להתגאות במעלותיו, אעפ"י שאינו מסופק באמיתותם, ולהיפך מזה אדם שאין לו מעלה כלל אלא הסביבה יכבדוהו כמו שיש לו מעלות מרובות האדם הזה יהי' מלא גאות רוח, כי ערך החשיבות והרוממות ניתנה לגמרי לרשות הסביבה.

ובשעה שאדם רואה איך הסביבה שלו מקילים ראש בעבודתו ית' ואינם מעריכים רוממותו כראוי אין האחד יכול להתגבר על הסביבה וגם הוא אינו יכול להשיג רוממותו ית', אלא שמיקל ראשו בעת עבודתו כמוהם, וכיון שאין לו הבסיס של השגת רוממותו ית' מובן מאליו שלא יוכל לעבוד להשפיע נ"ר ליוצרו ולא לתועלת עצמו, כי אין לו חומר דלק ליגיעה, ולא יגעת ומצאת אל תאמין, ואין לו שום עצה אלא או לעבוד לתועלת עצמו, או שלא לעבוד כלום, כי השפעת נ"ר ליוצרו לא תשמש לו כמו קבלה ממש.

And this explains the passage: "The glory of the king is among the many," (*Proverbs 14:28*) since the degree of exaltedness is dependant on the surrounding environment by two conditions: (1) The degree of appreciation by the surrounding environment; and (2) the size in numbers of the surroundings, thus "the glory of the king is among the many." And because this is so difficult, the sages suggested, "Make yourself a Rav and acquire a friend," (*Pirkei Avot, Ethics of the Fathers, chapter 1:6*) meaning that one should choose an important and well-known person to be his Rav so that he can apply himself to the Torah and its precepts in order to give pleasure to his Creator.

One's Rav makes this easier in two ways: (1) Because he is important, his student can give him pleasure in accordance to his teacher's exaltedness, because the student's sharing turns into receiving, which is the natural fuel which enables him to do more beneficial deeds. And once he is used to share with his Rav, he can turn this into applying himself to the Torah and its precepts for its own sake and for the Creator's sake, since habit becomes second nature. (2) Making one's form similar to the Creator's is only effective if it is permanent, that is, until it can be said that "He who Knows the Concealed Riddles can guarantee that the student will never return to his foolish ways." (Maimonides) This is not so when it comes to making one's form similar to that of his Rav; since one's Rav is part of this world, subject to time. Making one's form similar to that of one's Rav will be good only temporarily, and afterwards one returns to one's old ways. Still, every time one makes one's form similar to that of one's Rav, one cleaves to him for the time being, and by doing so one comprehends his Rav's knowledge and thoughts, in proportion to the degree of cleaving and fusing, as we explained through the analogy of the organ which is severed from the body and then reattached - read this carefully.

ובזה תבין הכתוב, ברוב עם הדרת מלך (שמות, י"ד, כ"ח), כי ערך
הרוממות בא מן הסביבה בב' תנאים: א.) במדת ההערכה של הסביבה.
ב.) במידת גדלה של הסביבה, וע"כ ברוב עם הדרת מלך. ובשביל גודל
הקושי שבדבר יעצו לנו חז"ל "עשה לך רב וקנה לך חבר" (פרקי אבות,
פרק א', ו') דהיינו שהאדם יבחר לעצמו אדם חשוב ומפורסם שיהי' לו
לרב שממנו יוכל לבוא לעסק תו"מ ע"מ להשפיע נ"ר ליוצרו.

כי ב' הקלות יש לרבו, א.) שמתוך שהוא אדם חשוב הרי התלמיד יכול
להשפיע לו נ"ר על בסיס רוממותו של רבו כי ההשפעה נהפכה לו לקבלה,
שהוא חומר דלק טבעי שיוכל להרבות מעשי ההשפעה בכל פעם, ואחר
שהתרגל בעסק ההשפעה אצל רבו הוא יכול להעבירו גם לעסק תורה
ומצוות לשמה כלפי הקב"ה כי הרגל נעשה טבע. הקלה ב' הוא, כי
השואת הצורה להקב"ה אינה מועילה אם אינה לנצח דהיינו עד שיעיד
עליו יודע תעלומות שלא ישוב לכסלו עוד(רמב"ם), משא"כ השואת
הצורה לרבו, מתוך שרבו הוא בעולם הזה בתוך הזמן, מועילה השואת
הצורה אליו אפילו היא רק זמנית שאח"כ ישוב בו לסורו, ונמצא בכל
פעם שמשוה צורתו לרבו הוא מתדבק בו לשעתו, ומתוך כך הוא משיג
ידיעותיו ומחשבותיו של רבו, לפי מדת דביקותו, כמו שבארנו במשל
האיבר הנחתך מהגוף וחזר ונתדבק בו, עש"ה.

Thus the student can use his Rav's comprehension of the exaltedness of the Creator, which turns sharing into receiving and have sufficient fuel to devote his soul and might. Then the student can apply himself as well to the Torah and its precepts for its own sake with all of his heart, soul and might, which is the quality which leads to eternal cleaving to the Creator.

And from this, you can understand the words of the sages: "Serving the Torah is greater than studying it, since it is written of Elisha Ben Shafat who poured water for Elijah the Prophet, not that he learned, but that he poured." (*Berachot 7b*) It may seem strange that simple acts can be greater than the study of wisdom and knowledge, and we learn from this passage that by serving one's Rav physically with all one's might in order to please one's Rav, one comes to cleave to one's Rav, that is, to make his form similar to that of his Rav, and through this he receives the knowledge and thoughts of his Rav. This secret is called "mouth to mouth," which is the cleaving of spirit to another spirit, and through this he comes to comprehend the exaltedness of the Creator to the degree that he changes his sharing into receiving, which is sufficient fuel to give completely his soul and being, until he merits cleaving to the Creator, as mentioned above.

This is not so when it comes to the study of Torah with his Rav, which is necessarily for one's own benefit, and it does not bring about cleaving. This is called "mouth to ear," since through service the student learns the thoughts of his Rav, whereas through study he only learns his teacher's words, and therefore service is greater than study, just as a teacher's thoughts are greater than his words, and "mouth to mouth" is greater than "mouth to ear." But all this only applies when the service is intended to give pleasure to the Rav, whereas if the intention is to benefit oneself, one does not attain cleaving to one's Rav, and then study is more important than service.

Just as we said about comprehending the exaltedness of the Creator – that unappreciative surrounding environment weakens the individual and prevent him from achieving the perception of the exaltedness of the Creator – this

וע״כ התלמיד יכול להשתמש מהשגת רוממות השי״ת של רבו, המהפכת ההשפעה לקבלה ולחומר דלק מספיק למסירת נפשו ומאודו. ואז יוכל גם התלמיד לעסוק בתורה ומצוות לשמה בכל לבבו ונפשו ומאודו, שהיא הסגולה המביאה לדביקות נצחי בהקב״ה.

ובזה תבין מה שאמרו חז״ל (ברכות ז:) ״גדולה שימושה של תורה יותר מלימודה שנאמר פה אלישע בן שפט אשר יצק מים ע״י אליהו למד לא נאמר אלא יצק״, שלכאורה תמוה איך מעשים פשוטים יהיו גדולים מלימוד החכמה והדעת, ובאמור מובן היטב כי השימוש ששימש לרבו בגופו ומאודו ע״מ לעשות נ״ר לרבו מביאהו לדביקות ברבו דהיינו להשוואת הצורה ומקבל עי״ז ידיעותיו ומחשבותיו של רבו, בסוד פה אל פה שהיא דביקות רוחא ברוחא, שעי״ז זוכה להשיג רוממותו ית׳ בשיעור שתהפך ההשפעה לקבלה להיות לו חומר דלק מספיק למסירת נפשו ומאודו עד שיזכה לדביקות בהקב״ה כנ״ל.

משא״כ לימוד התורה אצל רבו, כי היא מוכרחת להיות לתועלת עצמו, ואינה מביאה לידי דביקות והיא נבחנת מפה לאוזן, באופן שהשימוש מביאו להתלמיד מחשבותיו של רבו, והלימוד רק הדבורים של רבו, ומעלת השימוש גדלה על מעלת הלימוד ,כשיעור חשיבות מחשבת רבו על הדיבורים של רבו וכחשיבות פה אל פה על מפה לאוזן. אמנם כל זה אמור אם השימוש הוא ע״מ להשפיע אליו נ״ר אבל אם השימוש הוא לתועלת עצמו ששימוש מעין זה אינו מסוגל להביאהו לדביקות ברבו, ודאי שהלימוד אצל רבו חשוב יותר משמושו.

אמנם כמו שאמרנו אצל השגת רוממותו ית׳, שהסביבה שאינה מחשיבה אותו ית׳ כראוי, מחלשת את היחיד ומונעת אותו מהשגת רוממותו ית׳, הנה ודאי דבר זה נוהג גם ברבו אשר הסביבה שאינה מחשיבה כראוי את רבו מונעת את התלמיד שיוכל להשיג רוממות רבו

is also true of one's Rav. If the surrounding environment is unappreciative of the Rav, this prevents the student from comprehending his exaltedness properly. And this is why the sages said, "Make yourself a Rav and acquire a friend," that is, one can make or create new surrounding environments which will help him to comprehend the exaltedness of his Rav through the love of friends who appreciate the Rav, since through conversations among friends about the exaltedness of the Rav, each gets a sense of the Rav's exaltedness, and this sharing becomes receiving and fuel to the degree that it leads each of them to applying themselves to the Torah and its precepts for its own sake. This is what was meant by saying that 'included among the 48 levels by which Torah is acquired, are the serving the sages and the detailed study with friends,' because it is not enough that he serves his Rav, he needs the detailed study with his friends - that is the influence of his friends who will work on him to achieve the comprehension of the exaltedness of the Rav, because achieving the perception of that exaltedness is completely dependent on one's surrounding environment, and an individual cannot attain this alone, as we have explained.

In fact, there are two conditions for the achievement of the comprehension of exaltedness: (1) Always to listen and accept the appreciation of the surrounding environment to their full extent. (2) That the surrounding environment be populous, as it is written, "The glory of the king is among the many." And in order to fulfill the first condition, each student must feel that he is lowest to his companions, and then he can receive the appreciation of exaltation from all of them, for the superior cannot receive from the inferior, let alone be inspired by his words; only the inferior can be inspired by the appreciation of the superior. And in terms of the second condition, each student is obligated to praise each of his companions and love him as if he were the greatest of his generation, and then the surrounding environment will act upon him as if they were as populous as they ought to be, since quality is more important than quantity.

* * *

273

כראוי. ולפיכך אמרו חז"ל "עשה לך רב וקנה לך חבר" דהיינו שהאדם יוכל לעשות לו סביבה חדשה שהסביבה תעזור לו להשיג רוממות רבו ע"י אהבת חברים המחשיבים את רבו שע"י שיחת החברים ברוממות רבו מקבל כל אחד הרגשת רוממותו, באופן שההשפעה לרבו תהפך לקבלה ולחומר דלק, והיינו בשיעור שיביאהו כן לעסוק בתורה ומצוות לשמה, שע"ז אמרו במ"ח מעלות שהתורה נקנית בהם בשימוש חכמים ובדקדוק חברים, כי מלבד שמשמש לרבו צריך גם כן לדקדוק חברים, כלומר להשפעת החברים שיפעלו עליו להשגת רוממותו של רבו כי השגת הרוממות תלויה לגמרי בהסביבה, ואדם יחידי אי אפשר שיפעל בזה במשהו כמבואר.

ואמנם ב' תנאים פועלים בהשגת הרוממות, א.) לשמוע תמיד ולקבל את הערכת הסביבה בשיעור הפלגתם. ב.) שהסביבה תהיה גדולה, כמ"ש ברוב עם הדרת מלך, ולקבל תנאי הא' מחויב כל תלמיד להרגיש עצמו שהוא הקטן שבכל החברים, ואז יוכל לקבל הערכת הרוממות מכולם, כי אין גדול יכול לקבל מקטן ממנו ומכ"ש שיתפעל מדבריו, ורק הקטן מתפעל מהערכת הגדול. וכנגד תנאי הב' מחוייב כל תלמיד להרים מעלת כל חבר ולחבבו כאילו היה גדול הדור, ואז תפעל עליו הסביבה כמו שהיתה סביבה גדולה כראוי, כי ברוב בנין חשוב יותר מרוב מנין.

* * *

The passage saying that every person is obligated to understand the root of his soul means that the Creator's desired and hoped-for purpose for His creations is the cleaving to Him, as it is written, "and to cleave to Him," (*Deuteronomy 11:22*) and the sages explained this as meaning cleaving to the Creator's qualities; just as He is merciful, etc. And the Creator's qualities are manifested by the holy *Sefirot*, as we know. This is the secret of the consciousness that causes and leads His world and metes out with His creatures His beneficence and blissful goodness.

But we must understand why this is called cleaving to the Creator, when it only seems to be an ordinary study. I will use an analogy to explain the concept that with every action in the world, the consciousness that causes it, it cleaves to it and remains with it: Just as in a table, concealed within it is the consciousness of its carpenter and his craftsmanship, great or small, since, while he worked, he planned it according to his mind. When a person sees the completed action—and comprehends the consciousness concealed within—then, at that moment, he cleaves to this consciousness that caused it. Meaning, they become completely united.

Because actually there is no distance or separation between spiritual things, even when they are clothed in divided physical forms, but the consciousness within each one of them cannot be described in separate parts, because there is no knife that can cut the spiritual so that it remains in separate parts. Rather, the main difference between spiritual things is in their classification, that is, whether they are worthy of praise or condemnation, and also according to their compatibility components, since a mind that thinks about the wisdom of the stars cannot cleave to the scientific mind. And even within a given wisdom, there are many components, since if one is wiser than another even in one aspect of wisdom, this divides the two spiritually. But when two wise people contemplate of the same wisdom and their understanding of it is equal, then they are truly united, since nothing divides them - read this carefully.

מ"ש שכל אדם מחוייב להשיג שורש נשמתו, פירוש: שתכלית הנרצה והמקווה מהנברא היא הדביקות בו ית' כמו שכתוב " וּלְדָבְקָה בו" (דברים י"א, כ"ב), ופירשו חז"ל שזה הדביקות במידותיו ית', מה הוא רחום וכו' . ועניין מדותיו ית' הם הספירות הקדושות כידוע, שז"ס שֶׂכֶל הַפּוֹעֵל ומנהג עולמו ומודד להם על ידם השפעתו וטובו יתברך.

אבל צריך להבין למה נקרא זה דביקות בהבורא יתברך, ולכאורה הרי זה לימוד בעלמא. ואבאר דרך משל, אשר בכל פעולה שבעולם מתדבק ונשאר באותה הפעולה אותו שכל הפועל אותה, כמו שבשלחן מושג בחינת שכל של הנגר, וחריצותו באומנות זו אם רב או מעט, כי בעת מלאכתו ערך אותה בבחינת שכלו ומידת שכלו, והמסתכל בפעולה וחושב בשכל הטמון בה, הרי הוא בשעת מעשה דבוק בשכל הפועל אותה, דהיינו שמתאחדים ממש.

כי באמת אין מרחק וחתך בין הרוחניים ואפילו כשבאים בגופים מחולקים אבל השכליים שבהם אי אפשר לתארם בחילוקים כי באיזה סכין תחתוך הרוחני וישאר נבדל. אלא עיקר ההבדל שנמצא ברוחניים הוא בתוארים, פירוש, משובח או מגונה, וגם בהרכבות, כי שכל המחשב בחכמת כוכבים לא ידובק במחשב חכמת טבעיים, ואפילו באותה חכמה עצמה נמצא הרכבות הרבה, כי אחד מתעלה על חבירו אפילו בחכמה אחת ורק בזה יבדלו הרוחניים איש מרעהו. אבל כששני חכמים מחשבים בחכמה אחת ושיעור אחד במידת השכלתם, אז ממש מאוחדים המה כי במה יבדלו, ודו"ק.

Therefore, when one person thinks about the actions of another and comprehends the consciousness behind his action, both have the same measure of power and thought, and they are truly united. This is like a person who meets a beloved friend in the marketplace and hugs and kisses him, and they cannot be separated due to the great unity between them.

And thus, according to this rule that the consciousness of humans is the force that is the closest and most compatible to the Creator, and this is considered to be "the mean." This means that the Creator emanated one spark from that force and by that spark everything can return to Him. And it is written: "You made everything through Your wisdom," (*Psalms 104:24*) that is, the whole world was created through the Creator's wisdom, and therefore, he who merits perceiving the ways in which the Creator created the world and its orders cleaves to the Consciousness that caused them, thus he cleaves to the Creator.

And this is the secret of the Torah, which is all the Names of the Creator that are applicable to His creations. And the created one achieves by them the consciousness of the Creator, because the Creator referred to the Torah when He created the world as is known. And through the enlightenment which one attains through the Creation, by cleaving to this Mind always, one cleaves to the Creator.

And through this, we understand why the Creator showed us all of His craft: "Do we need this knowledge in order to create worlds?" From that, we learn that the Creator showed us His ways so that we know how to cleave to Him, which is by "cleaving to His qualities." (*Yalkut Shimoni*).

ולכן כשנמצא אחד מחשב בפעולת חבירו ומשיג את השכל מהחכם הפועל אותה, נמצא ששניהם מדודים בכח ושכל אחד, והמה עתה ממש מאוחדים כמו איש שפגע ברעהו האהוב בשוק ומחבקו ומנשקו ואי אפשר לנתק אחד מחבירו מרוב האחדות שביניהם.

ולכן כפי הכלל אשר בחינת השכל שבמדברים הוא הכח היותר מותאם שבין הבורא לנבראיו, והוא בבחינת ה"אמצע", דהיינו שהאציל ניצוץ אחד מהכח הזה אשר על ידי אותו הניצוץ הכל שב אליו. וכתיב: כֻּלָּם בְּחָכְמָה עשית (תהילים, ק"ד, כ"ד), דהיינו שכל העולם ברא בחכמתו ית', ועל כן הזוכה להשיג את האופנים שברא בהם את העולם וסדריו, הרי הוא דבוק בשכל הפועל אותם, ונמצא שהוא דבוק בבורא ית'.

וזה סוד התורה שהיא כל שמותיו של הקדוש ברוך הוא ששיכים לנבראים, ובהיות הנברא משיג על ידם שכל הפועל הכל, כי בתורה הבורא היה מסתכל בעת שברא העולם כידוע, והארה שמשיג דרך הבריאה ומתדבק בשכל הזה תמיד, נמצא שהוא דבוק בבורא ית'.

ובזה מובן למה הראה לנו הקב"ה את כלי אומנותו, וכי לברוא עולמות אנו צריכים ומהנ"ל ניחא, כי הראה לנו הקב"ה סדריו שנדע איך להתדבק בו ית' שזהו "הדבק במידותיו" (ילקוט שמעוני).

And As For Yehuda

(From the Commentary on the Passover Hagaddah published in 1930)

"This is the bread of affliction which our forefathers ate in the land of Egypt." The precept to eat *Matzah* was given to the children of Israel even before they left Egypt. It was on behalf of the future Redemption which would be happening quickly. We find that the precept to eat *Matzah* was given to them while they were still enslaved. The precept actually referred to the time of the Redemption, since they left in a hurry. This is why, when we eat *Matzah* today, we are fond of mentioning the eating of *Matzah* in Egypt, because we are also in time of enslavement, in exile. And our intention in the precept of eating the *Matzah* is to draw the future Redemption soon and in our time, just as our forefathers did when they ate *Matzah* in Egypt.

"Now we are slaves, next year we will be free." As we said above, the intention behind this precept is to awaken the future Redemption that is certain for us, by eating the *Matzah* the way our forefathers ate it in Egypt. [Publisher's Note: See the introduction to *Tikkunei Zohar, articles 340-343,* and the explanation of *Ma'alot HaSulam.*]

"We were slaves in Egypt..." We learn in Tractate Pesachim, page 116a, that we: "begin with condemnation and end with praise." Concerning the condemnation, Rav and Shmuel disagree; Rav says that we should begin with: "at first our forefathers were idol-worshippers," and Shmuel says that we should begin with: "we were slaves." The *Halacha* is according to Shmuel.

It is important to understand this disagreement. And the reason to "begin with condemnation and end with praise" is the same as "for light is better than darkness." (*Ecclesiastes 2:13*) But first we must recognize the condemnation so that we will more fully appreciate the kindness of the

וזאת ליהודה

(מתוך פרוש על ההגדה של פסח)

"הא לחמא עניא די אכלו אבהתנא בארעא דמצרים" (מתוך ההגדה): כי מצות אכילת מצה ניתנה לבני ישראל עוד בטרם יציאתם ממצרים, והיינו על שם הגאולה העתידה להיות בחפזון, נמצא שמצות אכילת מצה ניתנה להם בעוד שהיו בשעבוד, וכוונת המצוה היתה לזמן הגאולה, דהיינו משום שאז יצאו בחפזון, וזהו שחביב לנו להזכיר בעת אכילת מצה של עכשיו, ענין אכילת מצה של מצרים, משום שאנו נמצאים ג"כ בשעת השעבוד בחוצה לארץ, ואשר גם כונתינו במצוה זו להמשיך הגאולה העתידה להיות בבי"א על דרך אכילת אבותינו במצרים.

השתא הכא וכו' לשנה הבאה בני חורין: והיינו כדאמרן לעיל , אשר בכוונת המצוה הזו יש לנו לעורר גאולה הבטוחה העתידה לנו, על דרך מצות אכילת מצה של אבותינו במצרים כנ"ל. (עיין בהקדמת תקוני הזהר אות ש"מ - שמ"ג ובפירוש מעלות הסולם. הערת המו"ל).

עבדים היינו וכו'. שנינו במסכת פסחים (דף קט"ז.) שמתחיל בגנות ומסיים בשבח, ובענין הגנות פליגי בה רב ושמואל, רב אומר להתחיל מתחילה עובדי ע"ז היו אבותינו, ושמואל אומר להתחיל מעבדים היינו, והלכתא כשמואל.

וצריך להבין פלוגתייהו, הנה הטעם של "להתחיל בגנות ומסיים בשבח" הוא עד"ה "כיתרון האור מן החשך" (קהלת, ב', י"ג) וע"כ צריך לזכור ענין הגנות שמתוכו יוכר לנו ביותר שיעור חסדיו ית'

Creator and what He did for us. It is known that our entire beginning came from a place of condemnation, since nonexistence, or absence, precedes existence. That is why: "man is born as a wild donkey-foal," (*Job 11:12*) and then takes on the form of a human being, which is common to everything in Creation; this also is the process of rooting the entire Israelite nation.

This means that since the Creator brought the Creation into being as "something from nothing." There is not an existing being which was not previously in a non-existent form, even though each individual item of the Creation has its own separate form of non- existence. So, when we divide existence into the four types – Inanimate (mineral), Vegetable, Animal, and Speaking (human), we find that necessarily the beginning of each Inanimate item began from complete non existence, whereas each Vegetable item begins and ensues from its preceding type of existence and not from total non-existence. The beginning of the Vegetable item is not from total non-existence but rather it begins and ensues from its preceding type of existence, which is considered to be its form of non-existence relatively. Hence, the process of sowing and decay, which is necessary to every seed, is considered to be its receiving from the Inanimate. Likewise, it is with the non-existent phase of Animals and Speaking, since the Vegetable form is considered to be the non-existence relative to the Animal form, and the animal form is the non existence relative to the Speaking being.

Thus, this verse teaches us about the non-existent form, which precedes the Speaking form, meaning the Animal, saying, "man is born as a wild donkey-foal," where a human being necessarily begins as an animal. And it is also written: "God grants salvation to both man and beast," (*Psalms 36:7*) and just as the Creator provides everything the beast needs to survive and fulfill its purpose, so does He provide the human being with everything he needs to survive and fulfill his purpose.

שעשה עמנו, ונודע אשר כל ההתחלה שלנו הוא רק ענין הגנות, משום שההעדר קודם להויה, וע"כ "עייר פרא אדם יולד" (איוב, י"א, י"ב) ובסופו קונה צורת אדם, שזהו נוהג בכל הפרטים שבבריאה, ועד"ז היה ג"כ בהשרשת כלל האומה הישראלית.

וטעם הדברים הוא, משום שהשי"ת הוציא את הבריאה יש מאין וא"כ אין לך שום הויה שלא היתה בהעדר מקודם לכן, אמנם ענין ההעדר הזה יש לו צורה נבדלת בכל אחד ואחד מפרטי הבריאה, כי כאשר נחלק את המציאות לד' סוגים: דומם, צומח, חי, מדבר. אנו מוצאים שהתחלה של הדומם יהיה בהכרח העדר גמור, אמנם התחלה של הצומח איננו העדר גמור אלא רק מהדרגה הקודמת לו שנחשבת העדר בערכו, והיינו ענין הזריעה והרקבון ההכרחית לכל גרעין, שהוא קבלתו מצורת הדומם, וכן ההעדר של הויות החי והמדבר, כי צורת הצומח נחשבת העדר כלפי החי, וצורת החי, נחשבת העדר כלפי המדבר.

ולפיכך מלמדנו הכתוב ענין ההעדר הקודם להוית האדם, שהוא צורת הבהמה, וז"ש "עייר פרא אדם יולד", אשר זהו מוכרח לכל אדם שתהיה לו התחלה של בחינת בהמה, כאמור. והנה הכתוב אומר, "אדם ובהמה תושיע ה' " (תהלים, ל"ו, ז'), וכמו שמזמין לבהמה כל משאלותיה ההכרחיים לקיומה ולהשלמת ענייניה, כן מזמין לאדם כל משאלותיו ההכרחיים לקיומו להשלמת ענינו.

Thus, we need to understand the intrinsic superiority of the human being over the beast. This can be seen by their needs and wants, since a human being's wants are certainly different from those of the beast, and to the same degree, God's salvation of the human being is distinguished from God's salvation of the beast.

After investigating this concept thoroughly, we find no intrinsic difference between the needs of the human being and the animal kingdom, except for the awakening to cleave to God, which is inherent only in the human being. We find that the human being's entire existence can be measured only by the degree of the inherent yearning to do the work of the Creator, and this is the measure of his superiority to the animal kingdom. And many have already brought up this idea that even the intelligent mind dealing with crafts or political skills can also be found in many species of the animal kingdom.

And by this, we can also understand the absence which precedes the existence of the human being—the non-existence of the desire to be close to the Creator—the level of the beast, as we mentioned above. Through this we can understand the words of the *Mishnah*: "It begins with condemnation and ends with praise," which means that we must remember and comprehend this lack in a positive way. This is the condemnation which precedes the praise, and from this we experience the praise more thoroughly and powerfully, through "beginning with condemnation and ending with praise."

This too illustrates the concept of our four exiles, exile after exile which precede the four Redemptions; Redemption after Redemption until the fourth Redemption which is the absolute desired perfection which we hope will come in our days. Exile is the nonexistence which precedes existence. And existence is Redemption. Since this nonexistence is the preparation stage of existence, just as sowing is the preparation stage of the reaping, as is explained in the books. Therefore, all of the letters in *"Ge'ulah"* (Redemption

ויש להבין א"כ איפה הוא יתרון צורת האדם על הבהמה מצד הכנתם בעצמם. אמנם זה נבחן במשאלות שלהם, כי משאלותיו של אדם שונות בודאי ממשאלותיה של הבהמה, אשר כן בשיעור הזה, נבדל ג"כ ישועת ה' לאדם מישועת ה' לבהמה.

והנה אחר כל החקירות והבדיקות אין אנו מוצאים צורך מיוחד נטוע בחפץ האדם שלא יהיה נמצא בכל מין החי, זולת ההתעוררות לדביקות אלקית. אשר רק מין האדם מוכן אליה ולא זולתו. ונמצא שכל ענין ההויה של מין האדם, הוא משוער רק באותה ההכנה הטבועה בו להשתוקק לעבודתו ית', ובזה נעלה הוא על הבהמה. וכבר דברו בזה רבים, אשר אפילו השכל העיוני למלאכות ולהנהגות מדיניות, אנו מוצאים בתבונה רבה בפרטים רבים במין החי.

ולפי"ז נבין ג"כ ענין ההעדר הקודם להוית האדם, שהוא ענין שלילת החפץ והרצון לקרבת ה', שכן הוא מדרגת הבהמה כנ"ל, ובזה נבין דברי המשנה שאמרה "מתחיל בגנות ומסיים בשבח" דהיינו כדאמרן, שצריך לזכור ולהשכיל אותו ההעדר הקודם להויה שלנו בדרך החיוב, כאמור. שהוא הגנות הקודם לשבח, ומתוכן נבין את השבח ביתר שאת וביתר עוז, והיינו דתנן "מתחיל בגנות ומסיים בשבח".

וזהו ג"כ ענין ד' גלויות שלנו גולה אחרי גולה, המוקדמים לד' הגאולות, גאולה אחר גאולה עד הגאולה הרביעית שהיא השלימות הגמורה המקווה לנו בבי"א. שהגולה היא ענין ההעדר הקודם להויה שהוא ענין הגאולה. ומתוך שההעדר הזה הוא המכין להויה המיוחסת לו, כדמיון הזריעה המכין לקצירה כמבואר בספרים, לפיכך כל האותיות של גאולה אנו מוצאים בגולה חוץ מאות אל"ף,

– *Gimel, Alef, Vav, Lamed, Hei*) are to be found in the word "*Golah*" (exile – *Gimel, Vav, Lamed, Hei*) except for the letter *Alef*, which refers to the Master (In Hebrew, *Aluf*) of the world, which teaches us as the sages have said that the form of the absence is only the nonexistence of the existence.

The form of this existence is the Redemption, as the scripture informs us: "Man will not teach his fellow man, for all will know Me, young and old." (*Jeremiah 31:33*) Therefore, the form of the preceding nonexistence – the exile (*Golah*) – is only the nonexistence of the knowledge of the Creator, which is indicated by the missing *Alef*, which we lack in the exile (*Golah*) and hope for in the Redemption (*Ge'ulah*). This is cleaving to the Master of the world, as we have mentioned. This is precisely the Redemption of our souls, no more and no less, and it is what we mean by saying that all of the letters in "Redemption" (*Gimel, Alef, Vav, Lamed, Hei*), are also in "exile," (*Gimel*, Vav, *Lamed, Hei*) except the *Alef*, which signifies the Master of the world - understand this well.

In order to understand the important concept that each nonexistence prepares the way for its corresponding entity of existence, we can learn about it from things in this material world. We see that the concept of freedom, which is an exalted ideal, is only experienced by a select few, and only they by way of appropriate preparation. Most people cannot taste it as they have no concept of it. On the other hand, in slavery, the great and small are equal, and even the lowliest of people cannot tolerate it.

(We have seen this with the Polish people, who only lost their kingdom because most of them didn't appreciate the importance of their freedom and didn't guard it closely. They fell into slavery under the Russian regime for a hundred years. Then they all groaned under the yoke of slavery and they all, great and small, begged for freedom. And even though they didn't know how to appreciate the true essence of real freedom, and each imagined it as he pleased, from the lack of freedom, which is slavery, the value of freedom was branded in their souls to appreciate and love freedom.

אשר אות זו מורה על אלופו של עולם, כמאמר חז"ל, והוא ללמדנו שצורתו של ההעדר אינו אלא בחינת השלילה של ההויה.

והנה צורת ההויה שהיא הגאולה, מודעת לנו בכתוב "ולא ילמדו עוד איש את רעהו" וכו' "כי כולם ידעו אותי למקטנם ועד גדולם" (ירמיהו, ל"א, ל"ג). וא"כ יהיה צורתו של ההעדר הקודמתו דהיינו צורתו של הגולה רק בבחינת השלילה של דעת השי"ת שזהו חסרון באל"ף, שחסר לנו בגולה, והמקווה לנו בגאולה, שהיא הדביקות באלופו של עולם כאמור. שזהו כל פדות נפשינו בדיוק, לא פחות ולא יותר, והוא שאמרנו שכל האותיות של גאולה נמצא בגולה, חוץ מאל"ף, שהוא אלופו של עולם, והבן מאד.

ובכדי להבין הענין הנכבד הזה הנ"ל אשר ההעדר בעצמו הוא המכין אותה ההויה המיוחסת לו, נלמד זה מהויות עולם הזה הגשמי כי אנו רואים במושג של חרות שהוא מושג גבוה מאד נעלה, לא יטעמו בו רק יחידי סגולה, וגם המה רק ע"י הכנות מותאמות, אבל רוב העם אינם מסוגלים כלל לטעום בו טעם. ולעומת זה במושג של השעבוד הרי קטן וגדול שוים בו, ואפילו הפחות שבעם לא יוכל לסובלו.

(כמו שראינו בעם פולניא שלא איבדו מלכותם רק משום שמרביתם לא הבינו לשער כראוי מעלת החרות ולא שמרו אותו, וע"כ נפלו בעול השעבוד תחת ממשלת רוסיא מאה שנה. ובאותו זמן כולם נאנחו תחת עול השעבוד ומבקשים חרות בכליון עינים מקטן עד גדול. והגם שעדיין לא ידעו לשער בנפשם טעמו של החרות כדמותו וכצלמו, וכל אחד ואחד היה מדמה אותו כחפצו, אמנם בההעדר של החרות, שהוא השעבוד, נטבעה היטב סגולה זו בנפשם להוקיר ולחבב את החרות.

Yet, when they were freed from the yoke of slavery, many of them were confused and didn't appreciate what they had gained by their freedom. Some regretted it and said that their government weighed them down with taxes even more than the foreign government, and they wished things hadn't changed, because the power of the absence of freedom hadn't acted on them as it should have.)

Now we can understand the disagreement between Rav and Shmuel. Rav interprets the *Mishnah* that says that it "begins with condemnation..." meaning that this will cause us to appreciate Redemption even more, and therefore, we begin with the time of Terach, and he is disagreeing with Shmuel, because in Egypt, some already had the love and service of the Creator instilled in them, and the extra hardship of slavery in Egypt was not a lack in and of itself for the nation called "Adam," as we discussed above.

Shmuel says, unlike Rav, that the concept of national freedom through the knowledge of the Creator is an extremely exalted concept which only a few can grasp, and only through proper preparation. But most of the nation was not on this level yet. On the other hand, the concept of the hardship of slavery is comprehensible to everyone, as Ibn Ezra wrote in his interpretation of the beginning of the portion of *Mishpatim*: "There is nothing harder for a human being than to be under the authority of another human being like himself."

And he interprets the *Mishnah* as saying that the nonexistence prepares the way for the existence, and is therefore considered a part of the Creator's Redemption which we must be thankful for. Therefore, we should not begin with: "... at first our forefathers were idol-worshippers," because at that time it was not the case of nonexistence preparing the way for an existence. They were far from having a "human" existence because they were far from the love of the Creator. So we begin with the slavery in Egypt, when a little spark of the love of the Creator was already burning in their hearts. But with the hard labor, this spark was fading away, and thus, can be considered the absence which preceded the existence. Therefore we begin with: "We were slaves in Egypt."

ועכ"ז בעת שנשתחררו מעול השעבוד, אנו מוצאים הרבה מהם שמשתוממים בנפשם ואינם יודעים כלל מה הרויחו בכל החרות הזו, וחלק מהם עוד מתחרטים ג"כ ויאמרו שממשלתם מכבידה עליהם מסים וארנונות עוד יותר מהממשלה הזרה והלואי שעמדנו בראשונה. כי עליהם לא פעל עוד כח ההעדר כראוי).

ועתה נבין פלוגתייהו דרב ושמואל כי רב מפרש המשנה שמתחיל בגנות וכו', כדי שמתוך כך יוכר שיעור הישועה ביותר וע"כ אומר להתחיל מזמן תרח וכו' ואינו אומר כשמואל, משום שבמצרים כבר היתה אהבתו ועבודתו ית' נטועה במקצת האומה, וענין קושי השעבוד הנוסף במצרים, אינו חסרון מחמת עצמו בהוית האומה הקרויה אדם כנ"ל.

ושמואל לא אומר כרב, מחמת שמושג של חרות האומה בידיעת ה' הוא מושג מאד נעלה שרק יחידי סגולה מבינים אותו וזה עפ"י הכנות מתאימות. אבל רוב העם עוד לא הגיעו להשגה זו. לעומת זה, ההשגה של קושי השעבוד מובן לכל אחד כמו שכתב האבן עזרא בתחילת פרשת משפטים "שאין לאדם בעולם יותר קשה עליו, מהיות ברשות אדם כמוהו" עכ"ל.

ומפרש המשנה מטעם שההעדר מכין ההויה ונחשב משום זה לחלק מישועתו ית' שצריך להודות גם עליו, ולפיכך אין להתחיל מתחילה עובדי ע"ז היו אבותינו כי זמן ההוא אינו נכנס אפילו בבחינת ההעדר הקודם להויה בהיותם נשללים לגמרי מסוג הוית האדם כי היו מרוחקים מאהבתו ית' בתכלית, וע"כ מתחילים משעבוד מצרים שכבר שביבי אהבתו ית' היה בוער בלבם במקצת, אלא מקוצר רוח ומעבודה קשה היה הולך ונכבה יום יום וזהו שנחשב להעדר הקודם להויה ולכן אומר להתחיל מעבדים היינו.

Article on Unification

The way of the consciousness operates that first one encounters the other person's body, and then when they get to know each other, one becomes familiar with the person's mind and knowing as well. And even if one's friend is not physically present before his eyes, the concealment is for the physical eyes only. In "the eyes of his spirit" – his imagination – he is not absent at all, since in one's mind, the memory of the person remains as it was before, almost unchanged. Even the description of his body, which is a spiritual thing cannot disappear and remains visible.

Through this, even though most of a person's mind cannot be comprehended without seeing his physical body, which can then be imagined. When one's mind has grasped his friend's mind and knowing together with his physical body, the process is complete, and he can be held in one's mind always.

This illustrates the concept that the general precedes the particular. General contains the purposeful consciousness which does not belong to the material world. Apprehension of the subject together with the subject's mind is sufficient for full consciousness. This is not so when the subject itself is not grasped. Even if he would grasp the subject's mind this would not be a complete apprehension. This would not be the case if even once the two (the subject and his mind) were grasped together. The subject needs not always be present, for this would add nothing even in terms of the mind, as in the example given above. Since this is retained over time and becomes a complete consciousness to share with him his mind, it would not be appropriate if it remained for no reason, because the desire to cleave belongs not to the subject but to the mind. Spirit cleaves to spirit; like cleaves to like. This is not the case when comparing the physical senses and the consciousness, which are not of the same kind. In the general order of things, physical action is used to reveal the consciousness or the abstract idea so that the action can bring cleaving to the idea in a complete way.

מאמר היחוד

שכל הפועל הנה מדרך ההכרה שמתחלה מזדמן גופו של חבירו, ואח"כ כשמתחיל התחברותו עמו מזדמן לפניו דעתו ושכלו ג"כ. ואפילו כשנעלם חבירו מעיניו הרי נעלם דוקא מעיני הגשמיים, אבל מעיני הרוחניים שמתדבק דוקא בשכלו, הרי לא נעלם מהם כלום, כי שכלו נמצא בזכרונו כמאז כן גם עתה כמעט בלי שום שינוי כלל. ואפילו תואר צורת גופו שהוא רוחני לא יפול עליו שום העלמה.

ולפי זה הגם שעיקר שכלו של אדם לא יהיה נתפס זולת בראיית תואר גופו הגשמי, להיותו תמיד נמצא לנגד עיניו, וכיון שהשיג שכלו ודעתו בהכרה שלימה מצורף עם גופו הגשמי כבר נשלמה הפעולה, והרי יכול להיות מדובק בשכלו תמיד.

וזה ענין הכלל המוקדם לפרט, שבכלל הושם ההכרה התכליתי מה שלא שייך לעולם הזה, והיה זה כדי להשיג הפועל בצרוף עם שכל הפועל שזה די להכרה שלימה, משא"כ אם לא היה משיג הפועל בעצמו, הגם שהיה משיג שכל הפועל לא היתה השגה זו שלימה, משא"כ אם פעם אחת השיג אותם בצרוף יחד, אינו מחויב הפועל להיות מצוי עמו תמיד, שזה לא יוסיף מעלה אפילו בענין השכל בעצמו כמו במשל הנז"ל, וכיון שנשאר עמו משך זמן שיהיה להכרה שלימה להשפיע עליו שכלו הנרצה, אינו מן הכבוד שישאר עמו לבטלה, כי לא שייך תשוקת הדבקות בפועל עצמו כי אם בשכל הפועל, בזה שייך דביקות דהיינו רוחני ברוחני מן במינו. משא"כ החושים הגשמיים על שכל רוחני הוי מין בשאינו מינו, ובסדר הכללי היה זה לשימוש בעלמא לגלות שכל הפועל שתדבק הפעולה בה קומה בקומה.

In order to understand this we must expand on this issue and it is necessary to know the secret of Unification which is taught in all of the books, for the answer to this riddle is arrived at by inverse reasoning: The elimination of the possibility of any type of separation between any force and the Creator, since everything is unified in His holiness. For example, with the adjectives "wise" and "kind," the adjective implies that there is wisdom and kindness. It is not necessary to reveal foolishness to know that there is wisdom or to reveal evil in order to know kindness. Wisdom and kindness are great and praiseworthy in and of themselves even without their opposites. This is not the case with the word: of Unification (*"Yichud"*), which derives greatness and praiseworthiness from its opposite. And the stronger the opposite is, the more powerful the Unification, which overcomes all else. If its opposite did not exist, we would not know of Unification. It would be like a shadow cast by a person, like a slave who follows his master. Thus, the degree of the exaltation of the Creator's Unification is determined by the degree of its opposite. So let us look into those who oppose the Light and discover their nature.

Idol-worshippers harbor seven abominations in their hearts: One group claims that the Creator, after He did His work, took Himself away, left His creations, and does not look at them, and certainly has no need for these lowly creatures. The Creator gave dominion over them to ministering angels and to the stars, and this is why they worship them.

A second group says that there is no power higher than nature, and everything depends either on luck or the deeds of each individual. Laziness harms them and diligence helps them, and sometimes the luck of the day or the hour is also a factor.

A third group, some other nations and religions, claim that since God chose the Israelites and brought them close through the Torah and its precepts, and then they sinned before Him, He rejected them forever and they rejected Him. This long exile is their punishment and they were replaced with another nation.

וכדי להבין צריך להאריך קצת, ומעיקרא צריך לידע סוד היחוד השגור בכל הספרים, דהנה פתרון חידה זו היא בדרך השלילה, דהיינו ששולל כל בחינת פירוד איזה כח מהשם יתברך, אלא הכל מתיחד בקדושתו ית'. דרך משל: שאר השמות חכם ועושה חסד, נופל השם על מציאות בחינת חכמה המחויבת בו. ומציאות מחסד וטוב המחויב בו ואין צריך לגלות סכלות לידע טיב החכמה, וכן בחינת רשע לידע טיב החסד, כי החכמה וחסד יוכלו להתגדל ולהתפאר ממציאות עצמה, ואפילו אם לא יהיה הפכי להם, משא"כ מלת היחוד, שם זה מתגדל ומתפאר דוקא ממציאות ההיפך מיחודו, ועד כמה שמתחזק ההפכי, מגדיל ומפאר יחודו העצום, שמעביר ומבלה את כל. ולמשל, אם לה היה כלל ממידת ההפכי לא נודע לנו כלל מבחינת היחוד, אלא הכל היה כצל הנמשך אחר אדם. וכעבד דשקיל וטרי אחורי אדונו, ולכן מתרומם יחודו לפי שיעור מדרגות ההיפוך, ולכן נחקור קצת במורדי אור מה טבעם.

הנה העובדי ע"ז, שבע תועבות בלבם. כת א' אומרים שהבורא אחר שעשה פעולתו נתרומם מהם, ועזב אותם ואינו מביט ומכל שכן שאינו מזדקק לשפלים האלו, אלא את ההנהגה נתן לשרים ולכוכבי שמים, על כן הם עובדים להם.

כת ב' אומרים שאין למעלה מן הטבע שום כח, והכל תלוי או במזל או במעשה וחריצות של כל אחד, ועצלותם הוא המזיק וחריצותם המועיל, ולפעמים מזל יום גורם או מזל שעה.

כת ג' דעת גויי ארץ, שכיון שהשם ית' בחר בישראל וקרבם בתורה ומצות, וחטאו והרשיעו לפניו, כבר מאס בהם לנצח וכבר נמאס להם, ואורך הגלות יוכיח להם, והחליפם באומה אחרת.

A fourth group know their Master and they try to anger Him and revolt against His laws and to do everything against Him. By giving them the laws and names with which He created the heavens and the Earth, He instilled in them power which cannot be retracted. And even those who do not follow His ways... and find grace in His eyes, can acquire greater influence and understanding than angels. And this was the sin of the generations of the Flood and the generation of the Tower of Babel. As they said to Jeremiah, who prophesied the destruction of the Temple: "I will surround Him with water." (*Midrash Eicha Rabati, chapter 1*)

And there is another group who say that there are two authorities, the Creator of Good, and the Creator of Evil, since they have observed contradictory phenomena in the Creator. And one is the source of good in the world and the other is the source of evil. The scripture says: "The Former of light and the Creator of darkness, the Maker of peace and Creator of evil, I the Lord do all of these." (*Isaiah 45:7*) This is clear proof that the Creator rules His world with an uncertainty principle and made a place for all of the destructive mistakes mentioned above, so that through them the tremendous power of Unification will become known to all creatures and their thoughts become subservient to the root of this tremendous Unification. As it is written: "Soon there will be no evil, you will look to its place and it is gone... ." (*Psalms 37:10*)

כת ד' יודעים רבונם ומכונים להכעיס ולמרוד בחוקיו, באומרם לעשות נגד השי"ת וכיון שמסר להם החוקים והשמות שנבראו בהם שמים וארץ, הרי הטביע בהם הכח ולא יעבור. ואפילו מי שאינו הולך בדרכיו ... ומוצא חן לפניו, מכל מקום יכול להמשיך השפעה והשגה על פני מלאך. וזה חטא דור הפלגה ודור המבול, וכמו שאמרו לירמיהו שהיה [מנבא] להם חורבן המקדש, אמרו (מדרש איכה רבתי, פ"א) אנא אקפי לה מיא.

ויש עוד מין אחד שאמרו שתי רשויות יש, בורא טוב ובורא רע, כיון שלחקירות [שלהם אפשר] כביכול להיות בחינת הרכבה בהבורא ורואים פעולות הפכיות, על כן עשו לו... ומאחד נמצאים טובות שבעולם, ומאחד נמצאים רעות שבעולם. ומקרא כתוב: "יוצר אור ובורא חושך עושה שלום ובורא רע אני ה' עושה כל אלה" (ישעיהו, מ"ה, ז'). הרי לנו בפירוש שמנהג את עולמו בהנהגה מסופקת ונתן מקום לכל הטעויות המכשילות הנזכר לעיל, להמצא כי מתוכן ייודע כח היחוד העצום לכל היצור ומחשבותיהם נבלעים בשורש יחודו העצום... אפילו כמ"ש "ועוד מעט ואין רשע והתבוננת על מקומו ואיננו..." (תהלים, ל"ז, י').